A Inquisição em seu mundo

Conheça nossos clubes

Conheça nosso site

📷 @editoraquadrante
♪ @editoraquadrante
▶ @quadranteeditora
f Quadrante

João Bernardino Gonzaga

A Inquisição
em seu mundo

Prefácio de
Dom Estêvão Bettencourt, OSB

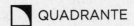

São Paulo
2025

© Quadrante Editora, 2025

Capa
Gabriela Haeitmann

Dados Internacionais de Catalogação na Publicação (CIP)
(Câmara Brasileira do Livro, SP, Brasil)

Gonzaga, João Bernardino Garcia, 1927-2008.
  A inquisição em seu mundo / João Bernardino Gonzaga, 2ª edição. – São Paulo : Quadrante, 2025.
  ISBN: 978-85-7465-788-2
  1. História eclesiástica - Idade Média 2. Idade Média 3. Igreja Católica - História 4. Inquisição 5. Inquisição - História I. Título.

18-21250   CDD 272.209

Índice para catálogo sistemático:
1. Inquisição : História 272.209

Todos os direitos reservados a
QUADRANTE EDITORA
Rua Bernardo da Veiga, 47 - Tel.: 3873-2270
CEP 01252-020 - São Paulo - SP
www.quadrante.com.br / atendimento@quadrante.com.br

Sumário

Apresentação 11
Introdução 19
I. A justiça criminal comum 25
   1. Necessidade aqui do seu exame 25
   2. Justiça feudal 26
   3. Justiça eclesiástica 29
   4. Reaparecimento do Direito romano e sistema processual inquisitório 30
   5. Absolutismo do poder real 31
   6. Inexistência do princípio de igualdade 32
   7. Cerceamento da defesa 33
   8. Prisão processual 35
   9. Sistema das provas legais 36
   10. Tortura 39
   11. Princípio da legalidade dos delitos e das penas 43
   12. Princípio da personalidade da responsabilidade criminal 44
   13. Princípio da proporcionalidade entre o crime e a pena 45
II. Medidas punitivas do direito comum 47
   1. Penas privativas da liberdade 47
   2. Penas restritivas da liberdade 49
   3. Penas privativas de direitos 50
   4. Penas patrimoniais 51
   5. Penas corporais 52
   6. Reforma humanizadora 58

III. Explicações para o rigor judicial 61
   1. Geral aceitação do rigor 61
   2. A proliferação de crimes 62
   3. Dificuldades para a sua apuração 63
   4. Finalidades das penas 64

IV. Condições de vida do povo 67
   1. As cidades e as moradias 67
   2. Presença da morte 69
   3. Fome, peste, guerra 70
   4. A Medicina 72
   5. Insensibilidade 73
   6. As navegações marítimas 74

V. A presença e o problema da religião 77
   1. Religiosidade popular 77
   2. Lutas religiosas 79
   3. Os ciganos 83

VI. O mistério judeu 85
   1. O «povo eleito» e a diáspora 85
   2. Perseguições em Roma 87
   3. As cruzadas 88
   4. «O inferno da Idade Média» 90
   5. Restrições impostas 91
   6. Generalizada malquerença popular 92
   7. Fundamentos religiosos 93
   8. Fatores sociais 96
   9. Fatores econômicos 98
   10. Responsabilidade coletiva 100
   11. Idade Moderna 101

VII. Direito penal e religião 103
   1. O mutável campo do Direito Penal 103
   2. Estreitos vínculos com a religião 104
   3. Sistema teocrático puro 104
   4. Pena apaziguadora da ira divina 105
   5. Princípio político nacionalista 106
   6. Crimes religiosos 107

VIII. Direito Penal Canônico 111
   1. Formação do Direito Canônico 111
   2. Direito Penal Canônico 112
   3. Regras processuais 114
   4. Adoção da tortura 114
   5. Confluência de jurisdições 117

IX. Antecedentes e nascimento da Inquisição 121
   1. Heresias no Império Romano 121
   2. Idem, na Idade Média 122
   3. Reações da Igreja 125
   4. Nascimento da Inquisição 128

X. Exame crítico da Inquisição 131
   1. Interesse que o tema desperta 131
   2. Acusações à Inquisição 135
   3. Fé da Igreja em sua missão 139
   4. Princípio da unidade religiosa 140
   5. As crenças heréticas 142
   6. Cerceamento à liberdade religiosa 147
   7. Perspectiva jurídico-penal do problema 151
   8. O pensamento de Santo Agostinho 152

XI. O procedimento inquisitorial 155
   1. Modelos do Direito laico 155
   2. Organização do tribunal e atos processuais 156
   3. Regras processuais de Direito comum e de Direito Canônico .. 159
   4. Interrogatório dos acusados e tortura 161
   5. Cerceamento à defesa 166
   6. Classificações dos hereges 169

XII. O sistema penal da Inquisição 171
   1. Finalidades das penas seculares e canônicas 171
   2. Sanções impostas pela Igreja 174
   3. Frequentes mitigações 177
   4. Pena de morte 178
   5. Medidas patrimoniais 184

XIII. A Inquisição na Itália e na França 185
   1. Itália 185
   2. Judeus italianos 192
   3. A crise franciscana 193
   4. França 197
   5. O processo dos templários 202
   6. Joana d'Arc 203

XIV. A Inquisição na Alemanha e em outros países 207
   1. Alemanha 207
   2. Outros países 210
   3. Magia e bruxaria 210

XV. A especial situação da Espanha 221
   1. Invasão muçulmana 221
   2. Inquisição medieval 222

3. A Reconquista	224
4. Unificação nacional	225
5. Presença da religião na Reconquista	227
6. Difícil posição da Igreja	229
7. Nascimento da moderna Inquisição espanhola	234
XVI. A moderna Inquisição espanhola (I)	237
1. Início da atividade inquisitorial	237
2. Torquemada	239
3. O problema dos infiéis	241
4. Judeus e *marranos*	245
5. Mouros e mouriscos	255
6. Observações complementares	262
7. Regras processuais e medidas repressivas	264
XVII. A moderna Inquisição espanhola (II)	269
1. Anseios de liberdade	269
2. Erasmo de Roterdam	271
3. Misticismo	272
4. Magia e bruxaria	275
5. A Reforma protestante	276
6. Crescimento da censura	280
7. Correntes liberais	285
8. O longo caminho do ocaso	287
XVIII. A Inquisição em Portugal	289
1. Período medieval	289
2. Ainda e sempre, os judeus	291
3. Estabelecimento da Inquisição	296
4. Os trabalhos inquisitoriais	300
5. Oscilações no relacionamento com o Estado	304
6. Período Pombalino	307
7. Triunfo do liberalismo e extinção do Santo Ofício	309
Epílogo	311
Obras consultadas	313

*À Maura Helena, minha esposa,
e à Maria Elisa, minha filha,
dádivas muito queridas,
dedico este trabalho.*

Apresentação

Eis mais um livro sobre o candente tema da Inquisição. Pode--se dizer, porém, que é obra um tanto diferente das congêneres. O autor, Prof. Dr. João Bernardino Gonzaga, é advogado famoso e docente de Direito Penal há muitos anos. Em seus estudos, deparou com o fenômeno «Inquisição»; esta, famigerada como é, mereceu--lhe especial atenção. Certo é que se estendeu por centúrias, ou seja, desde o século XII até o século XIX; começou, pois, na Idade Média Ascendente, atravessou o período do Renascimento e prolongou-se pela Idade Moderna. Como entender tal fenômeno, comentado geralmente com anátemas e censuras passionais?

A fim de compreender os acontecimentos, o autor quis recorrer a um autêntico princípio de historiografia: não se podem compreender os antepassados e seus feitos com objetividade e justiça se não se reconstituem as grandes linhas de pensamento da respectiva época; cada ser humano é filho do seu tempo e, por isto, profundamente marcado pela cultura do seu século.

O Prof. João B. Gonzaga realizou a sua tarefa com especial conhecimento de causa, pois estudou os procedimentos penais da justiça medieval e pós-medieval. No livro agora entregue ao público, ele dedicou não menos do que os oito primeiros capítulos à recomposição das condições de vida do povo na Idade Média e à descrição das medidas punitivas da época. Ele o fez com minúcias muito vivas e coloridas, que talvez surpreendam o leitor contemporâneo, mas que não impressionavam os homens de outrora; para estes, o rigor judiciário era um elemento de sua cultura. E por quê? Como?

Aqui se acha algo de importante, que bem distingue a mentalidade moderna da medieval. Os medievais eram mais dados ao rigor da Lógica e às verdades metafísicas do que à ternura dos sentimentos; o raciocínio abstrato e rígido neles prevalecia sobre o senso psicológico (ainda não conheciam a moderna psicologia das profundidades!)[1]*. Em nossos dias verifica-se quase o contrário: muito se apela para a psicologia e o sentimento, por vezes com detrimento de princípios perenes; estes cedem não raro a critérios subjetivos e relativistas. De modo especial, o senso metafísico dos medievais se revelava na valorização da alma e dos bens espirituais. Tão grande era o amor à fé (esteio da vida espiritual) que se considerava a deturpação da fé pela heresia como um dos maiores crimes que o homem pudesse cometer*[2]*.*

Isto não quer dizer que os medievais fossem insensíveis ou bárbaros. Dentro da sua fidelidade à verdade e das suas categorias culturais, procuravam cultivar a justiça e a benevolência. Um dos textos mais típicos a propósito é o retrato do Inquisidor traçado por Bernardo de Gui (século XIV), tido como um dos mais severos inquisidores:

---

(1) Tenham-se em vista as grandes Sumas, típicas da Idade Média; são construções arquitetônicas movidas pelo raciocínio e seus silogismos rigorosamente concatenados.

(2) É esta concepção que explica o seguinte texto de São Tomás de Aquino: «É muito mais grave corromper a fé, que é a vida da alma, do que falsificar a moeda, que é o meio de prover à vida temporal. Se, pois, os falsificadores de moedas e outros malfeitores são, a bom direito, condenados à morte pelos príncipes seculares, com muito mais razão os hereges, desde que sejam comprovados tais, podem não somente ser excomungados, mas também em toda justiça ser condenados à morte» (*Suma Teológica* II-II, 11, 3c); essa fé era tão viva e espontânea que dificilmente se admitia viesse alguém a negar com boas intenções um só dos artigos do Credo.

APRESENTAÇÃO

«O inquisidor deve ser diligente e fervoroso no seu zelo pela verdade religiosa, pela salvação das almas e pela extirpação das heresias. Em meio às dificuldades permanecerá calmo, nunca cederá à cólera nem à indignação. Deve ser intrépido, enfrentar o perigo até a morte; todavia não precipite as situações por causa da audácia irrefletida. Deve ser insensível aos rogos e às propostas daqueles que o querem aliciar; mas também não deve endurecer o seu coração a ponto de recusar adiamentos e abrandamentos das penas conforme as circunstâncias. Nos casos duvidosos, seja circunspecto; não dê fácil crédito ao que parece provável, e muitas vezes não é verdade; também não rejeite obstinadamente a opinião contrária, pois o que parece improvável, frequentemente acaba por ser comprovado como verdade... O amor da verdade e a piedade, que devem residir no coração de um juiz, brilhem nos seus olhos, a fim de que suas decisões jamais possam parecer ditadas pela cupidez e a crueldade» (Prática VI, *Douis 232s*).

Além disto, é de notar que muitos dos réus sentenciados podiam gozar de indulto, que os dispensava total ou parcialmente da sua pena. Podiam também usufruir de licença para sair do cárcere e ir tirar férias em casa; em Carcassonne (França), por exemplo, aos 13 de setembro de 1250, o Bispo deu a uma mulher chamada Alazais Sicrela permissão para sair do cárcere e ir aonde quisesse até a festa de Todos os Santos (1º de novembro), ou seja, durante sete semanas. Licença semelhante foi dada por cinco semanas a um certo Guilherme Sabatier, de Capendu, na ocasião de Pentecostes (9/05/1251). Raimundo Volguier de Villar-en-Val obteve uma licença que expirava no dia 20/05/1251, mas que lhe foi prorrogada até o dia 27. Outro caso é o de Pagane, viúva de Pons Arnaud de Preixan, que, encarcerada, obteve licença para férias de 15/06 a 15/08 de 1251.

Os prisioneiros tinham o direito de se afastar do cárcere para tratamento de saúde por quanto tempo fosse necessário. São numerosos os casos de que se tem notícia: assim, aos 16/04/1250, Bernard Raymond, de Conques, obteve a autorização para deixar a sua cela propter infirmitatem. *Aos 09/08 seguintes, a mesma per-*

missão era dada a Bernard Mourgues de Villarzel-en-Razès, com a condição de que voltasse oito dias após obter a cura. A 14/05 a mesma concessão era feita a Armand Brunet de Couffoulens; e a 15/08 a Arnaud Miraud de Caunes. A 13/03/1253 Bernard Borrel foi posto em liberdade propter infirmitatem, *devendo voltar ao cárcere quinze dias após a cura*. A 17/08 seguintes, Raine, filha de Adalbert de Couffoulens, foi autorizada a permanecer fora do cárcere quousque convaluerit de aegritudine sua *(até que ficasse boa da sua doença)... A repetição de tais casos a intervalos breves, e às vezes no mesmo dia, mostra que não se tratava de exceções, mas de uma rotina bem definida.*

Também havia autorização aos presos para ir cuidar de seus familiares em casa. Às vezes os problemas de família levavam os Inquisidores a comutar a pena de prisão por outra que permitisse atendimento à família. Até mesmo os mais severos praticavam tal gesto; sabe-se, por exemplo, que o rigoroso juiz Bernard de Caux em 1246 condenou à prisão perpétua um herege relapso, chamado Bernard Sabatier; na própria sentença condenatória, observava que, o pai do réu sendo um bom católico, ancião e doente, o filho poderia ficar junto do pai enquanto este vivesse, a fim de lhe dispensar tratamento.

Acontece também que as penas infligidas aos réus eram abrandadas ou mesmo supressas: a 3/09/1252, P. Brice de Montréal obteve a troca da prisão por uma peregrinação à Terra Santa. Aos 27/06/1256 um réu que devia peregrinar à Terra Santa recebeu em troca outra pena: pagaria 50 soldos de multa, pois não podia viajar propter senectutem *(por causa da idade anciã). São conhecidos também os casos de indulto total: o Inquisidor Bernardo de Gui, em seu Manual, apresenta a fórmula que se aplicava para agraciar plenamente o réu. O mesmo Bernardo de Gui reabilitou um condenado para que pudesse exercer funções públicas; a um filho de condenado que cumprira pena, reconheceu o direito de ocupar o consulado e exercer funções públicas.*

Não há dúvida, registraram-se também abusos de autoridade por parte de Inquisidores. Deve-se, porém, observar que os Papas e os Bispos, sempre que informados, infligiram censuras aos oficiais imoderados. Assim, seja citado um exemplo entre vários outros:

Em 1305 o Inquisidor de Carcassonne provocou, por seus rigores, a revolta da opinião pública: os habitantes de Carcassonne, Albi e Cordes (França) dirigiram-se à Santa Sé. As suas queixas foram acolhidas pelo Papa Clemente V, que aos 13/03/1306 nomeou os Cardeais Pierre Taillefer de la Chapelle e Béranger Frédol para fazer um inquérito do que ocorria na região; enquanto este se processava e as prisões eram inspecionadas, estava suspensa toda perquisição de hereges. Os dois prelados iniciaram a visita aos cárceres de Carcassonne nos últimos dias de abril; encontraram aí quarenta prisioneiros que se queixavam dos carcereiros; estes foram logo substituídos por outros mais humanitários; aos detidos foram assinaladas celas recém-reformadas e foi permitido passear per carrerias muri largi *ou em espaço mais amplo; os guardas receberam a ordem de entregar aos prisioneiros tudo o que fosse enviado pelo rei ou por seus amigos para a sua manutenção. Os dois Cardeais visitaram outrossim os cárceres de Albi aos 4/05/1306; mandaram retirar as correntes que prendiam os encarcerados, designaram outros guardas, mandaram melhorar as condições sanitárias das prisões, abrindo janelas para a penetração de luz e ar.*

Bonifácio VIII, tido como um Papa austero, mandou rever vários processos de condenação de hereges; com efeito, três meses após assumir o pontificado, aos 29/03/1295, mandou revisar o processo do franciscano Paganus de Pietrasanta; aos 13/02/1297 anulou a condenação, por heresia, de Rainero Gatti de Viterbo e seus dois filhos, porque fora proferida na base de um testemunho manchado por perjúrio. Em 1298 o mesmo Papa mandou restituir aos filhos de um herege os bens confiscados pela Inquisição. Intimou também ao Inquisidor da província de Roma, Adão de Coma, que deixasse de perseguir um cidadão de Orvieto já absolvido por dois Inquisidores.

Sabe-se também que o Papa Honório IV (1285-87) aboliu, na Toscana, as terríveis Constituições que o Imperador Frederico II havia editado contra as heresias.

Este fato nos leva a considerar outro aspecto do fenômeno «Inquisição»:

A Inquisição nunca foi um tribunal meramente eclesiástico; sempre teve a participação (e participação de vulto crescente) do poder régio, pois os assuntos religiosos eram, na Antiguidade e na Idade Média, assuntos de interesse do Estado; a repressão das heresias (especialmente dos cátaros, que pilhavam e saqueavam as fazendas) era praticada também pelo braço secular, que muitas vezes abusou da sua autoridade. Quanto mais o tempo passava, mais o poder régio se ingeria no tribunal da Inquisição, servindo-se da religião para fins políticos. Dois casos significativos a tal propósito foram: 1) em 1312 a condenação dos Templários, contra os quais o rei Felipe IV o Belo da França (1285-1314) moveu a Inquisição, desejoso de possuir os bens da Ordem dos Templários, quando condenada e abolida; 2) em 1431 a condenação de Joana d'Arc, a jovem guerreira que incomodava a Coroa da Inglaterra pelo seu zelo cristão e patriótico.

Aliás, quanto mais a história avançava, tanto mais absolutistas se tornavam os reis do Ocidente europeu, de tal modo que não podiam tolerar outra instância judiciária autônoma (a eclesiástica) ao lado da instância judiciária civil; esta deveria mais e mais valer-se dos tribunais eclesiásticos para implantar os interesses dos monarcas. A prepotência começou com Felipe IV o Belo da França e atingiu o seu auge na Espanha e em Portugal a partir do século XVI: o desejo de unificar a população da península ibérica, composta de cristãos, judeus e muçulmanos, levou os reis daqueles dois países a pedir e obter do Papa a instalação da Inquisição em seus territórios; os soberanos acionavam a Inquisição segundo os seus propósitos, mediante homens por eles nomeados, provocando sérios conflitos com a Santa Sé, que mais de uma vez se recusou a reconhecer o procedimento da Inquisição na península ibérica; aliás, no final da vigência desta instituição, já não se dizia Inquisição Eclesiástica, mas sim Inquisição Régia.

A estes fatos outros se poderiam acrescentar. Um juízo justo sobre o passado exige que se apontem também os elementos ate-

nuantes e as justificativas daqueles que foram responsáveis pelos processos da Inquisição.

O Prof. João Bernardino deu provas de sincero amor à verdade procurando retratar imparcialmente os traços característicos da Inquisição. Quis oferecer ao grande público os elementos indispensáveis para uma avaliação justa e objetiva dos fatos históricos. Possam os leitores desta obra beneficiar-se das coordenadas que o autor lhes apresenta na base de muita leitura e pesquisa! E possa o próprio mestre regozijar-se por ter elaborado uma obra valiosa e original sobre tema tão complexo!

Dom Estêvão Tavares Bettencourt O.S.B.

Introdução

A Inquisição é tema que não morre. Nos ataques dirigidos à Igreja Católica, ela aparece sempre, qual perpétuo *ritornello* a girar com as mesmas frases, as mesmas imagens, as mesmas críticas. Estas são verossímeis, porque fundadas em fatos históricos objetivos, colhidos na vida real, e, à força de repetições, adquirem aparência de incontestável verdade.

Rememoremos o quadro estereotipado que os opositores descrevem. Nascida oficialmente no começo do século XIII e durando até o século XIX, a Inquisição dedicou-se, dizem eles, a semear o terror e a embrutecer os espíritos. Adotando como método de trabalho a pedagogia do medo, reinou, de modo implacável, para impor aos povos uma ordem, a sua ordem, que não admitia divergências, nem sequer hesitações. Ao mesmo tempo, pretende-se que o que havia por detrás dela, nos bastidores, era um clero depravado, ignorante e corrupto, em busca apenas do poder político e da riqueza material.

Inútil tentar alguém escapar-lhe. Dotado de natureza tentacular, o Santo Ofício via tudo, se infiltrava por toda parte, até no recesso dos lares, onde as paredes tinham ouvidos. Obrigava os fiéis a se tornarem espiões e delatores, dessa maneira montando densa rede de informantes ocultos. Graças a isso, manteve perfeito controle social, exigiu modelos de comportamentos, impediu o livre debate e o livre arbítrio, sufocou dissidências, exerceu a censura e assim – eis a absurda conclusão que nos impingem – a Igreja teria conseguido entravar por longo tempo o desenvolvimento cultural da humanidade.

As censuras, oferecidas com requintes de exagero, são de duas ordens: policiamento ideológico e crueldade. Servindo-se da Inquisição, a Igreja submeteu os povos sob seu domínio a verdadeira camisa de força, devassou o íntimo das pessoas e transformou em crime, passível de fogueira, o simples ato de pensar em desacordo com ela. Abolido ficou o sadio direito, que cada ser humano deve possuir, de fazer suas opções.

Prosseguem os adversários, sempre montando quadros muito coloridos: a arma utilizada para submeter as pessoas era o terror. Para que alguém fosse preso, bastava mera denúncia secreta. A partir daí, o acusado se via submetido a alucinante processo, feito sob a égide do segredo e da dor: desconhecia a identidade de quem o delatara e das testemunhas que contra ele depunham; escondiam-lhe as provas colhidas; ignorava o conteúdo das acusações, mas, sem embargo, exigiam-lhe se confessasse culpado e admitisse que, no recôndito da sua alma, era um herege. Negavam-lhe a assistência de um advogado; o réu devia permanecer totalmente sozinho, à mercê dos algozes. Para extorquir-lhe o reconhecimento do seu crime (o crime de ter pensamentos próprios!), submetiam-no afinal à tortura. Tudo isso se passava à sombra, nos porões das masmorras inquisitoriais. O pobre infeliz que fosse apanhado ingressava em escuro labirinto, onde desaparecia para dele nunca mais se ter notícia; ou, quando acaso ressurgia à luz do sol, muito tempo depois, era para ser conduzido à fogueira, na praça pública, em meio a festivo auto-de-fé. Todos os bens que ele e sua família possuíam eram confiscados. O historiador francês Jean-Pierre Dedieu declara que, «ao ler a descrição de certos casos, chorou de emoção diante da grandeza de um mártir, ou de raiva ao ver o que se fazia em nome de Cristo» (*op. cit.*, pág. 8).

Fala-se em centenas de milhares, alguns escritores avançam ousadamente até «milhões» de pessoas sacrificadas pela intolerância. Os judeus foram atingidos duramente, em massa, trucidados, expulsos dos seus lares e reduzidos à miséria. Com frequência os submeteram ao tremendo dilema de escolher entre o batismo forçado ou a morte. Na Espanha, a Inquisição atingiu o clímax do seu desenvolvimento e nela paira, como ave de mau agouro, a sinistra figura de Torquemada, convertido pelos detratores em protótipo de crueldade fanática.

É riquíssima a bibliografia que se compraz nessas evocações, com livros cujos títulos frequentemente já predispõem o espírito de quem os vai ler. Citemos dois deles: *Martiri del Libero Pensiero e Vittime della Santa Inquisizione*, de Antonino Bertolotti, e *Gli Orrori della Inquisizione*, de Di Féréal, E. Briffault e M. de Cuendias. Tão cerrada e tenaz campanha montada sobre esse espectro de violências acaba influenciando até mesmo estudiosos católicos do mais alto tomo.

O que haverá, ou não haverá, de verdadeiro nisso tudo e de que modo deveremos interpretar aquilo que é verdade? Lecionando Direito Penal desde há muitos anos e interessados no estudo da História desse ramo jurídico, sempre nos sentimos atraídos pelo enigmático problema da Inquisição, que, afinal de contas, constituiu uma manifestação da Justiça Criminal do seu tempo. Decidimo-nos por fim a enfrentar o desafio quando deparamos com esta contundente observação de André Frossard, que tanto admiramos, em sua excelente coletânea *Dieu en Questions*: na Inquisição, escreve ele, «não se vislumbra qualquer traço de cristianismo».

Como a explicaremos pois? Parece-nos muito intrigante o seguinte: os tribunais de fé, é inegável, foram violentos, usaram métodos processuais e penais que consideramos reprováveis; levaram efetivamente a padecimentos e à morte multidões de pessoas, somente porque elas ousavam ter suas convicções. Tudo isso nos causa a nós, hoje, forte repulsa. Como então conciliar, eis a questão, tanta prepotência e tanta maldade com a suave figura de Jesus de Nazaré; com a virtude da caridade, que deve ser o farol máximo a iluminar o caminho da Igreja?

Prosseguindo: como entender o fato de que com a Inquisição, a despeito do acima dito, no fluir dos séculos conviveram tantos papas, tantos doutores, tantos santos, tantos piedosos sacerdotes e leigos, tanta gente boa enfim, que a dirigiram, que a apoiaram, que dela participaram, que a defenderam, ou, pelo menos, que a presenciaram com naturalidade, sem protestar? O grande São Domingos de Gusmão é considerado um dos seus inspiradores. Teriam todos o coração cheio de fel e estaria toda essa gente embrutecida pela má fé? Será crível que, durante tão largo tempo, a Igreja haja abandonado Cristo? Os trabalhos inquisitoriais ficaram sobretudo a cargo, como seus principais responsáveis e artífices, dos «frades brancos» pregadores, os dominicanos, e dos «frades menores», os humildes seguidores do *poverello* de Assis. Impossível é imaginar a cena de um frade franciscano, supostamente pleno de amor, alegria e compreensão, a torturar ferozmente algum infeliz; e, não obstante, isso aconteceu.

Tantos aparentes paradoxos, concluímos, têm como causa inicial de incompreensão este grave erro: transporta-se em bloco a Inquisição para a atualidade, a fim de julgá-la dentro da atmosfera, das necessidades e das categorias mentais modernas, radicalmente diferentes do universo em que ela viveu. Desse modo, torna-se impossível aceitá-la e forçosamente ela horroriza. Aí precisamente, aliás, residem a malícia dos seus atacantes e o interesse que mostram pelo assunto. Partindo da correta ideia de que a Igreja se proclama «imutável», eles alertam para o perigo de deixá-la tomar de novo as rédeas do Poder, com o que voltariam as perseguições inquisitoriais, com suplícios e fogueiras. Dessa forma, está-se confundindo o essencial com o acidental. É óbvio que a imutabilidade do dogma católico nada tem a ver com a disciplina eclesiástica, que pode perfeitamente variar, conforme as circunstâncias de cada momento histórico.

A Inquisição, enquanto instituição humana, nasceu e permaneceu imersa no mundo que a envolvia, que a explica e que a modelou. Logo, sem conhecer esse mundo, não poderemos julgá-la. Por isso, quisemos proceder metodicamente na nossa investigação. Como o Santo Ofício integrou a Justiça Criminal da sua época, torna-se preciso saber de que modo se comportava essa Justiça. Em seguida, verifica-se que a inteira Justiça, tanto a comum como a eclesiástica, esteve sob a influência de um complexo de fatores, que criavam toda uma peculiar formação cultural. Eram condições culturais, políticas, sociais, econômicas, religiosas, científicas, que moldavam certo estilo de vida, muito diferente do nosso. Com o presente estudo, tentamos desvendar essa trama.

Impõe-se igualmente lembrar a envolvente religiosidade da época. Ao homem de hoje, forjado por intenso processo de secularização que se iniciou com a Idade Moderna na civilização ocidental, torna-se incompreensível que a religião, outrora, haja assumido o papel de poderoso e efetivo ordenador da vida social. Também merece ser exposta a sina do povo judeu, que se apresenta com frequência na linha de frente dos queixosos contra o Santo Ofício.

Os historiadores que examinam a Inquisição se tornam muitas vezes enfadonhos devido à excessiva menção, que fazem por dever de ofício, de nomes, datas e episódios. Isso procuramos evitar o quanto possível, a fim de aligeirar nosso trabalho. Mais do que um relato exaustivo, com elenco de fatos, o que buscamos foi entender o fenômeno histórico.

Tal sendo nosso objetivo, cingimo-nos a examinar a Inquisição europeia, deixando de lado suas manifestações nas Américas, que daquela foram simples apêndices. Essa extensão de pesquisa pareceu aqui dispensável.

No curso do relato, ao mencionarmos algum escritor, sua obra que citamos é a indicada na bibliografia final. A Bíblia Sagrada de que nos servimos é a tradução feita pelo Pe. António Pereira de Figueiredo, edição Barsa, 1965.

I. A justiça criminal comum

1. Necessidade aqui do seu exame

As censuras apresentadas contra a Inquisição giram, invariável e incansavelmente, em torno das ideias de intolerância, prepotência, crueldade; mas, ao assim descrevê-la, os críticos abstraem, ou referem muito de leve, o ambiente em que ela viveu. Forçam por tratá-la quase como um acontecimento isolado e, medida pelos padrões da atualidade, se torna incompreensível e repulsiva para o espectador de hoje.

Sucede porém que esse fenômeno foi produto da sua época, inserido num clima religioso e em certas condições de vida, submetido à força dos costumes e de toda uma formação cultural e mental, fatores que forçosamente tiveram de moldar o seu comportamento. Por isso entendemos indispensável suprir grave lacuna: antes de examinar a Inquisição, é preciso conhecer de perto o mundo que a envolveu, tão diferente do nosso. Sobretudo, não nos olvidemos de que o Santo Ofício equivaleu a uma Justiça Criminal, de sorte que não é possível entendermos o seu procedimento sem preliminarmente saber como atuava a Justiça Criminal comum, ou laica, que lhe foi contemporânea e que lhe serviu de modelo. Esta era uma Justiça assinalada por profundo atraso, com métodos toscos e violentos, mas por todos encarada com naturalidade, aprovada e defendida pelos mais sábios juristas de então.

Neste e no seguinte capítulo, traçaremos pois um quadro, que merece ser minucioso, da situação judiciária secular. Recuando a momento histórico anterior, faremos primeiro uma síntese muito apertada da Justiça feudal e da primitiva Justiça eclesiástica, para depois examinar detidamente a longa fase do Direito comum que se estendeu desde o século XIII até fins do século XVIII. São cerca de seis centúrias, que a História do Direito Penal designa como «período da vingança pública», porque se caracterizou marcantemente pelo desprezo às garantias individuais e por extrema brutalidade.

2. Justiça feudal

No regime feudal a jurisdição pertencia ao senhor da terra e se exercia sobre todas as pessoas que nesta viviam.

As regras processuais adotadas eram costumeiras e basicamente as mesmas, tanto nos assuntos civis como nas questões de natureza criminal. Vigorava o chamado «sistema acusatório», reduzindo-se o julgamento a um confronto, em termos de rigorosa igualdade, entre dois particulares, nobres ou homens livres.

Não se formara a noção do interesse público em punir os crimes. Conseguintemente, o direito de acusação somente pertencia à pessoa lesada, ou, se esta houvesse morrido, à sua linhagem. Sem a presença de uma vítima, queixando-se, não era possível instaurar o pleito.

O procedimento era público, oral e formalista. No dia fixado, as partes compareciam pessoalmente perante a assembleia formada pelos seus pares, sob a presidência do senhor feudal ou de um seu representante. O autor apresentava sua queixa de viva voz, através de rígidas fórmulas tradicionais, sem cometer nenhuma falha que permitisse ao adversário proclamar nula a demanda. Em seguida, competia ao acusado responder de imediato, uma vez que o silêncio equivalia a uma confissão. A defesa tinha de consistir em negações exatamente ajustadas aos termos da acusação, refutando-a palavra por palavra, *de verbo ad verbum*.

Os litigantes deviam também prestar o juramento de que diziam a verdade, sempre que possível acompanhados de pessoas de bem, que endossassem suas posições. Eram os *conjuratores*. A prova testemunhal, caso existisse, era igualmente formalista: as testemunhas depunham oralmente, diante das partes e da assembleia, limitando-se a pronunciar certas fórmulas indicativas de que a razão estava com este ou aquele contendor. Mais do que o conteúdo das suas declarações, o que importava era apenas o número de testemunhas concordes. As regras indicavam quantos depoimentos bastavam para que se desse como provado certo fato.

Na hipótese de os juramentos não serem aceitos e de inexistirem testemunhas suficientes, restavam dois outros expedientes, oriundos do antigo Direito germânico: o duelo e os «Juízes de Deus» ou ordálios. Ambos se baseavam na mesma crença, de um Deus sempre presente no mundo, a interferir nos negócios humanos. Provocava-se pois a intervenção divina, para que apontasse o culpado e não permitisse a condenação de um inocente.

No duelo, batiam-se acusador e acusado, reconhecendo-se razão àquele que vencesse. Não deixava de haver aí alguma perspicácia: esperava-se que o mentiroso, sabedor da própria culpa, que Deus também conhecia, lutasse com menor ardor, mais facilmente sendo derrotado.

Finalmente, se por qualquer motivo não conviesse o duelo, recorria-se aos ordálios. Se o acusado insistisse na sua inocência, era ele (e às vezes também suas testemunhas) submetido a alguma prova que ensejasse a Deus a revelação da verdade. Os métodos variaram muito, mas em regra consistiram na «prova do fogo» ou na «prova da água». Por exemplo, o réu devia transportar com as mãos nuas, por determinada distância, uma barra de ferro incandescente. Enfaixavam depois as feridas e deixavam transcorrer certo número de dias. Findo o prazo, se as queimaduras houvessem desaparecido, considerava-se inocente o acusado; se se apresentassem infeccionadas, isso demonstrava a sua culpa. Equivalentemente ocorria na «prova da água», em que o réu devia por exemplo submergir, durante o tempo fixado, seu braço numa caldeira cheia de água fervente. A expectativa dos julgadores era de que o culpado, acreditando no ordálio e por temor a suas consequências, preferisse desde logo confessar a própria responsabilidade, dispensando o doloroso teste.

Se o imputado fosse nobre de muito alto nível, um príncipe, um conde, era-lhe permitido indicar algum subordinado seu para participar dessas provas.

Graças todavia à firme oposição da Igreja, a utilização dos ordálios foi declinando, para praticamente desaparecer no século XIV.

Em suma, no regime feudal o juiz se reduzia a mero árbitro, limitando-se a verificar a presença ou não de provas formais concludentes. O julgamento era imediato, oral e dele não cabia recurso. Reconhecida a culpa do réu, as sanções aplicadas eram normalmente de natureza patrimonial.

Firmou-se assim um sistema processual conhecido como «acusatório», dotado das seguintes características: necessidade de iniciativa da vítima, sem o que o processo não se instaura; igualdade de direitos entre as partes, com instrução contraditória e pública; formalismo; processo, por fim, endereçado somente a satisfazer o interesse individual lesado, e não o interesse público de repressão aos crimes.

Como bem se compreende, tudo quanto acima está exposto unicamente se aplicava aos nobres, aos cavaleiros, aos homens livres. Os membros das classes servis estavam inteiramente submetidos à vontade dos seus senhores, sujeitando-se a medidas punitivas discricionárias.

3. Justiça eclesiástica

Concomitantemente, se foi estruturando a Justiça da Igreja, dotada de espírito por inteiro diverso.

De começo, somente se aplicava ao clero. O religioso que cometesse alguma falta devia purgá-la. A alma transviada precisava ser reconduzida ao rebanho. Os objetivos a alcançar eram, pois, a recuperação do faltoso e, quiçá, a tranquilização da comunidade.

Tratava-se mais propriamente de uma Justiça disciplinar do que judiciária; e, à vista dos seus objetivos, é natural que adotasse regras com eles condizentes: a apuração dos fatos devia ser discreta, isto é, secreta, para o bem do acusado e para evitar escândalo público. A confissão do réu passou a ter importância capital, visto constituir indício de arrependimento, suscitando esperança da almejada regeneração.

Tudo enfim se passava em outro plano, totalmente distinto das jurisdições feudais. Para ter início o processo, admitiu-se a *denuntiatio* de qualquer fiel. Logo, porém, o Direito Canônico preferiu o procedimento de ofício, em que a autoridade eclesiástica desencadeava as investigações tão logo percebesse a possibilidade de alguma irregularidade. Com o Papa Inocêncio III, no século XIII, e com o quarto Concílio de Latrão, em 1216, firmou-se o método da *inquisitio*. No procedimento *per inquisitionem*, permitia-se ao juiz, mesmo sem acusador, abrir um processo e nele livremente colher as provas conducentes ao julgamento.

Na Igreja nasce, desse modo, o que se veio a chamar de «sistema processual inquisitório», caracterizado então por estas notas: a autoridade dispõe de poderes para, por sua iniciativa, encetar uma ação penal; liberdade do juiz para colher as provas que entenda necessárias; procedimento secreto, em que avulta o interesse em obter a confissão do réu.

4. Reaparecimento do Direito romano e sistema processual inquisitório

Voltando ao Direito comum, acrescentemos que o empirismo da Justiça feudal, com seu sistema acusatório, a foi tornando, no passar do tempo, inaceitável. Várias forças concorreram para extingui-la.

O crescimento das cidades levou cada vez mais ao desenvolvimento de jurisdições municipais, com regras próprias e outras formas de julgamento. Foi-se também fortalecendo o Poder central, dos reis, que começaram a se impor inclusive na administração da Justiça. O meio inicial para dominar as cortes senhoriais consistiu na criação de recursos: das decisões proferidas nos feudos, começou a caber apelo para o rei, o que desde logo obrigou à adoção de processos escritos. Mais adiante, foram os juízes reais que passaram a conhecer das causas, *ab initio*.

Nesse ínterim, no século XII, a Universidade de Bolonha ressuscitou o Direito romano, ou seja, o Direito imperial consolidado no *Corpus Juris Civilis*, que havia caído no olvido. É o que se veio a chamar «renascimento do Direito romano», que rapidamente suscitou enorme entusiasmo e se expandiu por vários países. Compreende-se: enquanto os costumes feudais eram rudimentares, não merecedores de confiança, os juristas medievais encontraram no *Corpus Juris* um conjunto prático, completo e coeso de normas sábias. Acresce que o Direito imperial romano estava montado sobre a ideia de centralismo político, o que muito convinha a uma Europa que nessa altura tendia ao predomínio do poder real.

Os romanos erigiram obra monumental sobretudo no campo do Direito Civil, enquanto o seu Direito Penal permaneceu de qualidade marcantemente inferior. Ambos foram todavia tomados em bloco pelos juristas medievais, para reformularem os seus princípios e os métodos judiciários.

O ingresso desse Direito representou, é certo, conquista magnífica, acarretando enorme progresso. Dentro dele, porém, havia um fruto venenoso, que acabou sendo também colhido: a tortura. Doravante, toda a instrução criminal, até o século XVIII, será marcada pelo denodo na ideia da confissão do acusado extorquida pela dor.

Firmou-se dessa maneira nova orientação na Justiça Criminal secular, em que se mesclaram influências do Direito Canônico e do Direito romano. Teve início então o tenebroso período depois designado como «da vingança pública», calcado num sistema inquisitório, tal como existia na Igreja, mas com estes acréscimos: processo secreto e escrito, defesa inexistente ou fortemente cerceada, largo emprego da tortura.

Passaram outrossim a coexistir três jurisdições penais: a central, exercida pelos juízes do rei; a local, de cidades ou, conforme o país, de regiões mais ou menos extensas; a eclesiástica, restrita às questões que importavam à Igreja.

Ressalvemos que a Inglaterra constituiu uma exceção na Europa ocidental, porque permaneceu imune ao Direito romano. Manteve-se ali o sistema acusatório, com a publicidade dos processos, a oralidade dos debates e com a instituição do Júri, em que o réu é julgado por seus pares. Em regra, esse país não empregou a tortura.

5. Absolutismo do poder real

A Justiça comum do longo período em exame (séculos XIII a XVIII) desconheceu quase todas as garantias individuais que permeiam as ordens jurídicas da atualidade.

Começando pelo plano constitucional, lembremos que a tripartição política dos Poderes do Estado somente veio a ingressar no mundo civilizado em fins do século XVIII, por influência de Montesquieu: o Estado repartido entre Poderes Legislativo, Executivo e Judiciário, cada qual soberano e independente na sua área de competências. Isso, sem dúvida, propicia não só a liberdade da Justiça, mas também lhe permite agir com mais equilíbrio e imparcialidade.

Antes, o rei enfeixava em suas mãos todas as funções: dele emanavam as leis; ele as aplicava depois, administrando; e, por fim, ao rei cabia também julgar, pessoalmente ou por seus delegados, as violações daquelas leis. Tamanha concentração de poderes, já de per si teria de acarretar maior rigor na punição dos crimes, encarados como intoleráveis ofensas às ordens do soberano, que as julgava. De imediato, também, o absolutismo real levou a espantoso alargamento do crime de lesa-majestade. Todos os comportamentos que atingissem, ainda que longinquamente, os interesses do monarca, ou de membros da sua Casa, eram castigados com requintado rigor, quase invariavelmente recebendo a pena capital.

6. Inexistência do princípio de igualdade

Faltava o princípio, hoje constitucional, da igualdade de todos perante a lei e a Justiça.

Por expressas disposições legais, as pessoas eram tratadas diversamente, no processo e nos métodos punitivos, de acordo com a classe social a que pertencessem.

Aos nobres, dificilmente se aplicava a tortura. As penas eram também executadas diferentemente. Por exemplo, a de morte, para os nobres, consistia na decapitação, enquanto o plebeu era levado à forca.

Cominavam-se, isto é, indicavam-se na lei sanções distintas, conforme a categoria do acusado. Eloquente exemplo disso é o Livro V, Título XXV, sobre o crime de adultério, das Ordenações Filipinas, que Felipe III de Espanha outorgou a Portugal em 1603: «*Mandamos, que o homem, que dormir com mulher casada, e que em fama de casada stiver, morra por ello. Porém se o adultero for de maior condição, que o marido della, assi como, se o tal adultero fosse Fidalgo, e o marido Cavalleiro, ou Scudeiro, ou o adultero Cavalleiro, ou Scudeiro, e o marido peão, não farão as Justiças nelle execução, até nol-o fazerem saber, e verem sobre isso nosso mandado*».

7. Cerceamento da defesa

Eram também ignorados princípios, que reputamos básicos, de Direito Processual e de Direito Penal. No Direito Penal encontra-se a indicação dos fatos considerados criminosos e as respectivas penas. No Direito Processual Penal estão as regras que devem pautar a apuração do crime e sua autoria.

No Direito moderno, uma ação penal se deve compor necessariamente com três personagens: o acusador, quase sempre representado pelo Ministério Público, o defensor e o juiz, equidistante das partes, que preside a colheita das provas por elas indicadas, eventualmente ordena outras provas e, após ouvir os debates, profere sua decisão. Bem se entende que essa posição sobranceira do magistrado lhe facilita julgar com inteira imparcialidade.

Ademais, vigoram atualmente o princípio da publicidade do processo, no sentido de que as partes têm total direito de acesso a todos os atos nele produzidos, e o princípio da plenitude da defesa, que de nenhum modo pode ser cerceada.

Outrora, nada disso existia. O juiz dispensava a presença de um acusador e de um defensor. No Direito da Igreja, também ele tratava diretamente com o suspeito, o que era compreensível diante do objetivo visado, de promover o bem da pessoa que se transviara e perante quem o juiz atuava mais propriamente como um guia espiritual. Por manifesto sofisma, transportou--se o mesmo sistema para a Justiça comum, em que a meta a alcançar era muito diferente, ou seja, o puro e simples castigo do criminoso.

Não se admitia pois a presença de um advogado, ou, quando isso veio mais tarde a ocorrer, a defesa era cuidadosamente entravada. O réu devia defender-se sozinho. As Ordenações francesas de 1539 advertiam expressamente no art. 162 que «*en matières criminelles ne seront les parties aucunement ouyes par le conseil ne ministère d'aucune personne; mais répondront par leur bouche des cas dont ils sont accusez*»[1].

O processo frequentemente tinha origem em acusações secretas, ocultando-se a identidade dos delatores. Todos os atos subsequentes eram mantidos também em segredo, de tal sorte que o réu não só ignorava a origem e o conteúdo da acusação que lhe faziam, mas desconhecia igualmente as provas produzidas. Nos primórdios do sistema inquisitivo, não era assim, porque, seguindo os usos do Direito Canônico, as *acta inquisitionis* eram transmitidas ao acusado. Isso determinavam, por exemplo, as Ordenações francesas de 1254. Depois, o segredo se impôs, e todo o material acusatório passou a ser escondido. Como diziam as Ordenações francesas de 1498 no art. 110, «*quant aux prisonniers et autres accusez de crime, ausquels faudra faire procès criminel, ledit procès se fera le plus diligemment et secrètement que faire se pourra, en manière que aucun n'en soit averti, pour éviter les subornations et forgements qui se pourroient faire en telles matières*»[2]. Portanto, justificava-se a ocultação com a necessidade de impedir que o réu, conhecendo as provas, as viesse a adulterar. Um escritor da época defendia também o sigilo para evitar a fuga do réu e a impunidade dos crimes:

---

(1) «Em matérias criminais, as partes não serão de forma alguma ouvidas por intermédio do conselho ou ministério de alguém, mas responderão com a própria boca sobre o caso de que lhe acusam». (N. do E.)

(2) «Quanto aos prisioneiros e outros acusados de crime que devem ser processados criminalmente, seu processo será feito da maneira mais diligente e discreta possível, de maneira que ninguém saiba, a fim de evitar os subornos e falsificações que se podem dar em tais assuntos». (N. do E.)

quando o culpado «*sauroit que le crime est prouvé contre luy, il s'en pourroit fouyr et ainsi demourroient les delicts impunis*»[3].

Como conclui Esmein (*op. cit.*, pág. 153), «todas as garantias da defesa desapareciam pouco a pouco. O processo se tornara absolutamente secreto, não somente no sentido de que tudo se passava longe dos olhos do público, mas também no sentido de que nenhuma comunicação das peças era feita ao acusado. A este se foi sucessivamente retirando a assistência de conselheiros e a livre faculdade de arrolar testemunhas de defesa. Submetido a interrogatórios hábeis e frequentemente pérfidos, ameaçado de tortura, ele ficava preso em terrível engrenagem. Verifica-se mesmo que após as Ordenações de 1498 a pressão se tornou mais forte; as Ordenações de 1539 consagram novos rigores».

8. Prisão processual

Conhecemos duas espécies de prisão: a penal, que se segue a uma condenação, como medida adequada ao crime; e a processual (ou preventiva). Esta última não é pena, mas tem objetivos exclusivamente processuais (garantir a presença do réu na Justiça, evitar que ele fuja ante a perspectiva de próxima condenação, impedir que ameace ou corrompa testemunhas, etc.).

A prisão processual pode portanto atingir pessoa inocente, que será depois absolvida. Exigem-se, de conseguinte, extrema prudência e parcimônia na sua decretação, que as leis atuais costumam cercar de muitas cautelas, inclusive somente a permitindo em casos graves. Em regra, o réu se deve defender solto.

Antigamente, havia indiscriminado emprego dessa medida, bastando quaisquer pequenos indícios para que fosse imposta. Ao contrário do que sucede hoje, em princípio todo acusado devia permanecer detido durante o processo.

---

(3) «Soubesse que se provou um crime contra ele, poderia fugir, e os delitos permaneceriam impunes». (N. do E.)

Ainda em 1764, Beccaria clamava contra o abuso, que persistia, consistente em dar total arbítrio aos magistrados «de aprisionar um cidadão, de tirar a liberdade a um inimigo por frívolos pretextos, e deixar impune um amigo a despeito de haver indícios mais fortes de culpa». Queria esse autor que as leis estabelecessem com precisão quais as hipóteses em que o acusado poderia ser preso preventivamente, e ressaltava a gravidade do problema lembrando que os cárceres do seu tempo continuavam sendo «a horrível mansão do desespero e da fome».

Anotemos também que as pessoas ficavam entregues aos caprichos das autoridades, porque faltavam meios processuais expeditos para cortar os abusos. Não havia qualquer providência legal, como o atual *habeas corpus*, apta a fazer cessar prontamente os constrangimentos ilegítimos.

9. Sistema das provas legais

No curso de um processo criminal, colhem-se várias provas. Como apreciá-las na fase do julgamento? Eis outro ponto em que o Direito antigo se encontrava em profundo atraso.

Vigora presentemente o sistema chamado «da livre convicção»: o juiz possui inteira autonomia para avaliar as provas, dando a cada uma o peso que melhor lhe aprouver; mas em seguida tem essa liberdade cerceada, porque lhe é imposto o dever, sob pena de nulidade, de justificar na sentença suas preferências e a conclusão firmada. Como exceção, conserva-se também o antigo «sistema da íntima convicção», em que a liberdade é plena, porque o julgador fica dispensado de explicar seu veredicto. No Brasil, tal segundo método é adotado somente nos julgamentos, pelo Júri, dos crimes dolosos contra a vida (homicídio, induzimento, instigação ou auxílio a suicídio, infanticídio e abortamento), quando os jurados leigos, ou juízes de fato, se limitam a responder secamente a quesitos, com apenas um «sim» ou um «não».

Em qualquer dos dois sistemas acima, as provas não possuem pesos predeterminados pela lei, mas devem ser avaliadas caso a caso. Nem mesmo à confissão do réu é hoje atribuída eficácia absoluta, porque se sabe que ela pode ser falsa: o réu admite o crime por erro, por coação, em virtude de desequilíbrio mental, etc., e até mesmo pelo altruístico propósito de inocentar o verdadeiro culpado, que ele deseja proteger. Inexistem, no moderno Direito Processual Penal, restrições à prova testemunhal. Qualquer pessoa pode depor em Juízo, inclusive as pessoas ligadas ao réu ou à vítima pelos laços do casamento, do parentesco, da amizade ou inimizade. Idem os menores e os pobres de espírito, desde que saibam expressar seus pensamentos. O juiz atribuirá depois, a cada depoimento, a credibilidade que merecer.

A antiga Justiça Criminal começou adotando o princípio «da íntima convicção», com absoluta liberdade dos julgadores. Generalizou-se então o arbítrio e, para evitá-lo, surgiu outro sistema oposto, muito rígido, conhecido como «das provas legais»: o legislador e os jurisconsultos, *a priori*, em abstrato, indicavam o exato valor de cada prova. Presentes tais ou quais provas na instrução da causa, o juiz devia chegar a tais ou quais conclusões.

A inovação nasceu portanto com bons intuitos, mas produziu péssimos resultados. Era impossível ao legislador prever a infinita variedade de situações da vida real.

Quanto à sua natureza, o antigo Direito classificava as provas em testemunhos e confissão, ou prova vocal; escritos e objetos, ou prova instrumental; presunções, ou prova conjectural. Quanto a cada espécie, distinguiam-se as provas perfeitas, ou plenas, e imperfeitas ou semi-plenas. Havia as presunções invencíveis, chamadas de indícios manifestos, e as vencíveis. Os indícios, a seu turno, podiam ser próximos ou remotos e, no final da escala, figuravam os *adminicules*, indícios que só valiam como apoio a outras provas (v.g., inconstância das explicações do acusado, tremor na voz, sua má fisionomia, etc.). Separavam-se ainda as provas e os indícios em gerais, porque válidos para qualquer crime, e especiais, porque somente eficazes quanto a certos crimes.

A seguir, vinham as regras disciplinadoras das incontáveis combinações possíveis entre os vários tipos de provas, daí surgindo complicadíssima trama de hipóteses. Como ironizou Voltaire, «admitem-se quartos e oitavos de provas. Pode-se encarar, por exemplo, um ouvir dizer como um quarto, um outro ouvir dizer mais vago como um oitavo, de sorte que oito rumores, que não passam de eco mal fundado, se podem tornar uma prova completa».

A prova testemunhal foi cuidadosamente regulamentada, distinguindo-se várias categorias de testemunhas. Para aceitar como demonstrado certo crime, era prefixado o número de depoimentos concordes. Em geral, um só depoimento, por melhor que fosse, não bastava: *testis unus, testis nullus*. Inúmeras pessoas não eram admitidas a depor, notadamente as mulheres e os criminosos. No século XVIII, Muyart de Vouglans ainda apresentava longa lista de testemunhas inaceitáveis, terminando com «os pobres e os mendigos».

Chegamos desse modo a absoluto e iníquo automatismo na apreciação das provas, em que nada importava a opinião do juiz. Mesmo que este se achasse convencido da inocência do réu, era obrigado a condená-lo, se estivessem presentes as provas teoricamente reputadas para isso suficientes.

Tal sistema gerou também, como consequência inexorável, o interesse em conseguir a confissão do réu, considerada a rainha das provas, a *probatio probatissima*, visto que a sua presença bastava para condenar. Para alcançá-la, recorria-se à tortura. Está claro: se a confissão se tornara fruto tão cobiçado, tornava-se difícil resistir à tentação de sacudir a árvore a fim de obtê-la. Conforme anotam os historiadores, os juízes provincianos, principalmente, perdidos diante da complexidade das regras sobre o material probatório, optavam pela saída mais fácil e segura da tortura, que, levando à confissão, tudo simplificava. Transformava-se o réu em juiz da sua própria causa, resistindo aos tormentos, para salvar-se, ou a eles cedendo, para perder-se.

Vigorou por acréscimo este princípio, que hoje causa imenso espanto e que se enunciava em latim: «*In atrocissimis leviores conjecturae sufficiunt, et licet judici jura transgredi*». Vale dizer, nos crimes atrozes, geralmente os mais difíceis de apurar devido aos cuidados que tomam seus autores, o juiz ficava liberto das regras legais sobre as provas necessárias, e podia condenar com base em elementos precários.

10. Tortura

A nota judiciária mais característica dos séculos que estamos estudando foi no entanto o indiscriminado, geral e tranquilo emprego da tortura, também chamada «questão». A tortura de que agora falamos não possuía a natureza de pena, mas era um meio processual de apuração da verdade. *Quaestio est veritatis indagatio per tormentum*[4].

Foi contra ela, ainda existente no seu tempo, que Beccaria, em 1764, reservou os mais candentes ataques à Justiça, repetidamente qualificando-a de «fria atrocidade», «industriosa crueldade», «inútil prodigalidade de suplícios».

Parece que, em maior ou menor grau, essa violência foi utilizada por todos os povos da Antiguidade. O texto mais velho que dela nos dá notícia acha-se em fragmento egípcio relativo a um caso de profanadores de túmulos, no qual aparece consignado que «se procedeu às correspondentes averiguações, enquanto os suspeitos eram golpeados com bastões nos pés e nas mãos».

Dir-se-á que a tortura talvez constitua eterna fatalidade do gênero humano e que prossegue hoje existindo. Sim, é exato, basta lembrar o que ocorreu nos regimes totalitários da Alemanha nazista, da Itália fascista, da Rússia comunista. Os franceses supliciaram prisioneiros na guerra de libertação da Argélia. Os agentes policiais, mesmo em países civilizados, continuam utilizando tal recurso, e célebre ficou, nesse sentido, o «*Third degree*» da Polícia norte-americana.

---

(4) «O interrogatório é a investigação da verdade por meio de tormentos». (N. do E.)

Sucede todavia que hoje a tortura só se pratica clandestinamente, com repulsa do Direito e da opinião pública. As leis modernas a qualificam como crime, ameaçando com severíssimas penas seus autores. Mesmo quando adotada por governos autoritários, ela se faz oficiosamente, às ocultas, e tem a sua existência negada.

Nos séculos passados, ao contrário, os suplícios foram pacificamente aceitos, como recurso normal da Justiça, e regulamentados pelo legislador. Na Espanha, em meados do século XIII, Afonso X, o Sábio, tranquilizava seus súditos explicando no Código das Sete Partidas que a tortura se justificava porque fora adotada pelos sábios antigos (ou seja, pelos juristas romanos). Part. VII, tit. 30, *De Los Tormentos*: «*Porende tenieron por bien los sabios antiguos que fizieron tormentar a los omes, por que pudiessen saber la verdad ende dellos*».

Na Alemanha, na Itália, na Espanha, em Portugal, por toda parte torturavam-se normalmente os acusados e, às vezes, também as testemunhas não merecedoras de fé. Em França, as Ordenações de 1254 e todas as subsequentes adotaram oficialmente a questão, ou interrogatório com tormentos.

Os escopos visados eram obter a confissão do suposto delinquente, a descoberta de cúmplices e a verificação da eventual existência de outros crimes que o réu pudesse ter acaso praticado. Assim, mesmo quando este confessava os fatos do processo, o juiz ainda o podia continuar supliciando, para verificar se mais malfeitorias existiam. No Direito germânico, ao tempo da célebre *Constitutio Criminalis Carolina*, promulgada em 1532 por Carlos V, expressamente se advertia que deviam ser empregados tormentos no processo, mesmo que se tratasse de fato manifesto, como na hipótese de um ladrão preso em flagrante delito e com o objeto furtado ainda em seu poder.

As leis se limitavam a ordenar ou permitir a tortura, fixando algumas regras gerais para o seu uso, mas não especificavam no que ela poderia consistir. A forma e os meios a serem empregados para produzir a dor seriam aqueles que os costumes indicassem, ou que fossem inventados por executores imaginosos. Facilmente, pois, ocorriam excessos. Tomás y Valiente, em sua obra sobre o Direito Penal espanhol da monarquia absoluta, transcreve, à pág. 153, longo relatório datado de 1598, em que os Procuradores das Cortes castelhanas se queixaram ao rei contra a crueldade dos juízes, acusando-os de criarem «novos gêneros de tormentos refinados, que, por serem tão cruéis e extraordinários, nunca jamais os imaginou a lei».

Uma típica sessão de interrogatório transcorria, em linhas gerais, deste modo. Algumas leis dispunham que o réu somente deveria ser supliciado várias horas após haver ingerido alimentos, quando já se achasse portanto enfraquecido. Exigiam-lhe então, primeiro, o juramento de que diria a verdade. Em seguida, lhe apresentavam os instrumentos que seriam utilizados, com explicações sobre o seu funcionamento. Se, para evitar o tormento, ou no seu desenrolar, o paciente confessasse o que lhe era exigido, levavam-no para outro lugar, seguro e confortável, onde ele deveria ratificar a confissão. Se esta não fosse ratificada, voltava-se à tortura, em dias subsequentes.

Em alguns sistemas legais, como por exemplo no espanhol das Sete Partidas, a questão podia ser repetida indefinidamente, seus únicos limites estando na obstinação do juiz e na força de resistência do paciente. Geralmente, porém, era estabelecido um número máximo, que costumava ser de quatro sessões. No século XV, na França, explicava-se que se o suspeito *«par question de gesne ne veut riens dire ni confesser à la première fois le juge le peut bien mettre au second jour; et puis au troisiesme, et puis au quatriesme, s'il voit que le cas le requière, et il y ait si grande présomption et le prisonnier soit de fort courage»*[5].

---

(5) «Por constrangimento não quiser nada dizer nem confessar da primeira vez, o juiz pode submetê-lo [à tortura] no segundo dia; e depois no terceiro e no quarto, se vê que o caso o requer, se tem grande presunção [da culpa] e se o prisioneiro demonstra muito ânimo». (N. do E.)

Equivalentemente dispunham as Ordenações Filipinas, que vigoraram em Portugal desde 1603: «*Quando o accusado for mettido a tormento, e em todo negar a culpa, que lhe é posta, ser-lhe-a repetido em três casos: o primeiro, se quando primeiramente foi posto a tormento, havia contra elle muitos e grandes indicios, em tanto que, aindaque elle no tormento negue o maleficio, não deixa o Julgador de crer, que elle o fez; o segundo caso é, se depois que uma vez foi mettido a tormento, sobrevieram contra elle outros novos indicios; o terceiro caso é, se confessou no tormento o maleficio, e depois quando foi requerido para ratificar a confissão em Juizo, negou o que no termo tinha confessado. E em cada um destes casos póde e deve ser repetido o tormento ao accusado, e ser-lhe-ha feita a repetição assi e como ao Julgador parecer justo; o qual será avisado, que nunca condene algum, que tenha confessado no tormento, sem que ratifique sua confissão em Juizo, o qual se fará fóra da casa, onde lhe foi dado o tormento. E ainda se deve fazer a ratificação depois do tormento per alguns dias, de maneira que já o accusado não tenha dor do tormento; porque de outra maneira presume-se per Direito, que com dor e medo do tormento, que houve, a qual ainda nelle dura, receando a repetição, ratificará a confissão, ainda que verdadeira não seja*» (*Livro V*, tít. CXXXIII).

Enfim, conforme assinala Cesare Cantu, os jurisconsultos determinavam para a tortura «diferentes modos, com o sangue--frio do cirurgião que classifica e divide as operações praticadas nos enfermos. Mas, enquanto nos esforçamos para abreviar a duração das operações cirúrgicas e diminuir as dores que elas ocasionam, fazia-se o contrário ao infligir a tortura; procurava--se somente não levar à morte ou a desfalecimentos, que impediriam atingir o resultado perseguido» (*op. cit.*, pág. 44).

Confirma-o G. Aubry (*op. cit.*, págs. 186-7): «Na maioria dos casos, um cirurgião ou um barbeiro assistia a aplicação da tortura para apreciar o grau de sofrimento do paciente e julgar se ele se achava em estado de suportar mais. Não constituía isso uma ação humanitária, mas não se queria que o acusado expirasse antes de haver expiado inteiramente sua falta».

11. Princípio da legalidade dos delitos e das penas

Passando da área processual para a do Direito Penal, observamos que neste, desde o século XIX, se inscrevem três princípios cardeais de garantia individual: o princípio da legalidade dos delitos e das penas, o da personalidade da responsabilidade criminal e o da proporcionalidade entre crime e pena.

Consoante o princípio da legalidade, não há crime sem lei anterior que o defina, não há pena sem prévia cominação legal. A sua rápida difusão, no século passado, foi facilitada por este enunciado latino que lhe deu Feuerbach: «*Nullum crimen, nulla poena sine praevia lege*».

Uma conduta só pode ser considerada como crime, pela Justiça, se, ao tempo em que foi exercida, ela já estivesse assim qualificada pela lei; e a pena a aplicar será também aquela contida em lei anterior à conduta delituosa. O indivíduo, em suma, não pode ser surpreendido pela Justiça Criminal.

Daí se seguem, como corolários: a lei penal deve ser rigorosamente precisa na delimitação do campo da ilicitude; ela não pode ser retroativa; e está banido, da tarefa repressiva, o recurso à analogia.

Fiel a essas ideias, o legislador dos nossos dias apresenta-se claro e sucinto. Com economia de palavras, procura oferecer exata compreensão de cada figura delituosa, como verificamos por exemplo nesta lapidar fórmula com que o presente Código Penal brasileiro define o furto: «Subtrair, para si ou para outrem, coisa alheia móvel».

Antes, não era assim. As leis penais se apresentavam confusas, prolixas e obscuras. O legislador não se limitava a definir o crime, mas ia além, exemplificando, admoestando o leitor, oferecendo conselhos e explicações, muitas vezes por páginas e páginas, de tal modo que, por fim, não se sabia mais no que efetivamente consistia aquele crime.

Somente a título de curiosidade, veja-se, como amostra, esta passagem das Ordenações Filipinas, que pelo menos tem o excepcional mérito de ser sintética. O nome do crime é «*Dos Mexeriqueiros*»: «*Por se evitarem os inconvenientes, que dos mexericos nascem, mandamos, que se alguma pessoa disser a outra, que outrem disse mal delle, haja a mesma pena, assi cível, como crime, que mereceria, se elle mesmo lhe dissesse aquellas palavras, que diz, que o outro terceiro delle disse, postoque queira provar que o outro o disse*» (*Livro V*, tít. LXXXV).

A imprecisão conceitual e a obscuridade das leis muito favoreciam o arbítrio dos julgadores. Inexistia qualquer segurança para os acusados, visto que o juiz, a pretexto de interpretar os textos, facilmente podia considerar como punível, ou não, certo comportamento. Para completar supostas lacunas da lei penal, era autorizado o recurso à analogia e, eventualmente, aos costumes.

12. Princípio da personalidade da responsabilidade criminal

Pelo princípio da personalidade, unicamente deve pagar por um fato ilícito a pessoa (ou pessoas, em caso de coautoria) pelo mesmo efetivamente responsável; isto é, somente quem estiver ligado ao resultado danoso por duplo vínculo: da causalidade física e o psicológico, da culpabilidade.

No passado não havia tais exigências, sendo frequente a pena tornar-se transpessoal, comunicando-se a terceiros inocentes. Por taxativas disposições legais, podiam ser punidos, junto com o efetivo criminoso, seu cônjuge, parentes colaterais, ascendentes e descendentes.

As sobreditas Ordenações Filipinas, antes de descrever longamente o crime de lesa-majestade, apresentam um intróito explicativo, com este raciocínio à evidência sofístico: «*Lesa Majestade quer dizer traição commettida contra a pessoa do Rei, ou seu Real Stado, que he tão grave e abominável crime, e que os antigos Sabedores tanto estranharam, que o comparavam à lepra; porque assi como esta enfermidade enche todo o corpo, sem nunca mais se poder curar, e empece ainda aos descendentes de quem a tem e aos que com elle conversam, polo que he apartado da communicação da gente: assi o erro da traição condena o que a commette, e empece e infama os que de sua linha descendem, postoque não tenham culpa»* (*Livro V*, tít. VI). Portanto, os descendentes do criminoso também seriam alcançados, mesmo que nada tivessem a ver com o ocorrido.

Havia duas penas muito cruéis, que se tornavam fatalmente transpessoais: a confiscação de bens e a chamada «morte civil». Ambas reduziam à miséria não só o condenado, mas também todos os que dele dependessem economicamente.

13. Princípio da proporcionalidade entre o crime e a pena

No afã de castigar com severidade, o legislador não se preocupava em estabelecer o indispensável equilíbrio, que deve existir, entre o mal do crime e o mal da pena. Notadamente, a sanção mais comumente infligida era a capital, que alcançava até mesmo delitos que hoje consideraríamos de escassa importância.

Aí estão os princípios, aos nossos olhos absurdos, que regeram o Direito Penal e o Processual Penal, nas nações mais civilizadas do mundo, até, digamos, a revolução francesa. Resta agora verificar quais as medidas punitivas que eram utilizadas.

II. Medidas punitivas do direito comum

1. Penas privativas da liberdade

Falemos por fim dos castigos aplicados pela Justiça comum. Conforme o bem do condenado que atingem e a intensidade com que o fazem, as penas se classificam em: a) privativas ou restritivas da liberdade de locomoção; b) privativas ou restritivas de direitos outros; c) patrimoniais; d) corporais.

Com as penas privativas da liberdade, afasta-se o criminoso do ambiente social, mediante a sua segregação em local para isso destinado. Ao contrário do que se possa imaginar, a prisão, como pena, constitui algo muito recente na História do Direito Penal. Até há pouco tempo, ela quase só existia como medida processual, ou preventiva, mantendo-se custodiado o réu à espera do castigo, de outra natureza, que lhe seria imposto no julgamento. Era a «prisão processual», de que já falamos. Havia também a odiosa prisão por dívida, que pertencia porém aos domínios do Direito Civil.

Inexistiam prédios especialmente construídos para servirem à prisão processual, mas se aproveitavam estabelecimentos comuns, que oferecessem segurança e aos quais era atribuída múltipla finalidade. Tais presídios se transformavam em verdadeiros depósitos humanos, onde não penetrava nenhuma preocupação de tratamento humanitário. O Poder Público sequer se sentia no dever de alimentar os seus prisioneiros ou de lhes dispensar cuidados nas doenças. Isso devia ser providenciado pelos familiares e, para acudir os réus pobres, que não tinham ninguém por si, havia religiosos e religiosas que saíam esmolando pelas ruas, em busca de alimentos e remédios.

Algumas instituições melhores e especiais para esse objetivo começaram a surgir, desde o final do século XVI, mas foram raras. A primeira foi em Amsterdã em 1595, para homens, a que se seguiu logo após outra, para mulheres. A fama dessas casas se difundiu, de modo que aos poucos outras análogas começaram a aparecer, em vários países. Em 1704, o Papa Clemente XI fundou em Roma o asilo de São Miguel, destinado à correção de delinquentes jovens e a servir de abrigo para menores órfãos e anciãos inválidos. Estabelecimento semelhante, para mulheres, foi erigido em 1735 pelo Papa Clemente XII.

Instituições como essas foram todavia muito excepcionais. No geral, o que havia eram locais em que se aglomeravam não só criminosos à espera de julgamento, mas também massa heterogênea de pessoas que, por qualquer motivo, deviam permanecer segregadas.

A verdadeira reforma prisional somente se iniciou ao findar o século XVIII, quando o filantropo inglês John Howard percorreu os cárceres do seu país e viajou depois, de 1775 até 1790, visitando os presídios existentes no continente europeu. Recolhidas as informações, ele escreveu o livro *State of Prisons*, onde descreve o que viu. As condições por toda parte encontradas eram sempre horríveis. Num mesmo ambiente se amontoavam homens e mulheres, em total promiscuidade. Junto com réus de processos criminais, alguns já criminosos empedernidos, conviviam crianças, mendigos, enfermos mentais, prostitutas e, inclusive, pessoas sujeitas apenas a prisão civil por dívida. Devido à absoluta falta de higiene, as febres grassavam livremente, dizimando os reclusos. O próprio Howard, aliás, veio a falecer em 1790, vitimado por uma febre carcerária que contraíra na Rússia.

Ao contrário do Direito comum, o da Igreja logo adotou a privação da liberdade como pena, recolhendo-se o condenado a uma cela para expiação da falta cometida, para meditação e estudo. Isso acabou influenciando o legislador laico, de tal sorte que, a partir do século XIX e até hoje, as penas privativas da liberdade se acabaram convertendo no eixo central dos modernos sistemas repressivos. Como lembrança da sua origem, nossos presídios conservam o nome de «penitenciárias», e neles as celas reproduzem as celas monásticas que os mosteiros destinavam às penitências.

2. Penas restritivas da liberdade

Com as penas restritivas da liberdade não se aprisiona o condenado, mas unicamente ele tem limitada a liberdade de locomoção. Elas outrora gozaram de muito prestígio e se cumpriam de modo extremamente duro.

A meio caminho entre as restritivas e as privativas de liberdade, foi de largo uso a pena de trabalhos forçados, em que os criminosos, acorrentados, se destinavam pelo resto da vida a serviços particularmente penosos, em minas, embarcações, etc[1]. Medida restritiva da liberdade foi também o envio dos

---

(1) Cuello Calón (*op. cit.*, pág. 153) conta que na Espanha existiu a pena consistente em remar nas galeras, «que se pode considerar como uma pena de prisão, pois os condenados ficavam presos em argolas na galera, tornando-se esta assim seu cárcere, um cárcere flutuante. Instituiu-se tal pena por ordem de Carlos I, em 31 de janeiro de 1530». A partir de então, prossegue, «devido a numerosos empreendimentos militares e marítimos e à crescente necessidade de braços para remar nas galeras reais, apareceram várias disposições emanadas do mesmo monarca, de Felipe II, Felipe III e Felipe IV, que comutavam as penas corporais pelo trabalho nessas embarcações». As sentenças consignavam que o réu era condenado a «servir a remo, sem soldo». Também na França, diz G. Aubry (*op. cit.*, págs. 192-3), tal pena foi comuníssima, aplicando-se a crimes de mediana gravidade. A ela se recorria sempre que a marinha real francesa necessitava de mão de obra. Os condenados passavam

condenados a territórios distantes, de além-mar, para contribuírem na sua colonização. Nessa categoria existiram penas de exílio, degredo, desterro, relegação, transportação, etc., que possuíam aquele traço comum, mas que se distinguiam entre si por algumas peculiaridades. Os países colonizadores utilizaram amplamente essas penas, particularmente severas nos primeiros tempos das conquistas de regiões longínquas, onde os condenados ficavam entregues à própria sorte.

Tratava-se geralmente de penas perpétuas e de alta desumanidade. Com elas, o que se queria era obter mão de obra escrava ou garantir a posse das colônias. Aceitaríamos de bom grado a sua utilização naqueles tempos, todavia, não fosse a circunstância de elas serem em regra aplicadas não a crimes graves, mas mesmo a infrações de escassa importância: um banal furto ou até mesmo uma simples tentativa de furto bastavam para que se impusesse ao seu autor, pelo resto da vida, o trabalho escravo ou o envio às colônias[2].

3. Penas privativas de direitos

Dentre as medidas que atingem direitos outros, que não o de locomoção, muito utilizada foi a pena de «infâmia». Por

---

por um simulacro de exame médico, que os considerava «bons para as galeras», embora alguns, para escapar, houvessem amputado uma das mãos. Em seguida, marcavam-se os condenados na espádua com o infamante monograma «GAL», e acorrentava-se cada um ao seu banco. Essa pena foi comuníssima, acrescenta G. Aubry, inclusive durante o reinado de Luís XVI, no século XVIII.

(2) Mostram-no as Ordenações Filipinas: «*Mandamos, que qualquer pessoa, que furtar um marco de prata, ou outra cousa alhea, que valer tanto, como o dito marco, estimada em sua verdadeira valia, que a dita prata valer ao tempo do furto, morra por isso. E se for provado que alguma pessoa abrio alguma porta, ou entrou em alguma casa, que stava fechada, per a porta, janella, telhado, ou per qualquer outra maneira, e que furtou meio marco de prata, ou sua valia, ou dahi para cima, morra por isso morte natural. E postoque se lhe não prove, que furtou cousa alguma de dita casa, queremos que somente polo abrir da porta, ou entrar em casa com animo de furtar, seja açoutado publicamente com baraço e pregão, e degradado para sempre para o Brasil*».

expressa disposição da sentença condenatória, o réu era oficialmente proclamado «pessoa infame», destituída de honra.

Realmente brutal, como supressiva de direitos, foi entretanto a pena de «morte civil». Com ela, convertia-se o condenado num morto-vivo. Poupava-se-lhe a vida biológica; mas, para todos os efeitos jurídicos, ele era tido como morto. Nestes termos a descreve Cuello Calón: «Nenhuma pena privativa de direitos chegou à monstruosidade da que as antigas legislações instituíram com o nome de "morte civil". Quem a sofria era considerado morto para a sociedade, sua participação na vida política e civil cessava por completo. Essa bárbara ficção desatava os laços de família, desapareciam a autoridade marital e o pátrio poder; o condenado deixava de ser cidadão e até perdia seus direitos patrimoniais, abria-se sua sucessão a favor dos herdeiros naturais; tampouco podia adquirir a título gratuito, por doação entre vivos, nem por testamento, nem podia dispor dos bens que adquirisse com seu trabalho. Esta pena foi suprimida em toda parte, não só por ser imoral, mas também por lesar os direitos de pessoas inocentes, violando assim o princípio tão firmemente proclamado da personalidade das penas. Não obstante sua inconcebível injustiça, chegou até quase a metade do século XIX; em França, por exemplo, esteve em vigor até a lei de 5 de maio de 1854, que a aboliu» (*op. cit.*, pág. 257).

Para pequenas infrações, havia o pelourinho, sem dúvida muito aviltante. O malfeitor nele permanecia exposto ao público, atado pelos pés e mãos, portando um cartaz que revelava o seu mau comportamento; e assim sofria toda sorte de abusos por parte da populaça que ali se aglomerava.

4. Penas patrimoniais

Na categoria das sanções patrimoniais, inscreviam-se a pena de multa e a temida confiscação de bens, em que todos os haveres do sentenciado passavam para o Tesouro real. Pena cruel, porque, com ela, ficavam reduzidos à miséria não só o delinquente, mas também todos aqueles que dele dependiam economicamente.

5. Penas corporais

Por derradeiro, falemos das penas corporais, ou seja, aquelas que recaem sobre o corpo do condenado, produzindo-lhe dor, lesando-lhe a integridade física ou privando-o da vida.

Foram medidas tremendas, que constituíram a principal arma do arsenal repressivo da Justiça. Será útil conhecê-las, para melhor compreendermos o espírito da época.

Somos naturalmente levados a imaginar nossos antepassados como pessoas dotadas da mesma sensibilidade que possuímos. Muito ao contrário, todavia, eram homens de sensibilidade e de costumes enormemente diferentes dos de hoje. Examinar os castigos físicos que conceberam e que impuseram a seres humanos é percorrer espantosa galeria de horrores. O escopo requintadamente procurado foi, sempre, obter o máximo possível de medo, de dor, de sofrimento. As penas corporais se aplicavam não só a adultos, mas também a adolescentes. Os carrascos eram profissionais que almejavam adquirir fama de habilidosos executores de uma arte, a arte de fazer sofrer.

A Justiça atuava sobre o corpo de alguém por quatro razões. Primeiro, com o recurso processual da tortura, que já referimos, destinada à apuração da verdade. Depois, havia o castigo corporal propriamente dito, como sanção única ou como providência punitiva acessória, preliminar à pena de morte. Por fim, existiram medidas corporais com finalidade, digamos, acautelatória.

Na França, a questão, ou interrogatório com tormentos, chamava-se «*question préparatoire*»; o suplício que antecedia a execução capital era a «*question préalable*». As duas medidas somente foram nesse país abolidas respectivamente em 1780 e em 1788.

II. MEDIDAS PUNITIVAS DO DIREITO COMUM

Os castigos físicos foram variadíssimos, dependendo da imaginação dos que os aplicavam. Muito se utilizaram, por toda parte, os açoites[3] e as mutilações. Arrancavam-se os dentes ou os olhos do condenado; cegavam-no com ferro incandescente; cortavam-se pés ou pernas, mãos ou braços; esmagavam-se membros. Ou então a pena podia consistir na amputação das orelhas, do nariz, da língua ou dos lábios, superiores e inferiores[4].

Como escrevemos acima, aplicavam-se outrossim medidas corporais com sentido preventivo. Certas amputações indicavam o tipo de infração pela qual o seu portador já havia sido condenado, o que era útil à Justiça saber na hipótese de reincidência. Ou então eram gravadas marcas indeléveis no corpo ou no rosto do paciente, com ferro em brasa: ora um sinal que simbolizava o crime cometido, ora as iniciais do crime. Desse modo, não só as autoridades, mas também as pessoas podiam se acautelar contra o delinquente. As queimaduras a ferro podiam ser feitas também para consignar o local de origem do malfeitor, onde era conhecido seu passado reprovável.

---

(3) Bernard Lecherbonnier assim descreve a aplicação de açoites: «Entre as punições menores, a flagelação, muito apreciada pelo público, sobretudo quando são chicoteadas prostitutas de esquinas. Suplício humilhante, que se pratica com um chicote de correias ou de varas. Para a flagelação pública o paciente, nu da cintura para cima, amarrado à rabeira da carroça, é arrastado pelas praças públicas até o pelourinho, onde recebe das mãos do executor o número de chicotadas determinado pela sentença» (*op. cit.*, pág. 23).

(4) Cuello Calón refere essas mutilações como tendo existido na Espanha, desde o velhíssimo Fuero Juzgo, e que se repetiram nos inúmeros estatutos regionais. Depois, as Sete Partidas mantiveram as mesmas penas, acrescentando esta curiosidade: o paciente era desnudado, untavam o seu corpo de mel e o deixavam sob o sol, exposto às moscas (*op. cit.*, págs. 93-4). Na França, diz Lecherbonnier, «na sexta reincidência os blasfemadores têm o lábio superior cortado, na sétima o lábio inferior. Perseveram? Corta-se-lhes a língua. O desorelhamento – amputação da orelha –, em uso desde os primeiros tempos de nossa história, castigo tradicional dado ao servo que descontentava o senhor, perpetua-se da mesma forma que a amputação do nariz, vitimando mulheres alegres, desertores e moços culpados do rapto de alguma jovem» (*op. cit.*, pág. 23).

A punição por excelência no entanto, de que larguissimamente se serviram nossos antepassados, foi a pena capital. Ela era fartamente cominada, sem nenhuma economia, não só para os delitos mais graves, mas também para infrações secundárias, que hoje receberiam pequenina reprimenda. Raymond Charles consigna que na França, ainda no século XVIII, mais de uma centena de crimes eram ameaçados com a sanção máxima (*op. cit.*, pág. 83). Nas Ordenações Filipinas de Portugal, contamos perto de oitenta modalidades delituosas merecedoras da morte, alcançando, por exemplo, feiticeiros, alcoviteiros, pessoas que falassem mal do rei, aqueles que feriam por dinheiro ou que praticavam adultério com mulheres casadas (e essas mulheres, especificavam as Ordenações, podiam ser casadas «de feito» ou «de direito»). Idem os crimes de furto, de violação de domicílio para furtar; o falso testemunho, o uso de pesos ou medidas falsos, etc., etc.

Carpzov, o grande jurisconsulto alemão do século XVII, se vangloriava de, na sua carreira de magistrado, haver enviado à morte mais de vinte mil pessoas.

Exatamente porque esse castigo extremo abarcava longa lista de infrações, de muito variável importância, ele não se podia limitar sempre à mera supressão da vida. A gravidade maior ou menor do crime devia traduzir-se nos caminhos, de menor ou maior severidade, pelos quais se levava o réu à morte. Daí a instituição de todo um cortejo de suplícios que antecediam o desenlace fatal, e cuja crueldade aumentava, na medida em que os crimes eram de maior monta.

O que se buscava, mais do que a perda da vida, era o sofrimento do condenado. Em consequência, observa Calamandrei (*op. cit.*, pág. 98), «a morte, em vez de se apresentar como o castigo mais terrível, se convertia no almejado fim de outros tormentos muito mais cruéis, com os quais se procurava manter com vida o condenado e lhe prolongar a agonia, para fazê-lo sofrer mais».

Na Itália, chegou-se a criar uma forma de execução que durava o número simbólico de quarenta dias. Dia após dia, tudo

II. MEDIDAS PUNITIVAS DO DIREITO COMUM

meticulosamente estudado, cortava-se um pedaço do corpo do paciente, de modo a que somente no quadragésimo dia ele afinal expirasse.

As execuções se faziam em praça pública, aos olhos do povo. Para lá transportava-se o sentenciado em carroça, o que constituía, tradicionalmente, sinal de ignomínia. Era proclamado ao público o crime cometido e, a seguir, passava-se à longa imposição de tormentos. Muito utilizado foi o «atenazamento», em que os carrascos, com tenazes, arrancavam porções do corpo do condenado, e logo cobriam as feridas com chumbo derretido, piche ou cera ferventes, etc., a fim de evitar excesso de sangramento que apressasse a morte. Aos homicidas, cortava-se a mão com que cometera o crime, ou a queimavam em fogo de enxofre.

Na França, a pena capital era imposta de cinco maneiras: esquartejamento, fogo, roda, forca e decapitação. Na Espanha, teve largo emprego o garrote: enrolava-se no pescoço do condenado uma corda, na qual, por detrás, o carrasco passava curto bastão de madeira; e, girando-o assim pelas costas, produzia então a morte, por estrangulamento. Há notícia também de casos, em diferentes países, em que o sentenciado era exposto a animais bravios, para que o trucidassem ou o devorassem, tal como havia sido feito, nos circos romanos, com os mártires dos primeiros tempos da Igreja. Von Hentig, em sua excelente obra sobre as penas, descreve inúmeras formas de matar que existiram por toda a Europa, caracterizadas, sempre, pela extrema crueldade.

O suplício da roda (que lembrava a crucificação dos antigos romanos) foi dos mais temidos: amarrado o paciente a uma roda de carro, o algoz, com uma barra de ferro, lhe golpeava a região dos rins e lhe rompia os braços e as pernas em dois lugares, no alto e embaixo. Depois, ali permanecia o condenado, com o rosto voltado para o céu, até falecer. Isso explicou uma Ordenação de Francisco I, em 5 de fevereiro de 1534: «*Les bras seront brisés et rompus en deux endroits, tant haut que bas, avec les reins, iambes et cuisses, et mis sur une roue haute plantée et élevée, le visage contre le ciel, où ils demeureront vivants».* Era expressamente proibido ao público tocar, socorrer ou de qualquer forma ajudar o supliciado. Desejava-se que a agonia na roda se prolongasse o mais possível, por muitas horas ou mais de dia. Em casos merecedores de especial complacência, no entanto, os juízes emitiam a cláusula de *retentum,* isto é, autorizavam o executor a apressar a morte, estrangulando o condenado.

Foi também costume imergir a pessoa em chumbo fundido, água ou azeite ferventes. As bruxas e os feiticeiros eram implacavelmente conduzidos à fogueira. Joana d'Arc foi queimada viva pelos ingleses, em 1431, sob acusação de bruxaria.

A pena de esquartejamento era igualmente brutal: prendia-se o condenado, pelas pernas e braços, a quatro cavalos, que se lançavam ao mesmo tempo em diferentes direções; ou era ele amarrado a quatro fortes galhos de árvores, que se mantinham abaixados com cordas e que, num momento dado, se soltavam. Para obter que os membros mais facilmente se desprendessem do tronco, o carrasco podia romper as articulações com uma barra de ferro. Observa Bernard Lecherbonnier (*op. cit.,* pág. 70) que esse tipo de execução, com as providências que exigia, costumava durar pelo menos duas horas de esforços dos executores e era ademais antecedido por toda uma série de suplícios.

A decapitação por espada ou machado, embora pareça um meio comparativamente mais suave de tirar a vida, apresentava frequentes problemas, porque o carrasco, naturalmente enervado e submetido à pressão do público, facilmente errava os golpes, atingindo diferentes partes do corpo, o que transformava a execução em brutal carnificina. A guilhotina, que começou a ser empregada na França em 1792, constituiu grande avanço no sentido humanitário, pela rapidez e eficiência com que funcionava. A sua lâmina, sendo oblíqua, secciona com facilidade o pescoço do paciente, enquanto a espada, de lâmina reta, o corta por esmagamento.

Se o condenado conseguia fugir, ou se se suicidava para escapar dos tormentos que o aguardavam, nem por isso ficava cancelado o espetáculo. A execução se fazia no seu cadáver, ou, se isso não fosse possível, o sentenciado era executado em efígie, substituído no patíbulo por uma figura que o representava.

À sanção capital se seguia geralmente, como medida acessória, a confiscação de bens.

Consumada a morte, foi de uso muito difundido despedaçar o corpo do condenado, para expor suas partes em diferentes locais públicos. Isso fizeram com nosso herói nacional Joaquim José da Silva Xavier, o Tiradentes: condenado por traição ao rei de Portugal, enforcaram-no em praça pública, dividiram o seu corpo em quatro porções, que permaneceram pregadas em postes, e a cabeça foi levada para Ouro Preto, onde a colocaram sobre um mastro na praça principal. Sua casa foi arrasada e salgado o terreno, para que nele vegetação nenhuma brotasse.

Aliás, quando o crime possuía conotações políticas, a brutalidade ultrapassava os limites do imaginável. A responsabilidade, com frequência, se tornava coletiva, comunicante. Veja-se esta ocorrência que se passou em Nápoles, no ano de 1585, conforme a descreve Cesare Cantu (*op. cit.*, pág. 14): assassinada uma autoridade eleita, «quinhentas pessoas foram presas, das quais se enforcaram e depois esquartejaram trinta e seis; quatorze foram também atenazadas; a algumas deceparam as mãos, duas foram chicoteadas, setenta e uma enviadas às galeras. Das doze mil pessoas que por isso fugiram, trezentas foram condenadas ao degredo, sob pena de morte se voltassem, e fortes prêmios foram prometidos a quem as matasse».

Quase dois séculos após, em, 1757, um tal Roberto Francisco Damiens, homem místico e visivelmente desequilibrado, praticou, em Versalhes, absurda tentativa contra a vida de Luís XV, que ficou apenas levemente ferido. Para arrancar-lhe a delação de inexistentes cúmplices, o sujeitaram às mais requintadas torturas; e, por fim, a conselho dos médicos que consideravam ser este o meio mais doloroso, o submeteram às «botinas», consistentes em duas pranchas de madeira, que, lentamente apertadas, esmagavam as pernas do paciente. Afinal, impossibilitado de andar, Damiens foi carregado ao patíbulo, onde lhe queimaram, a fogo lento, a mão direita portando a arma do crime, atenazaram-no por todo o corpo, colocando sobre as feridas resina, óleo, cera e chumbo liquefeitos. Durante quase uma hora tentaram esquartejá-lo preso a quatro cavalos tocados em direções opostas. Morto afinal o condenado, após muitos suplícios, o seu corpo foi queimado. Ademais disso, receberam a pena de degredo perpétuo seu pai, sua mulher e seu filho; os irmãos foram obrigados a mudar de nome; destruiu-se a casa onde o criminoso nascera (cf. Cesare Cantu, *op. cit.*, pág. 16; Bernard Lecherbonnier, *op. cit.*, pág. 70 e segs.).

6. Reforma humanizadora

Apresentamos, numa síntese que abrange quase sete séculos, o panorama da Justiça repressiva nos países cristãos da Europa ocidental. Nenhum motivo autoriza supor haja sido menos severa a situação nos demais Estados europeus ou nos povos dos outros continentes. Será bom pensar nisso quando ouvirmos falar dos «rigores da Inquisição».

O exame que fizemos descortina um mundo totalmente diferente do nosso, que não é possível julgarmos com os olhos da atualidade. As mudanças, de lá para cá, foram radicais. No Direito Civil, o passado se conserva, os mesmos princípios de outrora ainda continuam vigorando. No campo do Direito Penal, ao invés, a ruptura com o passado foi quase total. Os velhos métodos repressivos desapareceram e não mais podem ser aceitos, devido à imensa mudança de costumes, de sensibilidade, de respeito, que só modernamente passou a existir, às garantias individuais.

Mas aquela bárbara Justiça, que acabamos de descrever, chegou quase até os nossos dias. As mudanças, no sentido da humanização, somente começaram a surgir na segunda metade do século XVIII, e delas se tornou símbolo o livro *Dos Delitos e das Penas*, editado em Milão, no ano de 1764, por Cesare Bonesana, marquês de Beccaria. Com esse trabalho nasceu o moderno Direito Penal. Ainda nessa altura, porém, houve forte reação contra as novas ideias, que se temia fossem enfraquecer a proteção social. Inclusive, para não ser perseguido pelas autoridades, como revolucionário, Beccaria preferiu publicar o livro anonimamente.

Convém agora averiguar quais foram as causas, internas e externas à antiga Justiça, que a levaram a tanta violência, a tanta atrocidade. É o que faremos nos dois capítulos seguintes, com o que também muito avançará a compreensão do quadro dentro do qual viveu a Inquisição, cuja severidade é tão exageradamente criticada.

III. Explicações para o rigor judicial

1. Geral aceitação do rigor

Os historiadores estão de inteiro acordo sobre o fato de que o povo em geral, de todas as classes sociais, aceitava pacificamente os rigores do sistema repressivo, encarando-os com absoluta naturalidade, como algo normal e necessário.

Os grandes juristas da época, homens respeitados pelo saber e prudência, estruturaram e defenderam a *inquisitio*, com suas denúncias anônimas, seus processos secretos, o sistema das provas legais, a tortura. Tudo isso foi aprovado pelos Mestres Bartolo e Baldo, no século XIV; por Angelus de Aretio, no século XV; no século XVI, por Hippolytus de Marsiliis, Julius Clarus, Farinacius, Menochius, na Itália, Carpzov e Schwarzenberg na Alemanha.

As vozes timidamente adversas, quanto a alguns aspectos da *inquisitio*, foram raríssimas. A legitimidade da tortura, por exemplo, não suscitava nenhuma dúvida. O grande Farinacius a apoiou como medida indispensável, elogiando os juízes que «*inveniunt novas tormentorum species*» («descobriam novas espécies de tormento»). Como dizia Afonso X, o Sábio, de Espanha, os suplícios se justificavam porque provinham dos jurisconsultos romanos. A pena de morte não teve igualmente reais opositores, mesmo porque, em seu prol, havia este ensinamento de

São Tomás de Aquino: assim como ao médico é lícito amputar o membro infeccionado para salvar o corpo humano ameaçado, deve ser permitido ao príncipe eliminar o elemento nocivo ao organismo social.

No teatro, falava-se da tortura como algo que integrava a vida comum. Racine, em *Les Plaideurs*, apresenta certo diálogo em que um dos personagens convida outro para assistir a uma sessão de tortura; e, diante da pergunta sobre se seria possível ver sofrer um infeliz, responde com bonomia: «*Bien! cela fait toujours passer une heure ou deux*» («Bom, sempre se pode perder uma ou duas horas com isso»). De igual modo Molière, em *O Avarento* (ato IV, cena 7). Madame de Sevigné, em 1676, refere tranquilamente os suplícios da questão; e em outra oportunidade reclama dos camponeses, que «não se cansam de se fazerem enforcar» (*Nos paysans ne se lassent pas de se faire pendre*).

Na Enciclopédia iluminista de 1751, quando portanto já seguia alto o século XVIII, no verbete «Anatomia» está empenhadamente recomendada a vivissecção de criminosos, nas Faculdades de Medicina, para proveito dos estudantes, porque, explica-se com naturalidade, «de qualquer modo que consideremos a morte de um malvado, ela será tão útil à sociedade no meio de um anfiteatro quanto sobre um patíbulo» (*Encyclopédie, ou Dictionnaire Raisonné des Sciences, des Arts et des Métiers*, tomo I, *Anatomie*, Paris, 1751).

Como terá sido possível tanta brutalidade ser tão tranquilamente aceita? Inegavelmente, como razão primeira há de estar a rudeza da vida de então e dos costumes vigentes. Com mais método, porém, podemos discernir a existência de fatores internos à Justiça e fatores a ela externos, pertencentes ao ambiente social.

2. A proliferação de crimes

A proliferação de crimes constituía verdadeira calamidade. Não havia nenhuma segurança nos campos, nas estradas, nas cidades. Tudo se achava infestado por legiões de assaltantes, muitas vezes organizados em bandos, de assassinos, de ladrões, trapaceiros, prostitutas, mendigos, etc. As crises periódicas por que passava a agricultura despejavam nas cidades multidões de desempregados e de miseráveis. As frequentes guerras produziam populações errantes; a soldadesca de mercenários, nos intervalos entre os combates, não tendo o que fazer, se entregava a assaltos e a pilhagens.

Escusa enfim desdobrar todo o triste panorama, que facilmente imaginamos, daqueles tempos confusos. Concomitantemente, inexistia qualquer política social eficaz. Coube então à Justiça Penal a tarefa de suprir essa falha, contendo os insatisfeitos e ordenando a sociedade; o que ela fez através do terror.

3. Dificuldades para a sua apuração

Dispõe hoje o Estado de fartos recursos que o ajudam no trabalho de proteção social contra a delinquência.

A moderna Criminologia desvenda as forças criminógenas e indica os meios de enfrentá-las. Integram-na a Sociologia, a Antropologia, a Psicologia e a Psiquiatria criminais. A Criminalística, a seu turno, põe à disposição das autoridades variadas ciências e técnicas adequadas à apuração de um crime e à descoberta do seu autor. Com esses objetivos, temos a Medicina Legal, a Física, a Química, a Toxicologia, a Datiloscopia, a Documentologia, etc. Todos os países possuem uma Polícia formada por profissionais especializados no combate à criminalidade. As cidades são bem organizadas, as ruas possuem nomes, as casas têm números. As pessoas portam obrigatórios documentos, com fotografia, que as identificam. Tudo isso presente, podemos dizer que, pelo menos teoricamente, a Administração Pública atual dispõe de meios para descobrir e apanhar todos os malfeitores.

Conseguintemente, espera-se hoje que a possibilidade mais fácil de serem descobertos e punidos contenha muitos delinquentes potenciais, de sorte que as penas podem ser mais brandas, isto é, podem ser adequadas com justiça à gravidade de cada infração.

Sucede porém que todas as mencionadas ciências e técnicas que auxiliam no combate à criminalidade são recentíssimas, começaram a surgir há pouco mais de um século. Antes, se não houvesse prisão em flagrante, as autoridades ficavam diante de imensa dificuldade para descobrir e prender os autores dos crimes. Sequer existia uma Polícia organizada, com agentes especializados. Na França, somente em 1667 nasceu, em Paris, um embrião de organização policial. As tarefas investigatórias competiam aos funcionários administrativos comuns.

Diante de tantas dificuldades para uma eficaz proteção social, dois remédios foram adotados; a Justiça incentivava ao máximo as delações secretas, de modo que qualquer pessoa do povo podia acusar outrem, conservando-se no anonimato e a salvo de represálias; depois, o juiz buscava extorquir a confissão do suspeito, mediante a tortura.

No moderno Direito vigora o princípio de que o réu deve ser presumido inocente, enquanto não houver sentença condenatória. Outrora, vigia o princípio inverso: a mera circunstância de se achar alguém submetido a processo criminal induzia a presumir sua culpa. Nenhum empecilho de consciência havia, portanto, para infligir a tortura a um acusado.

4. Finalidades das penas

Não se cogitava de penas com função reeducativa, exceto no Direito da Igreja. Os castigos da Justiça comum tinham mais propriamente o sentido de vingança contra aquele que violara as ordens do rei e que era depois julgado pelos seus juízes.

A par disso, a punição devia ser exemplar, escarmentando o povo, a fim de convencê-lo a respeitar as leis. Para tanto, quanto mais severa, melhor seria a pena. Aquele que praticasse um crime contava com forte possibilidade de não ser descoberto,

III. EXPLICAÇÕES PARA O RIGOR JUDICIAL 65

graças à precariedade dos meios investigatórios; mas ai dele se fosse apanhado: as consequências seriam terríveis.

Portanto, seja como vingança, seja como advertência à sociedade, as sanções, em si, não estavam ligadas a nenhuma ideia de justiça. Era desconhecido, já sabemos, o princípio da proporcionalidade entre o crime e a pena. Ao contrário, esta devia ser muito vistosa, para melhor impressionar os que dela tomassem conhecimento.

Daí a grande preocupação em conferir a maior publicidade possível à execução dos castigos, notadamente os corporais, concitando-se a população a assisti-los. O cortejo seguia pelas ruas com grande aparato e arruído, o condenado à frente, e a imposição da pena se fazia em praça pública, demoradamente, diante da multidão que para lá acorria. Havia estudada teatralidade, para mais eficazmente impressionar os presentes e fazê-los temer a Justiça.

Segundo Cantu, «os suplícios eram dados no tempo do carnaval, e se procurava que, durante este, houvesse torturas todos os dias, para escarmentar os delinquentes» (*op. cit.*, pág. 19). Acrescenta N. Leven que «os costumes do povo eram tão bárbaros quanto as leis; ele amava os suplícios como as festas públicas, e os sofrimentos do paciente sob a roda ou na fogueira divertiam a massa tanto quanto as caretas de um bufão na feira» (*op. cit.*, pág. II).

IV. Condições de vida do povo

1. As cidades e as moradias

A descrita selvageria dos métodos judiciais repressivos somente pôde ter existido e ser absorvida pela sociedade porque as pessoas, no seu dia a dia, levavam vida extremamente dura.

Estudando a típica cidade europeia ao término da era feudal, observa Max Savelle que, para sua defesa, ela era sempre rodeada de muralhas. «Como as muralhas fixavam limites ao crescimento exterior da cidade, os edifícios no seu interior se amontoavam uns sobre os outros. Por ser difícil o espaço, as ruas eram estreitas. Muitas vezes a lei determinava que uma rua devia ser bastante larga para permitir que uma pessoa andasse a cavalo no seu centro levando uma lança atravessada na extensão da largura. Isso estava longe de ser uma medida generosa, mas os construtores se empoleiravam mesmo sobre essa estreita dimensão, fazendo com que os andares superiores de suas casas se projetassem sobre a rua. E como as casas normalmente se erguiam à altura de quatro ou cinco andares, isto redundava em que o sol escassamente chegava a alcançar o leito do logradouro» (*op. cit.*, pág. 207).

Com o progressivo desenvolvimento urbano, daí por diante, as condições se foram tornando crescentemente piores. Ruas sombrias e imundas, com os esgotos correndo a céu aberto. Nelas os moradores das casas jogavam seus dejetos, o lixo, as sobras da cozinha, formando-se uma massa de podridão, revolvida pelos cães, gatos, porcos e ratos que infestavam a cidade. O mau cheiro se espalhava por toda parte; as enfermidades endêmicas e epidêmicas tinham livre curso, varrendo famílias inteiras.

No campo, as condições se mostravam diferentes, mas sempre com extremo desconforto e rusticidade, morando as pessoas amontoadas em habitações exíguas, geralmente sem divisões internas. Como assinala Mumford, «tanto na cidade quanto no campo, a própria falta de espaço nascia da pura pobreza» (*op. cit.*, pág. 310).

As casas, tanto urbanas como rurais, eram precarissimamente iluminadas e aquecidas. O uso de vidraças, nas janelas, somente começou a expandir-se no século XVI, e até então o que havia eram aberturas mal vedadas por folhas de madeira, panos ou papel oleoso. A calefação era insatisfatória e frequentemente o fogo destinado ao preparo de alimentos representava a única fonte de calor. Para aquilatarmos a importância disso tudo, basta lembrar os rigores do clima europeu, com regiões e épocas de intenso calor e outras de intenso frio.

Não havia água corrente nas casas, mas se tornava preciso ir buscá-la nas fontes e chafarizes públicos. Daí a falta dos hábitos de higiene. Pessoas se vangloriavam de que somente duas vezes deviam tomar banho: ao nascer e ao morrer. As casas não tinham banheiros, nem sequer latrinas. Mesmo a privada seca só foi introduzida na França no século XVIII. No Palácio de Versalhes, com seus fantásticos requintes de luxo, não existia nenhuma dessas comodidades para a multidão de pessoas que lá vivia, desde o rei até o último serviçal.

A extrema grosseria se revelava inclusive no comportamento à mesa. Os comensais se serviam diretamente da travessa comum, utilizando as mãos ou, às vezes, facas e colheres, mas não se conhecia o garfo. Em França, apenas no século XVII começou a difundir-se, aos poucos, o uso de pratos, copos e talheres individuais.

As desigualdades sociais e econômicas eram imensas, com as camadas inferiores da população imersas em total e insolúvel miséria. A escravização de seres humanos era tida como algo normal, que não suscitava o menor problema de consciência. O povo em geral, analfabeto e ignorante, vivia assombrado por superstições as mais grosseiras.

2. Presença da morte

A ideia da morte estava sempre presente.

Consoante Roland Mousnier, «em sua maioria os habitantes apresentavam-se mal alimentados, de saúde medíocre e vida curta. Viviam 20 a 25 anos, em média. A metade das crianças morria antes de completar um ano. Os sobreviventes morriam amiúde entre os 30 e os 40 anos. Mesmo os que se nutriam melhor, reis, grãos-senhores, grandes burgueses, desapareciam comumente entre 48 e 56 anos. Entretanto, essa população não é jovem, pois as criaturas envelhecem depressa. Depois dos 40 anos, um homem é um velho caduco. Nas regiões pobres, camponesas de 30 anos parecem anciãs enrugadas e encurvadas. O número de habitantes conserva-se em nível pouco elevado, pois, quando sobe, diminui a quantidade de alimentos *per capita* e aumenta a mortalidade» (*op. cit.*, vol. 1, pág. 175).

A mortalidade infantil era enorme inclusive nas classes superiores. A História registra incontáveis filhos de nobres e até mesmo de reis que faleceram ao nascer ou muito jovens. As famílias eram muito numerosas, e facilmente chegavam a ter mais de vinte filhos. Portanto, não fosse o forte índice de mortalidade, calcula-se que as populações dobrariam a cada vinte e cinco anos. Com muita frequência as mulheres morriam durante o parto.

Não só, mas, observa-se também, «o poderoso, o implacável foco no qual se purificam e se afinam as sensibilidades é certamente o sofrimento físico, ele próprio precursor da morte. Nesse mundo em que o hospital é antes de tudo destinado aos pobres, os doentes abastados permanecem em casa. Ali eles ficam acamados, sofrem, agonizam, morrem. Sofrer e ver sofrer, morrer e ver morrer permanecem experiências privadas, experiências multiplicadas pela amplidão das famílias, pela precariedade da saúde, pela brutalidade frequente dos cuidados. Correspondências, diários privados, contabilidades, narrativas de novelas, tudo ilustra em primeiro lugar a presença obstinada da doença nos lares» (Ph. Ariès e G. Duby, *op. cit.*, vol. 2, págs. 268-9).

3. Fome, peste, guerra

Acrescentemos a constância de três flagelos: a fome, a peste, a guerra.

A Europa conheceu frequentes períodos de fome brutal, que dizimou populações. Vários fatores concorriam para o fenômeno, destacando-se os empíricos métodos de cultivo, as más condições de armazenagem, a precariedade dos transportes, que muito dificultava a remessa de víveres às regiões carentes. Por momentos, escreve Roland Mousnier, «a penúria estende-se a Estados inteiros ou a imensas áreas da Europa. Foram as grandes fomes que impressionaram vivamente os historiadores: na França, as de 1619-1630, de 1648-1651, de 1660-1661, de 1693-1694, de 1709-1710. Mas não passa um ano sem que haja fome nalguma província. E é muito difícil remediá-la» (*op. cit.*, vol. 1, pág. 176).

Outro cataclismo cíclico foram as epidemias que assolaram o continente e cuja força muito aumentou devido ao enfraquecimento orgânico de povos mal alimentados. A mais célebre de todas foi a chamada «Peste Negra» que, vinda do Oriente, aportou na Europa em 1348, alastrando-se por toda parte com espantosa rapidez, até exaurir-se em 1351. Os estragos provocados foram terríveis. A par da desnutrição, também a promiscuidade muito colaborava para a disseminação da doença. As mortes eram tantas e tão rápidas que as autoridades não conseguiam enterrar os cadáveres e estes permaneciam insepultos pelas ruas. A Medicina não dispunha de meios eficazes para enfrentar o mal e descobrir-lhe as causas. À época, era totalmente desconhecida a existência de micróbios, que somente vieram a ser descobertos cinco séculos mais tarde, por Louis Pasteur.

À «Peste Negra» se seguiram outras frequentes epidemias, abrangendo regiões mais ou menos amplas. De fato, escreve Philippe Wolff, louvando-se em autores que menciona (*op. cit.*, pág. 17), desde então a peste instala-se como em sua casa. Não há mais epidemia universal, mas uma espécie de foco endêmico que desperta em datas diversas conforme os lugares. Foi preciso certo tempo até que se elaborasse uma sinistra contabilidade. Um cronista de Orvieto assinalou: «A primeira peste geral aconteceu em 1348 e foi a mais forte». Depois acrescentou: «Segunda peste, 1363. Terceira peste, 1374. Quarta peste, 1383. Quinta peste, 1389». Outra mão completou: «Sexta peste, 1410». É também, prossegue Wolff, o caso de Châlons-sur-Marne: as datas de epidemia na cidade parecem obedecer a um ritmo, e destaca-se um golpe por decênio: 1455-1457, 1466-1467, 1479, 1483, 1494-1497, 1503, 1516-1517, 1521--1522. Daí a análise de Jean Noël Biraben: «Se acompanharmos a história da peste numa cidade nessa época [...], constataremos que ela passava, a cada oito, dez ou quinze anos, por violentos impulsos em que toda a cidade era atingida, perdendo até 20, 30 e mesmo 40% da população. Fora desses paroxismos, ela persistia em estado semiendêmico, vagando caprichosamente de uma rua ou de um bairro a outro, periodicamente, durante um, dois e até cinco ou seis anos seguidos, interrompendo-se depois durante alguns anos. Reaparecia então sob essa forma "atenuada" que muitas vezes precedia a forma "explosiva"».

Temos por fim o terceiro grande flagelo, as frequentíssimas guerras. Países lutam contra países, regiões contra regiões, cidades contra cidades.

Seguem-se pilhagens, saques, incêndios, violências de toda espécie, torturas, roubos, estupros. Os prisioneiros são massacrados ou, quando dispõem de recursos, permanecem cativos para fim de resgate. A soldadesca desenfreada espalha o terror nas cidades e nos campos.

A guerra dos nossos dias é infinitamente mais brutal apenas devido à alta capacidade malfazeja dos armamentos utilizados, aptos inclusive a destruir cidades inteiras, atingindo indiscriminadamente toda a população; mas isso ocorre à distância, quase como algo irreal, sem que o atacante sequer veja aqueles que atinge. O combate de outrora era, em determinado sentido, mais cruel, porque se fazia face a face. O atacante via, diante das suas mãos, a vítima sofrer, despedaçar-se, morrer. Com muita frequência a luta se fazia corpo a corpo.

A pólvora foi introduzida na Europa ocidental em meados do século XIII, mas as armas de fogo, que matam à distância, muito tardaram a dominar. Havia o canhão, o arcabuz, o mosquete, a pistola, etc.; por longo tempo, todavia, as armas mais utilizadas continuaram sendo a espada, a faca, a lança, o chuço, a maça, o machado, a alabarda, o arco e flecha, que exigem a aproximação dos contendores.

Eram guerras, pois, que forjavam homens duros.

4. A Medicina

Voltemos a falar da Medicina.

Ficamos perplexos ao imaginar hoje a cena de um magistrado daquelas épocas, homem supostamente culto e sensível, ordenando e presenciando a tortura do acusado que se acha a sua mercê. Sucede entretanto que esse juiz, por hipótese, na véspera daquele dia vira sua filha, menina ainda e inocente, ter uma perna esmagada e por isso amputada, sem anestesia, pelo cirurgião-barbeiro. Ou, mais prosaicamente, ele próprio tivera de sofrer, a frio, a extração de um dente molar infeccionado. Por que, então, se iria compadecer diante de um criminoso que presumivelmente merecia a tortura?

A arte de curar cabia aos médicos, chamados «físicos», que haviam para isso frequentado cursos regulares. Abaixo deles situavam-se os «cirurgiões-barbeiros», homens que, com a prática, haviam adquirido aptidão para realizar alguns atos cirúrgicos: amputação de membros, ressecção, desarticulação, redução de fraturas, lancetamento de abcessos e tumores, etc., inclusive, às vezes, sutura de órgãos internos rompidos. As guerras, gerando legiões de estropiados, foram grandes fornecedoras de trabalho para esses profissionais.

A anestesia e as regras de assepsia somente vieram a difundir-se na segunda metade do século XIX. Antes, operava-se «a frio», sendo muito eventuais e precários os recursos anestésicos. O paciente era amarrado e contido pelos auxiliares do cirurgião e este devia possuir rija têmpera e coração duro para intervir ao som de lancinantes gritos de dor. Nenhum cuidado de higiene era tomado: o operador atuava vestido com suas roupas normais e sequer lavava as mãos e os instrumentos utilizados. Findo o ato, a ferida era coberta com óleo fervente, para deter a hemorragia e evitar a infecção; a qual, todavia, sobrevinha quase invariavelmente. Em consequência, a porcentagem de óbitos era muito elevada.

5. Insensibilidade

A despeito de tantos infortúnios, vivendo de modo tão áspero, as pessoas não seriam entretanto necessariamente infelizes.

O espírito humano, com a sua plasticidade, se adapta às condições de vida, ainda que árduas, e a tudo se habitua. Havia distrações, havia alegria, cantos, danças, feiras com espetáculos, fé religiosa, havia poesia. As expectativas do homem do povo eram modestas.

Ao lado da Justiça que cometia suas violências, brotou, com ela convivendo, a encantadora leveza da pintura e da escultura pré-renascentistas. Surgiu o movimento da Renascença, na Itália, e se espalhou pelo continente. Por toda parte floresceram as artes, a pintura, a escultura, a arquitetura, a música, a literatura, o teatro.

Um mundo tão hostil teria porém de acarretar consequências: temperava as pessoas; estas pouco contavam com a própria vida; os fortes se tornavam mais destemidos; e, acima de tudo, o homem fechou seu coração, não se enternecendo com o sofrimento alheio. Por isso, o indivíduo da rua que assistia ao espetáculo de um criminoso supliciado na «roda» permanecia indiferente ou até mesmo se comprazia.

6. As navegações marítimas

A dureza de alma e a intrepidez são eloquentemente demonstradas pelo que se passava nas navegações marítimas.

Houve a galera, de pequenas dimensões, restrita aos percursos no mar Mediterrâneo, e navios outros, variados, que singravam os oceanos: caravelas, galeões, urcas, carracas, etc.

Já falamos, no Capítulo II, da frequência com que se impunha a condenação «à galera». Esta possuía poucas velas, mas era preferentemente impulsionada a remos. Os mesmos, explica Roland Mousnier (*op. cit.*, vol. 1, pág. 151), mediam cerca de doze metros e eram movidos, cada um, por cinco homens, criminosos condenados a trabalhos forçados pela Justiça, ou escravos, alimentados apenas para «consumir os humores supérfluos», treinados para trabalharem ao som de apitos e excitados por uma saraivada de pancadas. Os remadores viviam sempre ao ar livre e vestiam apenas uma camisa e calções, sem meias nem calçados. Suas roupas nunca secavam, permanentemente molhadas pelas ondas. Permaneciam acorrentados aos seus bancos dia e noite, e não existia qualquer dispositivo para evacuar as imundícies. Os vermes, assim, cresciam e se

IV. CONDIÇÕES DE VIDA DO POVO

multiplicavam. Quando a viagem se prolongava, as doenças se encarregavam de eliminar os mais fracos, que se sepultavam então no mar. Ficamos imaginando como é que podiam presenciar e se mostrar insensíveis, ao espetáculo desses desgraçados, os passageiros e os tripulantes livres da embarcação.

As expedições oceânicas, a seu turno, representam uma das maiores provas de arrojo que o ser humano pôde dar. Esquadrinharam todos os recantos do mundo. As viagens duravam muitos meses ou alguns anos, sempre imersas em perigos. As naus eram pequenas, algumas poucas dezenas de metros de comprimento. Não passavam de casquinhas de noz perdidas na solidão de oceanos sem fim.

O desconforto, total; as tempestades, tremendas. Ou então os navios ficavam presos em longas calmarias, quando os navegantes viam desaparecer suas reservas de alimentos e água doce. Piratas e corsários rondavam por toda parte, tanto no oceano Atlântico como nos mares do Oriente.

Muitos tripulantes e passageiros pereciam de fome, de sede, de febres ou de escorbuto. Mesmo quando se descobriu o meio de evitar essa doença, mediante fácil regime alimentar adequado, o desprezo pela vida fez com que em geral nenhuma providência fosse tomada, e as mortes continuaram ocorrendo.

Não pensemos que, nos oceanos, reinasse o espírito de solidariedade. Frequentissimamente não, porque os homens eram duros demais para isso. Foram comuns os casos de abordagem de embarcações mais fracas, para saquear o que nelas existisse, inclusive água e víveres, deixando seus ocupantes à míngua. Inúmeros cronistas da época relatam as experiências de tais viagens. Por exemplo, Jean de Léry, que saiu da França rumo ao Brasil em novembro de 1556, retornando depois ao seu país em janeiro de 1558. Descreve os horrores por que passou, na ida e na volta, e confirma o hábito da pilhagem, quando os atacantes «descarregam tudo o que lhes parece bom e proveitoso. E se porventura alguém os adverte, como de fato fizemos, por assim saquearem indiferentemente amigos e inimigos, respondem com o estribilho comum aos nossos soldados: que isso é de guerra e de praxe e anda bem quem assim pratica» (*op. cit.*, págs. 56-7).

Em outra passagem, Léry narra que certa feita os marinheiros do seu navio colocaram espanhóis e portugueses numa caravela em alto-mar, «abandonando-os sem deixar a essa pobre gente um só pedaço de biscoito nem víveres de qualquer espécie, e o que é pior, rasgando-lhes as velas e retirando-lhes o escaler sem o qual não lhes era possível aproximar-se de terra ou desembarcar. Melhor fora afundá-los do que deixá-los em tal estado, pois ficando assim à mercê das ondas é certo que devem ter por fim submergido ou morrido de fome, se nenhum barco os veio salvar» (*op. cit.*, pág. 61).

A França até hoje cultua a memória do seu maior corsário, Duguay-Trouin, de quem se diz que entre 1689 e 1709 capturou mais de trezentas embarcações. Era originário de Saint-Malo, cujos habitantes se vangloriam de que seus inúmeros corsários apresaram um total de 3.800 navios mercantes.

Quando por fim os navegantes desembarcavam em terras desconhecidas, outros variados perigos os aguardavam. Coragem porém não lhes faltava. Fernão Cortez marchou sobre o México com apenas quatrocentos infantes, quinze cavaleiros e sete canhões. Acreditamos todavia que o melhor modelo de valentia e tenacidade foi a proeza de outro espanhol, Francisco Pizarro: cruzou o Atlântico, da Espanha à América Central, onde desembarcou, para atravessar a pé a floresta, assim chegando à costa do oceano Pacífico; construiu ali novas embarcações, com as quais desceu até o Peru, levando uma centena de homens mais cerca de sessenta cavalos, e foi enfrentar o impérico inca, que se calcula possuísse, na época, uns doze milhões de habitantes. É verdade que Pizarro venceu afinal pela astúcia, com manobras políticas, o que entretanto não exclui o soberbo heroísmo da sua aventura.

Essa gente, forjada por uma vida extremamente hostil, repetimos, não tinha por que se apiedar de criminosos.

V. A presença e o problema da religião

1. Religiosidade popular

«Na Europa ocidental, após a queda do Império Romano, a única instituição poderosa e universal era a Igreja. Ser membro dessa associação era teoricamente voluntário e praticamente obrigatório. Ser desligado de sua comunhão era castigo tamanho que, até o século XVI, os próprios reis tremiam diante da ameaça de excomunhão. Da menor das aldeias, com sua igreja paroquial, à maior das cidades, com sua catedral, suas numerosas igrejas, seus mosteiros e santuários, a Igreja estava visivelmente presente em todas as comunidades: suas torres eram o primeiro objeto que o viajante divisava no horizonte e sua cruz era o último símbolo levantado diante dos olhos do agonizante.

«Numa cultura assinalada por espantosas diversidades de dialeto, direito, culinária, pesos e medidas, cunhagem, a Igreja oferecia uma morada comum, na verdade um abrigo universal: o mesmo credo, os mesmos ofícios, as mesmas missas, realizadas com os mesmos gestos, na mesma ordem, para o mesmo fim, de um a outro extremo da Europa. Nunca a rigorosa uniformidade romana serviu melhor à humanidade que durante esse período. Nos ofícios mais importantes da vida, até a menor das aldeias achava-se no plano de uma metrópole. A Igreja Universal dava a todas as comunidades, pequenas e grandes, um propósito comum» (Lewis Mumford, *op. cit.*, págs. 290-1).

Torna-se difícil, se não impossível para o homem de hoje sentir em seu coração o que se passava naqueles tempos. Para ele, a vida se alonga, a morte se protrai escondida nas brumas de um futuro longínquo, como algo irreal que não o preocupa e que, por isso, não lhe pauta o comportamento. O mundo terreno possui demasiados atrativos, as pessoas vivem ocupadas demais, a preocupação econômica tende a tudo dominar. A intensa propaganda consumista leva à ânsia de prazeres e de bens materiais, antepondo-se à imagem do sobrenatural.

Antes, ao inverso, a simplicidade da vida, a tenaz pregação catequista feita pela Igreja, as ideias de Deus, da morte, de céu e de inferno sempre presentes, tudo isso envolvia o indivíduo numa atmosfera de forte religiosidade. A Igreja se revelava por toda parte, com sua pompa, com seus solenes ritos litúrgicos, com procissões, festas, penitências, peregrinações. Junto ao povo estavam bispos, padres, freiras, monges, frades, pequenos curas de aldeia, ocupando-se das escolas, das universidades, dos hospitais, dos asilos. Os estabelecimentos religiosos em geral constituíam o repositório da cultura e das artes, pintura, escultura, arquitetura, música. A inteira existência dos homens era ritmada pelo calendário cristão, cada dia com o seu santo; pelos ritos religiosos; pelos sinos que repicavam, desde o amanhecer até à hora da Ave-Maria.

Ao mesmo tempo, a Igreja dava segurança ao seu rebanho, como detentora única de uma verdade e de uma fé essenciais à salvação humana. Daí o seu fervor missionário, a sua vocação universal, ansiando por espalhar a «Boa Nova»: Cristo, Filho de Deus, veio à Terra para ensinar o caminho da verdade a todos os povos, e morreu na cruz para nos salvar.

A vocação missionária é característica do cristianismo (assim também como foi outrora muito forte no antigo judaísmo:

cf. J. Lortz, *op. cit.*, I, pág. 540; M. Hadas-Lebel, *Le Prosélytisme Juif*, etc., in C. Kannengiesser, *op. cit.*, pág. 23 e segs.). Outros credos se encerram em fronteiras nacionais, ou se limitam a grupos humanos restritos, e se mantêm indiferentes aos que estão fora, não os buscando para entrarem. Ou então, quando seus seguidores dominam pela força outros povos, apenas lhes impõem, com seus costumes, a própria fé.

O cristianismo almeja convencer, converter e salvar. As expedições marítimas que, a partir do século XV, saíam da Europa em busca de descobrimentos, estavam sempre carregadas de ardor religioso, levando missionários para evangelizar os infiéis. As caravelas portuguesas e espanholas ostentavam, bem visível nas velas, a cruz de Cristo. Vasco da Gama, na véspera do seu embarque, passou a noite orando na capela de Nossa Senhora de Belém, às margens do Tejo. Pedro Álvares Cabral já trouxe em sua esquadra dezessete missionários, dos quais nove padres seculares, mais oito franciscanos; e, tão logo chegou ao Brasil, teve entre as preocupações primeiras mandar rezar uma missa.

Sintamos agora este problema, tal como o viam espanhóis e portugueses. No momento em que, com tantos sacrifícios, perigos e tão grande fervor religioso, eles se lançavam à evangelização de povos longínquos, em outros continentes, forçosamente lhes parecia intolerável que em sua própria casa, na península ibérica, houvesse grupos de diferentes raças, de outros credos, de estranhos costumes, mouros e judeus que permaneciam fechados em si mesmos, hostis ao ideal cristão; e que ademais, segundo se propalava, até mesmo zombavam da Igreja, escarneciam das coisas sagradas e profanavam objetos do culto.

2. Lutas religiosas

Era incomum, quase inconcebível, na época, uma sociedade religiosamente pluralista, cada grupo com sua crença, seus templos e seus cultos, todos convivendo harmonicamente em clima de liberdade e mútuo respeito. Isso só se tornou realmente viável há muito pouco tempo, na História da humanidade.

O fator religioso era não só uma vertente do humano que ligava o indivíduo a Deus, mas também poderosa força de união ou de separação entre os homens, conforme professassem ou não o mesmo credo. Quando a Reforma penetrou na França e na Alemanha, protestantes e católicos não se respeitaram, mas se entredevoraram.

Como observa Max Savelle, «o século e meio que se seguiram à publicação das Noventa e Cinco Teses de Lutero foram um período de quase constante guerra religiosa. No curso dessa guerra, incontáveis vidas se perderam, imensurável soma de propriedades se destruiu, incalculável dor se infligiu em nome de Jesus de Nazaré e para fins de salvação humana. A razão disso era clara e simples: a religião identificava-se com o Poder; portanto, a dissidência religiosa significava rebelião traiçoeira contra o Poder estabelecido. Isto era verdade tanto nas terras protestantes quanto nas católicas» (*op. cit.*, pág. 398).

Critica-se a Inquisição, mas, realmente, a História apresenta triste rosário de intolerâncias, de lutas, morticínios e perseguições religiosas. É certo que, quase invariavelmente, outros fatores concorreram para isso, tais como interesses econômicos, políticos, raciais, etc., mas nesses movimentos encontramos também, em maior ou menor medida, o componente religioso.

Comecemos pela Roma pagã, que torturou, espoliou e massacrou incontável número de cristãos, pelo só fato de serem cristãos[1]. O islamismo, mais tarde, sempre considerou da

---

(1) Desde o ano de 64 até 192, escreve Daniel-Rops, a perseguição «será mais ou menos espontânea, mais ou menos retardada ou acelerada pelos poderes imperiais, mas sempre esporádica e sem apresentar nunca um aspecto sistemático. A partir do século III, estabelecer-se-á um novo regime, o da perseguição por éditos especiais emanados do próprio governo e aplicáveis a todo o conjunto do Império. Os resultados do segundo método serão incontestavelmente bem mais sangrentos que os do primeiro» (*L'Église des Apôtres*, etc., cit., pág. 188).

sua essência submeter todo o mundo a ferro e fogo. Com as expansões árabe e turca, vagas muçulmanas varreram o cristianismo da Ásia Menor, do Norte da África e de algumas regiões da Europa.

Os católicos ortodoxos da Europa oriental, toda vez que assumiram o Poder, excluíram os católicos romanos. Com a Reforma, nos séculos XVI e XVII lutas ferozes foram travadas na Alemanha. Idem na França, onde os calvinistas eram chamados de «huguenotes» e sucessivas guerras ocorreram, inclusive, em 24 de agosto de 1572, com a imensa carnificina que vitimou os protestantes na chamada «noite de São Bartolomeu». Na Espanha e em Portugal, ao contrário, a Reforma não fez progressos, de sorte que o catolicismo ali foi pouco perturbado.

Na Inglaterra, a partir do cisma de Henrique VIII, a rebelião dos católicos foi sempre afogada pela violência. A rainha Isabel I «perseguiu igualmente católicos e calvinistas radicais ou «puritanos». As medidas que empregou para impor a nova fé encheram o reino de crimes e de sangue: os puritanos emigraram, na sua maioria, para a Holanda; os católicos sofreram tais perseguições, que, quando Isabel morreu (1603), não representavam mais de 120.000 almas» (Mattoso, *op. cit.*, pág. 328). Na Escócia, sob a liderança do calvinista João Knox, as violências contra os católicos também foram imensas.

No curso dos séculos, os missionários cristãos vêm sendo massacrados em todo o redor do mundo.

O mesmo panorama agressivo, aliás, persiste, indefinidamente, chegando aos nossos dias. O México durante quarenta anos (1900-1940) perseguiu a Igreja católica. Na segunda década do século XX, os turcos muçulmanos dizimaram e dispersaram a comunidade cristã armênia, há muito tempo radicada no país, e afirma-se que se perderam perto de um milhão e meio de membros desse povo. A tremenda guerra civil espanhola (1936--39), entre os «brancos», religiosos, e os «vermelhos», ateus, foi de brutal atrocidade. Como diz Pierre Vilar, as violências dos vermelhos foram terríveis «porque desordenadas, e terríveis as

dos brancos, porque obedecendo a ordens e feitas em ordem».
[...] «Padres abençoaram os piores fuzilamentos. Multidões perseguiram os religiosos até seus túmulos» (*op. cit.*, pág. 108).

Lembremos outrossim os insolúveis conflitos, com componentes religiosos, que hoje se passam na Índia e no Paquistão; no Líbano, com a sua comunidade cristã; em Israel; na Irlanda do Norte; na antiga Iugoslávia; no Irã, onde se instalou, após cruenta luta, um governo de fanáticos religiosos; conflitos que vêm sacudindo, enfim, o quase inteiro mundo muçulmano.

Nestes dias, como fenômeno ainda não solucionado, um obscuro escritor de nome Salman Rushdie, de nacionalidade indiana e radicado na Inglaterra, publicou o livro *Versos Satânicos*, que passaria despercebido não fosse a acusação de que é desrespeitoso para com Maomé. Tanto bastou para que facções islâmicas lhe impusessem a pena de morte, a ser cumprida pelo primeiro muçulmano que o encontrar.

Na Rússia, na China e em outros países comunistas se instaurou oficialmente e de forma obrigatória a «religião» do ateísmo, uma religião às avessas, mas com seus «santos», Marx e Lenine, cujas palavras foram convertidas em dogmas indiscutíveis. Tornou-se crime a prática de qualquer efetiva religião, salvo quanto a pequeninas exceções toleradas e manipuladas pelo regime, para efeito de propaganda externa.

Até mesmo os Estados Unidos permitem a existência de um bando de fanáticos, a «Ku Klux Klan», que desde 1865 vem agredindo as pessoas que não apresentem estas três qualidades: cor branca, origem saxã e religião protestante. Na década de 1950 vicejou também nesse país o movimento do «Macartismo», criado pelo senador Joseph McCarthy. Foi verdadeira cruzada, de conteúdo quase religioso, que cometeu tremendos excessos de patrulhamento ideológico, perseguindo e punindo pessoas suspeitas de tendências políticas esquerdistas.

Para tentar pôr cobro a desatinos como os acima descritos, a Organização das Nações Unidas patrocinou, em 1948, uma Convenção destinada a prevenir e reprimir o chamado crime de genocídio, no qual foram incluídas as agressões a um povo por motivo religioso. A figura do genocídio, de difícil aplicação prática, possui ao menos um valor ético, de advertência, que se espera seja educativo[2].

3. Os ciganos

Dois povos, por inteiro diferentes, os judeus e os ciganos, se unem neste ponto comum: foram sempre implacavelmente perseguidos em quase toda parte onde estiveram.

Enquanto os primeiros eram reconhecidamente operosos, sérios e muito concorreram para a cultura e o progresso, os gitanos, ao inverso, constituíram um povo de vocação nômade, improdutivo, que pouco de útil e construtivo parece ter feito.

Sua origem é obscura. Alguma catástrofe histórica o fez perder sua terra, na Ásia, lançando-o em direção ao Oeste. Há notícias da presença de ciganos na Europa desde o século XII, mas eles se espalharam mesmo pelo continente no século XV. Na península ibérica, consta que ingressaram em 1443.

De vida errante e religião misteriosa, essa gente se cercou de uma aura de romantismo, com seus trajes coloridos, sua música, suas danças. A par disso, todavia, o cigano manteve permanente conduta anti e associal, dedicado a furtos, à leitura da sorte, a constantes trapaças e fraudes. Jamais se fixou em qualquer trabalho honesto e produtivo. Em consequência, temido por todos e reconhecido como parasita incorrigível, as

---

(2) Consoante o texto aprovado em 1948 pela ONU, constitui genocídio «qualquer dos seguintes atos, cometidos com a intenção de destruir, no todo ou em parte, um grupo nacional, étnico, racial ou religioso, como tal: a) matar membros do grupo; b) causar lesão grave à integridade física ou mental de membros do grupo; c) submeter intencionalmente o grupo a condições de existência capazes de ocasionar-lhe a destruição física, total ou parcial; d) adotar medidas destinadas a impedir os nascimentos no seio do grupo; e) efetuar a transferência forçada de crianças do grupo para outro grupo».

mais severas punições lhe foram reservadas, visando à sua expulsão ou ao seu extermínio. Os tribunais inquisitoriais não se interessaram pelos ciganos, que se mantinham fechados em suas crenças sem nenhuma preocupação de proselitismo, mas deles se ocupou apenas a Justiça Criminal comum[3].

A sina do povo judeu, por ser muito especial e importante, merece um capítulo separado. Como há, de sua parte, muitas queixas contra a Igreja e a Inquisição, será útil conhecer-lhes a singularíssima história.

---

(3) Radbruch e Gwinner (*op. cit.*, págs. 202-3) descrevem as severíssimas sanções cominadas aos ciganos na Alemanha: se desobedecessem à ordem de expulsão, teriam seus bens confiscados e os que fossem capturados, «sem nenhuma formalidade de processo, mas tão-só pela sua "vida viciosa", deveriam ser condenados a morrer na roda». Na Espanha, o rei Carlos II ordenou que, «se forem apreendidos juntos em quadrilha alguns dos que se dizem ciganos, com o número de três ou mais, com armas de fogo curtas ou largas [...], ainda que não se lhes prove outro delito, incorram na pena de morte». Em Portugal, o Título LXIX, Livro V, das Ordenações Filipinas, determinou sua expulsão do reino; e, nele «*entrando, sejam presos e açoutados com baraço e pregão*». Aqueles que com ciganos andarem, acrescentou, serão «*além das sobreditas penas degradados dous anos para Africa*».

VI. O mistério judeu

1. O «povo eleito» e a diáspora

Fascinante é a história dos judeus, o «povo eleito».

Certo dia, Javé, querendo enviar seu Filho à Terra, para fixar um rumo à humanidade, perscrutou todas as nações e escolheu uma, pequenina e pobre, a de Abraão e Moisés, dos reis Davi e Salomão, dos profetas, dos salmistas, do Antigo Testamento. Gente de religião pura como a água que jorra de fonte cristalina. Javé decidiu pois, e fez de Jesus Cristo um judeu, nascido de Maria, uma judia.

Cristo ensinou a verdade ao seu povo, e neste escolheu doze apóstolos, a fim de que testemunhassem a sua ressurreição e difundissem o Evangelho pelo inteiro mundo. Os judeus, porém, O rejeitaram.

Segue o curso da História, sobrevém a destruição de Jerusalém. «Com a ruína de Jerusalém, desmembrou-se por completo o Estado judeu. Essa luta tão singular na história, luta de um Estado minúsculo contra o Império mais poderoso do mundo, absorveu infinidade de vítimas: ao redor de um milhão de judeus pereceram na guerra com os romanos (66-70) e uns cem mil foram feitos prisioneiros. Desses cativos, alguns foram mortos; outros enviados a trabalhos forçados ou vendidos como escravos nos mercados da Ásia e África. Os mais vigorosos e belos permaneceram para lutar com as feras nos circos romanos e para acompanhar Tito em sua solene entrada em Roma» (Simon Dubnow, *op. cit.*, págs. 291-2).

Suprimido o reino, ocorre a diáspora (70 d.C.): a gente de Israel se dispersa e vai buscar refúgio em todos os recantos da Europa, do Oriente, do norte da África. Tem início então um calvário sem fim, cumprindo-se a profecia bíblica: *O Senhor vos destruirá, e vos espalhará por todos os povos, e vós ficareis poucos entre as nações, a que o Senhor vos levará* (Deut 4, 27).

Foram acossados como nenhuma outra raça. Os hebreus haviam deixado de ter um lar próprio, estavam doravante à mercê de múltiplos hospedeiros. Eram pacíficos, sedentários, religiosos, místicos; laboriosos, bons artesãos, inteligentes; quando convocados, excelentes soldados. Sempre sobressaíram, pelos séculos além, nas artes e na cultura; produziram inumeráveis sábios, para ajudar a humanidade. Seus médicos, de grande prestígio, a todos davam auxílio.

Sem embargo, à medida em que se iam fixando em algum lugar, as turbulências começavam. Sempre, sempre, foram objeto de desconfiança, rancor, inveja e desprezo; maltratados, espoliados, ofendidos, massacrados, escravizados, torturados, mortos. Seu culto foi abafado, suas sinagogas, destruídas.

Tanto os oprimiram a Roma pagã como a Roma cristã; a Igreja do Ocidente e a do Oriente; os gregos, os árabes, os egípcios. Maomé tentou deles aproximar-se, para convencê-los, mas terminou por rechaçá-los, com ódio, transformando o islamismo em seu feroz inimigo. Assim, cria-se logo um abismo entre árabes e judeus. No ano de 626, o Profeta vence ante as portas de Meca, e os judeus são os primeiros a sofrer as consequências, acabando afinal expulsos, para sempre, da península arábica.

Quase mil anos mais tarde, com a Reforma na Alemanha, os judeus renovaram suas esperanças de paz, dado que Martinho Lutero voltava à fonte do Antigo Testamento. Lutero quis então atraí-los, mas, vendo frustrados seus esforços, deles se tornou, tanto como dez séculos antes Maomé, implacável adversário. Em 1538, firmou sua aversão com uma *Carta contra os Hebreus*, que chamava «o povo endemoninhado». O azedume foi crescendo em seus sermões até que, em 1542, publicou o livro *Dos Judeus e suas Mentiras*, onde repete as tradicionais críticas a eles feitas. Aconselha a sua destruição e, assim, envenena contra esse povo, profundamente e por dilatado tempo, o campo protestante. Tais manifestações, diz W. Durant, «colaboraram para tornar o protestantismo [...] mais antissemita que o catolicismo oficial» (*op. cit.*, pág. 615).

2. Perseguições em Roma

A crônica dos judeus radicados no estrangeiro constitui um rosário de dores e de lamentações.

Na Europa, tudo começou com o Imperador Tibério (14 a 37 d.C.): no Egito, estavam sendo feitas amargas e violentas críticas contra os judeus, dos quais se tornara inimiga sobretudo a numerosa colônia grega lá existente. Libelos escandalosos foram enviados a Roma, contendo gravíssimas acusações, inclusive de assassínio ritual. Diante disso, desencadeia-se a primeira perseguição, entre as muitas ocorridas no Ocidente: os judeus foram expulsos de Roma e os que não abandonaram a cidade no prazo fixado, ou não abjuraram sua fé, foram convertidos em escravos e condenados a trabalhos forçados.

Com Calígula (37-41), novas perseguições ferozes prosseguem, em Roma e no Egito. Bem mais tarde, com Constantino, o Grande (306-337), torna-se livre o cristianismo no Estado romano. No início, houve tolerância para com os israelitas, mas logo se reiniciou um caminho cheio de desgraças, humilhações e opressões. Sua religião foi declarada «culto sacrílego». Quando Helena, mãe do imperador, fez uma peregrinação à cidade santa de Jerusalém, esta passou a ser considerada cristã, nela ficando proibida a entrada de judeus.

O panorama hostil, com a posição hebraica piorando gradativamente, prossegue com Constâncio, imperador do Oriente (337-361). Quando os judeus se revoltaram, foram massacrados com a maior crueldade. Sob Juliano, o Apóstata, que subiu ao trono em 361, houve algum desafogo; mas, após sua morte, dissipou-se o último raio de esperança para uma vida tranquila e sem lutas. Reacendem-se as perseguições nos impérios do Oriente e do Ocidente; alastram-se para adiante, desde a Síria até à África. O mesmo quadro permanece imutável com os imperadores Teodósio I (379-395), Teodósio II, do Oriente (408-450), Honório (395-425), etc., etc.

Chegamos por fim a Justiniano, o notável imperador de Bizâncio (527-565). É por todos louvado; mas, na visão israelita, «com ele sobe ao poder um déspota sob cujo governo a intolerância obterá verdadeiros triunfos. Sob o imperador bizantino a perseguição dos judeus e sua degradação se convertem em lei e em norma e os decretos promulgados por sua ordem agravam ainda a atitude iniciada por seus antecessores, dirigida a desapossar gradualmente os judeus de todos os seus direitos. Seus éditos imperiais atacam a fundo sua vida religiosa, coisa a que todavia ninguém se havia atrevido» (Werner Keller, *op. cit.*, pág. 143).

Desaparecidos o império romano do Ocidente e, mais tarde, o do Oriente, as leis sobre o tratamento dos judeus foram preservadas: no *Codex Theodosianus* (439) e no *Codex Justinianus* (554) se eternizam as restrições a eles impostas, como modelos que se projetam para o futuro, pautando toda a legislação medieval e produzindo frutos ainda através do Direito posterior.

3. As cruzadas

Nesses maus termos nos aproximamos do que o povo eleito chama de «inferno da Idade Média».

Na medida em que a Igreja avançou e se foi estendendo na Europa, aumentou a pressão sobre os hebreus. A Idade Média foi uma era impregnada de paixão, e nada a marcou mais do que a paixão pela fé. Os povos cristãos acabaram se tornando absolutamente hostis ao judaísmo, com perseguições intermitentes em muitos países, com altos e baixos, em que se entremearam períodos de tolerância e outros de combate aberto.

Na Gália e na Ibéria, os filhos de Israel começaram convivendo pacificamente com as rarefeitas populações primitivas que lá habitavam; mas, com o avanço da Igreja, teve início uma longa e dura política contra os pagãos, os arianos e, também, contra os seguidores da religião judaica. Rapidamente cresceram os ataques: restringiu-se o número de profissões que os judeus podiam exercer e lhes impuseram o batismo, sob pena de serem expulsos ou escravizados. Apenas durante o século VI, no reino dos francos, sete concílios se ocuparam do problema.

Mais tarde, com as cruzadas, aumentou a violência. Já na primeira delas se desencadearam «para os judeus da Europa longos anos de terror e perseguições, mais amargos do que nunca. Começou um caminho de dor que conduzia à sua degradação social e à sua humilhação como homens, e que deixou entre seus membros e em seu ambiente marcas tão profundas que influíram mais além da obscura Idade Média, até a época moderna» (Werner Keller, *op. cit.*, pág. 243).

As coisas se passaram assim: em fins do século XI, chegam à Europa notícias de que os muçulmanos haviam profanado lugares santos de Jerusalém. Organiza-se então a primeira cruzada, para a vingança e a libertação daquela cidade. Verdadeiro delírio se apodera de povos inteiros, que se põem a caminho, milhares de soldados com o sinal da cruz estampado em suas vestes e obcecados pelo ideal de combater os «infiéis». À margem desse movimento, ocorre porém a ideia de que, em vez de ir tão longe em busca dos inimigos de Cristo, melhor seria ocupar-se daqueles que na Europa viviam, infiltrados nas suas terras. Em consequência, bandos armados se alastram pelo continente, para saquear e exterminar os judeus. A matança foi tremenda. Começou na França, passou à Alemanha, onde lavrou longa e duramente, chegou até Praga e somente se foi diluir no território húngaro. Durante muito tempo essas hordas de «cruzados» irregulares submeteram as populações judaicas a imenso banho de sangue, com muitos milhares de mortos. Enquanto isso, os verdadeiros cruzados continuaram avançando e chegaram a Jerusalém em 1099, onde massacraram todos os muçulmanos e judeus que lá viviam, assim recuperando a cidade para o cristianismo.

A segunda cruzada principiou em 1146, para atacar os muçulmanos que, da Síria, ameaçavam Jerusalém. De novo, todavia, ecoou o brado de que era preferível apanhar os infiéis «de dentro» do que os «de fora», e outra vez sucessivos morticínios ocorreram, sobretudo na Alemanha e no norte da França. Por fim, na terceira cruzada (1189-1193), a desgraça se abateu principalmente sobre os judeus residentes na Inglaterra, que também sofreram saques, incêndios, batismos forçados, massacres...

4. «O inferno da Idade Média»

Não é aqui possível nem preciso descrever, repetitivamente, a infinidade de idênticas agressões, maiores ou menores, que o povo de Israel veio sofrendo, nos vários países, em todo o longo correr da Idade Média. Bastam mais uns poucos elucidativos exemplos.

Na Inglaterra, em 1275, o rei Eduardo I baixou um Estatuto contendo restrições para os judeus, e mais tarde, em 1290, os expulsou. Os que desobedecessem à ordem seriam enforcados. O consequente êxodo foi de vários milhares de pessoas, que tiveram de deixar às pressas o país, perseguidas pela populaça que as maltratava. Assim, permaneceu a Inglaterra por muito tempo sem a presença dos judeus, que lá somente puderam retornar, pelas mãos de Cromwell, a partir de 1657.

Situação equivalente existiu na França: em 1306, Filipe IV determinou que os judeus fossem embora, deixando seus bens para a Coroa. A emigração se fez em massa, restando na França apenas uns poucos que, pelo menos externamente, haviam aderido ao cristianismo. Em 1315, o rei Luís X autorizou o regresso dos exilados, cuja felicidade durou todavia pouco: apenas cinco anos após, em 1320, Filipe V preparava nova cruzada à Terra Santa, e tanto bastou para que mais uma vez bandos desenfreados percorressem o território francês em busca dos «infiéis», que assassinaram aos milhares. Dispersados afinal por ordem do Papa João XXII, os perseguidores atravessaram a fronteira da Espanha, onde continuaram suas desordens. Calcula-se que, no ano de 1320, foram destruídas cento e vinte comunidades judias na França e no norte da Espanha. No ano seguinte, correu no sul da França a notícia de que os israelitas haviam envenenado algumas fontes. Põe-se então em marcha nova vingança coletiva, queimando-se mais outros milhares de membros desse povo.

Passando o Reno, igual panorama se apresenta. Em 1343, sob Luís da Baviera, os judeus são desapossados dos seus haveres; hordas agressivas varrem o país, dizimando suas populações, etc., etc.

Enfim, quase mil e quinhentos anos se escoaram desde que, após a diáspora, teve início o antissemitismo na Europa, e as mesmíssimas cenas de violência se repetem, incansavelmente, iguais em toda parte, século após século, até chegarmos ao ocaso da Idade Média. Nesta altura, se instala a Inquisição na Espanha, mais adiante em Portugal; e, outra vez, tudo recomeça...

5. Restrições impostas

As restrições impostas à gente de Israel foram sempre as mesmas, em todo tempo e lugar: confiscação de bens; tributos especiais; proibição de exercer cargos públicos e determinadas profissões; proibição de casar com cristãos, de ter escravos ou empregados cristãos (para que estes não fossem ameaçados em sua fé). A cada passo os judeus se defrontavam com o dilema de escolher entre o batismo ou a morte, a escravização, o exílio.

A partir do quarto concílio de Latrão (1215), se foi alastrando pela Europa a ordem para que os judeus se distinguissem do resto da população mediante o uso de sinais de cores vivas e, muitas vezes, de formas grotescas: ora mero emblema de pano costurado à roupa, ora um modelo especial de vestuário, ora, muito comumente, certo tipo de chapéu. Em Viena, adotou-se o «*cornutus pileus*», que era um chapéu alto, em forma de torre e encimado, ademais, por dois chifres. Desse modo, ponderava-se, seu portador poderia ser identificado bem de longe[1].

Generalizou-se também o costume de, nas cidades em que houvesse apreciável número de judeus, confiná-los em ruas ou em bairros próprios, os guetos. Em Portugal, chamavam-se «judiarias».

6. Generalizada malquerença popular

Estamos falando de tempos em que a vida do povo em geral não era trepidante como a de hoje, mas fluía lentamente e pouco se alterava no curso dos séculos. Quase um milênio e meio transcorreram, pois, sem que a situação dos judeus, na Idade Média, sofresse mudanças importantes.

Perante esse constante e sombrio panorama, ficamos perplexos: quais terão sido os motivos para tão obstinada aversão? A crônica da diáspora revela, desde logo, que a má sorte dos judeus não dependeu unicamente das autoridades, civis e religiosas.

---

(1) O capcioso fundamento para tão aviltantes medidas foi tirado do Antigo Testamento: *Disse também o Senhor a Moisés: Fala aos filhos de Israel, e lhes dirás que se façam umas guarnições nos remates das suas capas, pondo nelas fitas de cor de jacinto, para que, vendo-as, se recordem de todos os mandamentos do Senhor, e não sigam os seus pensamentos, nem os seus olhos se prostituam a vários objetos; mas antes mais lembrados dos preceitos do Senhor, os cumpram* (Num 15, 37-40).

Houve mesmo inúmeros casos em que soberanos, papas e bispos deram a mão aos perseguidos, impedindo violências.

É inegável que a Igreja, ao defender a fé na divindade de Cristo, muito pregou contra eles; mas torna-se visível, também, a espontânea malquerença que lhes devotava o povo. Era o homem da rua, o homem comum, que tinha rancor pelos judeus, que os maltratava, que zombava das suas desditas, que se alegrava ao vê-los morrer na fogueira. Conforme observa L. Poliakov (*op. cit.*, págs. 302-3), «a animosidade para com os judeus se nutre nos próprios massacres que ela suscitou: matamo-los primeiro e os detestamos em seguida [...]. A partir da segunda metade do século XIV, os ódios antijudeus atingem tal acuidade que podemos ousadamente datar dessa época a cristalização do antissemitismo em sua forma clássica, aquela que conduziria mais tarde um Erasmo a consignar: "Se é próprio de um bom cristão detestar os judeus, então nós todos somos bons cristãos"».

Quando a «Peste Negra» devastou a Europa (1348-1351), dizimando milhões de pessoas, prontamente surgiu a notícia de que ela fora obra de judeus. Dizia-se que estes haviam envenenado as fontes de água, para destruir os cristãos. Populações inteiras se deixaram arrastar por cego delírio, partiram à caça dos supostos responsáveis pela tragédia e desencadearam, em todos os países atingidos, imensa matança dos «culpados». Na França, Alemanha, Suíça, Espanha, muitas comunidades hebraicas foram exterminadas.

A verdade é que o povo em geral se mostrava contrário aos judeus. As razões disso serão de três ordens: religiosa, social e econômica.

7. Fundamentos religiosos

Na raiz de tudo encontra-se o fator religioso.

Aos olhos dos cristãos, a gente de Israel era deicida, praticara, em circunstâncias torpes, o crime de lesa-majestade divina. Quando Deus se fez homem, preferiu a nacionalidade judaica, mas o povo escolhido fez ouvidos moucos e escarneceu da Mensagem que Deus lhe transmitia, para que dela se tornasse guardião. Tendo de escolher, a Cristo preferiu Barrabás. *E respondendo todo o povo, disse: O seu sangue caia sobre nós, e sobre nossos filhos* (Mt 27, 25). Proferidas, por «todo o povo», tão terríveis palavras de autocondenação, cuspiram em Cristo, torturaram-nO, renegaram-nO, crucificaram-nO entre dois ladrões. O cristão da Idade Média, por mais inculto que fosse, conservava bem presentes essas imagens.

Depois, século após século, os judeus repeliram desdenhosamente toda ideia de arrependimento e de conversão. Saulo, ao conhecer a Mensagem, encheu-se de júbilo e se tornou São Paulo. Querendo partilhar tanta felicidade, ele (ou um seu discípulo) escreveu uma *Epístola aos Hebreus*, mas não obteve resposta. Isso tudo, também, os cristãos da Idade Média não podiam compreender nem perdoar.

Não empreguemos, contra esses antigos cristãos, a palavra «intolerância», atualmente tão encharcada de fel. O sentimento era, em sua origem, puro, pleno de perplexidade, angústia, decepção, e deve ser por nós apreciado com extrema serenidade. Sobretudo, não podemos julgá-lo com os olhos do presente.

A fé religiosa popular era, por múltiplas razões, muito intensa. A paixão política, o interesse pelos assuntos econômicos, que hoje tanto ocupam as massas, eram, então, quase inexistentes; em seu lugar havia absorvente preocupação religiosa. O cristianismo, ademais, se achava imbuído da sua missão apostólica. O cristão estava ansioso por transmitir uma verdade que o encantava. Todos os povos da Terra deviam ser unidos sob o signo do Salvador, porque Este pedira: *Pai santo, guarda em teu nome aqueles que me deste: Para que eles sejam um, assim como nós somos um* (Jo 17, 11), e *creia o mundo que tu me enviaste* para a salvação de todos (Jo 17, 21).

As portas da Igreja católica permaneciam alegremente abertas para todos os homens, ao passo que na sinagoga os judeus se fechavam, isolados do mundo. Os cristãos viam a maravilhosa obra que sua Igreja estava realizando, ao construir a civilização ocidental. Nunca houvera coisa equivalente, na inteira História dos povos. O ser humano se libertara: «Tu não mais és escravo, mas te tornaste filho de Deus»[2]. Adquirira, afinal, dignidade: o homem, a mulher, o ancião, a criança, o aleijado, o enfermo mental, o miserável, todos, sem exceção, desde o mais pequenino, estavam feitos à imagem e semelhança de Deus.

Apesar da variedade étnica e política que a dividia, a cristandade permanecia unida numa fé comum em Cristo e submissa à Igreja. As palavras do Messias penetravam em todos os recantos, transmitindo esperança e alegria; tomaram de assalto a Europa, avançaram pelo Oriente e pela África. Multidões de pagãos aderiam e confraternizavam à sombra da cruz.

Um grupo, entretanto, permanecendo fechado em si, repelia a Cristo, precisamente o «povo eleito». Os cristãos lhe tinham apego, sabiam que sua crença vinha de Israel. As Igrejas ostentavam sempre, pintadas nas paredes, cenas do Antigo Testamento. Para o cristão, o judeu se apresentava como um irmão mais velho, a quem se ama e de quem se espera apoio, mas a resposta era desconcertante, com cruel ruptura. O pior ódio é aquele que provém do amor.

A separação e o rancor foram inevitáveis. Os judeus permaneciam tenazmente apartados, formando um grupo fechado. Conservavam estranho idioma, se escondiam em ritos misteriosos, a que se acrescentou, por volta do século XII, a «cabala», como estranha doutrina místico-teológica. Tudo isso produzia espanto, medo e desconfiança. Em 1199, foi preciso que o Papa Inocêncio III proibisse aos cristãos não só de matar os judeus, mas também de molestá-los em suas festas religiosas, com

---

(2) O arrebatador ensinamento é de São Paulo: *E assim já não é servo, mas filho* (Gal 4, 7).

ofensas e pedradas. Nos mercados, encenavam-se peças teatrais de escárnio aos judeus.

Apegados ao Antigo Testamento, eles renegavam o Novo, que daquele era o desfecho e a explicação. Constituíam mau exemplo para a cristandade e para os pagãos que esta buscava atrair. A Igreja tentava de todos os modos convencê-los, chegou a obrigá-los a ouvir pregações que lhes eram especialmente preparadas; mas, quando acaso um judeu se convertia, espontaneamente ou coagido, verificava-se com frequência depois que havia guardado no coração a crença dos seus ancestrais e, na primeira oportunidade, apostatava.

Isso tudo teria forçosamente de criar, como criou, profundo abismo entre os dois grupos. Todos os males que atingiam os cristãos eram atribuídos aos judeus. Pairaram sempre, sobre suas cabeças, duas acusações muito graves, de assassínio ritual e de profanação da hóstia. A primeira é velhíssima, já a encontramos no Egito; nos primeiros tempos da era cristã, repetiram-na os escritores Tácito, Plutarco e Juvenal, e veio depois rolando pela Idade Média: dizia-se que, em certos rituais secretos, os judeus imolavam um cristão; citavam-se «casos comprovados». Milhares de judeus pagaram com suas vidas por essas duas acusações, levados à fogueira para se submeterem ao simbolismo do «fogo purificador».

8. Fatores sociais

Em decorrência da sua obstinada atitude, os israelitas se fecharam num círculo social distinto, que não se misturava com as pessoas de outras raças.

Surge como altamente elucidativa, em tal sentido, a instituição do *gueto*. Muitas vezes este foi imposto pelas autoridades ou pelo povo, que queriam segregar os judeus; outras vezes constituiu fenômeno espontâneo, com os judeus preferindo manter apartada a intimidade da sua vida. Seja como

VI. O MISTÉRIO JUDEU

for, o gueto demonstra, com eloquência, o isolamento social dos judeus: eles queriam permanecer separados dos cristãos, os quais, a seu turno, também não queriam com eles manter vida em comum[3].

As comunidades hebraicas possuíam Justiça própria, para resolver os feitos, casos e contendas que nelas surgissem. Os atos oficiais tinham lugar na sinagoga, regidos por um magistrado eleito, o *arrabi*, assistido por seus *vereadores*. O patrimônio próprio da comuna era zelado pelo *procurador* e pelo *tesoureiro*, devendo haver letrado para o ensino e *capelães* para o culto (Marcello Caetano, *op. cit.*, pág. 507).

Se virmos o problema sob o prisma dos judeus, forçoso será reconhecer que estes foram admiráveis na sua coragem e tenacidade. Não mais possuíam pátria, encontravam-se esparsos, à mercê de povos estranhos e geralmente hostis. De natureza sedentária, se haviam transformado em eternos fugitivos, errando daqui para ali. A despeito de tudo, se conservaram unidos, mantiveram a própria identidade, foram fiéis à sua história, aos seus costumes e religião; mas eram minoria, e tiveram de pagar muito caro por tanta firmeza.

Torna-se enfim compreensível o repúdio dos hospedeiros contra aqueles que, vivendo há tantos séculos (um milênio, um milênio e meio!) em seus países, orgulhosamente rejeitavam a ideia de absorção, com eles não se irmanavam. Um milênio é muito tempo, abarca pelo menos quarenta sucessivas gerações.

---

(3) Em Portugal, ao tempo de D. João II (1481-1482), o povo se queixou da dissolução em que se encontravam os judeus, tanto no convívio como nos trajes e conversas, «*que são cousa feia, desonesta e abominável*». Eles, dizia-se, montam cavalos e mulas «*com lobas e capuzes finos, com jubões de seda, espadas douradas, toucas rebuçadas, jaezes e garnimentos*», sem quaisquer sinais distintivos e, sendo incumbidos da cobrança dos rendimentos da coroa, atormentam os cristãos. Diante disso, D. João II determinou que os judeus andassem vestidos sobriamente e com «*o sinal da estrela costumado acima da boca do estômago*», devendo recolher-se às judiarias (Marcello Caetano, *op. cit.*, pág. 506).

9. Fatores econômicos

Somando-se ao fator religioso, o problema econômico também muito contribuiu para separar profundamente judeus e cristãos, suscitando amargo ódio destes por aqueles. Os israelitas foram abominados, porque se dedicavam à prática da usura. Em sua defesa, alega-se que a isso chegaram porque não os deixavam exercer as profissões normais; no que parecem ter alguma razão: à margem da sociedade, com religião e hábitos estranhos, dificilmente os admitiriam como membros as corporações de ofícios. Mas também não será inteiramente exato o argumento, porque, em vários países e em várias épocas, vemos os homens dessa raça pacificamente entregues a atividades agrícolas, extrativas, industriais. Não queriam porém limitar-se a isso. Entre os motivos alegados por Eduardo I para expulsá-los da Inglaterra, em 1290, esteve o fato de haver tentado, em vão, constranger os judeus ricos ao comércio comum e os pobres ao artesanato.

Certamente as condições em que esse povo viveu concorreram para que se dedicasse a trabalhar com dinheiro. Inclusive a insegurança de uma existência instável o fazia preferir bens móveis, porque facilmente escamoteáveis e transportáveis. Mas a verdade é que, acima de tudo, os judeus encontraram, nos negócios financeiros, a sua grande vocação.

Eles prefeririam morar nas cidades e, embora espalhados por vários países, se mantinham solidários entre si, unidos numa *universitas judaeorum* e sempre atentos aos negócios lucrativos. Enquanto as populações cristãs eram em regra analfabetas, o pequeno israelita desde cedo aprendia a ler, a contar e era instruído na Torá. Extremamente astutos e capacitados, os judeus se tornavam, assim, inigualáveis. Facilmente dominavam o mercado financeiro, tornavam-se capitalistas, banqueiros, emprestadores de dinheiro e, por essa via, conquistavam o Poder.

Quantas e quantas vezes a História mostra os judeus sendo espoliados, com todos os seus bens apreendidos, expulsos de certo país; mas a este depois retornando, para nele de novo enriquecerem. Impedidos de exercer cargos públicos, se aproximavam todavia das autoridades, que envolviam com manobras, mediante talento ou pela corrupção. Sua habilidade financeira e negocial os tornava indispensáveis aos governantes, seja como conselheiros, seja como banqueiros. Surgiu assim a figura do judeu palaciano, cortesão, que, na sombra, conduzia os negócios públicos e ensinava aos soberanos as melhores maneiras de extrair mais recursos dos contribuintes.

Reis, nobres em geral, bispos e até mesmo papas tiveram de recorrer aos judeus, em busca de auxílio econômico. Muitas vezes, depois, para que os credores pudessem recuperar os valores emprestados, lhes era dado o direito de cobrarem tributos do povo, e fácil será imaginar a revolta que contra eles isso produzia.

Enquanto os cristãos estavam proibidos pela Igreja de receberem juros, os judeus permaneciam livres para fazê-lo, com taxas escorchantes. Os tomadores desses empréstimos eram homens comuns, modestos, pequenos negociantes, que se viam assim frequentemente conduzidos à miséria, enquanto o usurário enriquecia. Mais odiosamente ainda, verificava-se que esse usurário somente explorava os cristãos, mas não o fazia com as pessoas da sua raça[4].

---

(4) A posição da Igreja era de que dinheiro jamais deve gerar dinheiro. Ele não passa de «metal morto», simples instrumento de troca, não mercadoria equivalente aos bens reais, ou naturais, que, estes sim, a justo título se consideram virtualmente produtivos.

O grande temor contra o empréstimo remunerado teve origem na experiência: no passado, sempre que se adotara essa prática, insinuara-se logo a ganância, com abusos intoleráveis, geradores da miséria e atentatórios ao dever de caridade. Por isso a Igreja preferiu cortar o mal pela raiz, com firme condenação dos doutores, dos primeiros papas e vários concílios, contra qualquer empréstimo a juros.

Aos poucos, entretanto, o desenvolvimento do capital e do comércio foram tornando a economia monetária cada vez mais complexa, sendo de esperar-se que o problema fosse então revisto. Mas a tradição se tornara muito forte e demais fraca a compreensão da nova realidade econômica, o que tornava

Os judeus, em suma, se mostraram gananciosos e, sempre que puderam, foram extremamente duros com os cristãos. A par disso, sua atividade creditícia era vista como pecaminosa e desprezível, mas graças a ela venciam, ostentando poder e riqueza. Daí o generalizado rancor contra eles, que foi crescendo e debaixo do qual havia muita inveja escondida. Explicam-se também as sucessivas e frequentes perseguições sangrentas contra o povo de Israel, que, ademais de massacrado e expulso, tinha seus bens confiscados. Expulsar ou matar os judeus era um meio de os cristãos se livrarem das dívidas com eles contraídas.

Enquanto houve apenas motivos religiosos de separação, as autoridades eclesiásticas tendiam a proteger os judeus, evitando excessivas opressões. No momento porém em que a isso se superpôs a exploração econômica, a usura, a atitude da Igreja em relação a eles passou a ser condenatória.

10. Responsabilidade coletiva

As violências contra o povo hebreu, durante a Idade Média, ocorreram em geral anarquicamente, sem forma nem figura de Justiça. Apresentam os característicos da vingança, da *vendetta*, e esta sempre gera, fatalmente, a responsabilidade coletiva, em que se dilui, ou não se forma, a ideia de identidade individual.

Na *vendetta*, atua a solidariedade grupal, tanto no sentido ativo como no passivo. A ofensa dirigida a uma pessoa

---

impensável qualquer real mudança. Assim, vigorou ainda por longo tempo a proibição de cobrar juros, inclusive sob ameaça de excomunhão.

Essa posição do cristianismo deixou o campo livre aos judeus, que em consequência se tornaram os grandes emprestadores de dinheiro na sociedade medieval.

Só bem mais tarde e aos poucos a Igreja passou a aceitar a diferença entre lucro justo e usura, para apenas esta proibir.

alcança a inteira comunidade a que ela pertence, de sorte que a represália se deve exercer por qualquer um do seu grupo; e responsável, à sua vez, serão todos os membros do grupo a que pertence o ofensor.

No caso, formaram-se dois clãs, de um lado os cristãos, de outro os judeus. Estes foram indiscriminadamente oprimidos, sem se indagar se cada um deles era inocente ou culpado. É evidente que milhões de judeus eram pobres ou remediados, e não usurários; mas todos podiam ser punidos, pelo só fato de serem representantes de um «mal», que se queria combater. E a exploração econômica, por estes desenvolvida, também alcançou qualquer pessoa, apenas por ser cristã.

É com a Inquisição que entramos na via judiciária, com judeus formalmente acusados de alguma falta perante um tribunal. Resta entretanto verificar em que medida esse formalismo não terá passado de mera aparência.

11. Idade Moderna

Durante a inteira Idade Moderna prosseguiu vivo o antissemitismo violento.

Na península ibérica, a Inquisição seguia seu curso, ceifando vidas e provocando a fuga das populações judaicas lá radicadas. Muitos dos seus membros encontraram, como acolhedores portos de refúgio, a Holanda, a Polônia e o império otomano. Na Turquia, até hoje existe uma comunidade de judeus, que conservam como idioma o «ladino», formado por uma mistura de espanhol clássico com palavras hebraicas.

Aos poucos, as perseguições foram ressurgindo, por quase toda a Europa. Seria longo descrevê-las, o que ademais ultrapassaria os limites deste estudo. Para se ter uma noção do que sucedeu, daí por diante, basta passar os olhos pelo índice do minucioso livro de Werner Keller sobre a *História do Povo Judeu*. Eis alguns títulos: «Os escritos antijudaicos de

Pfefferkorn»; «A ira de Lutero contra os judeus»; «Contrarreforma e novos sofrimentos»; «Sombras da Inquisição sobre a Itália»; «Perseguições no Estado Pontifício»; «O édito de expulsão de Leopoldo I da Áustria».

«Matanças na Ucrânia e na Polônia»; «Banho de sangue em Nemirov»; «Anos de terror do judaísmo polonês»; «Setecentas comunidades destruídas».

«Dificuldades em Hamburgo»; «Sofrimento e opressão na Áustria»; «Expulsão de Praga»; «A Prússia restringe os direitos dos judeus»; «As cidades de Lübeck e Bremen os expulsam»; «A Itália de novo instituiu os guetos».

«Triunfo da reação na Prússia: o rei não mantém sua palavra, negação dos direitos prometidos»; «Tumultos antijudaicos em cidades alemãs».

«Acusações de assassínio ritual em Damasco». «O que sucedeu após 1871: antissemitismo na Alemanha e na Áustria»; «Presságios da catástrofe»; «O processo Dreyfus na França»; «Os pogroms na Rússia»; «O caminho da dor»; «Vinte e cinco anos de serviço militar para os judeus».

Etc., etc. E assim avançou aos tropeções esse povo, até chegar ao que provavelmente representa a maior maldade que já surgiu sobre a face da Terra: a «solução final» engendrada pelo nacional-socialismo germânico (1933-1945).

VII. Direito penal e religião

1. O mutável campo do Direito Penal

Dentro da ordem jurídica de um país, o Direito Penal tem por missão a tutela de valores considerados fundamentais, que se convertem em bens jurídicos; e, conseguintemente, reprime certos comportamentos, qualificados como reprováveis, que lesam esses bens.

Ora, a consideração do que sejam valores fundamentais para a coletividade, assim como a qualidade censurável de tais ou quais condutas muitas vezes se alteram no tempo e no espaço, na dependência de mudanças dos costumes e da filosofia social; das organizações política e econômica; da evolução científica; de fatores religiosos, etc. Daí se segue então que o conteúdo do Direito sancionador também se torna mutável: fatos considerados delituosos em certa época ou lugar perdem essa qualidade em outros tempos, em outros lugares, ou vice-versa[1].

---

(1) Por exemplo, a bigamia, proibida nos países de formação cristã, é lícita nos de cultura islâmica. Na antiga Roma, o *paterfamilias* possuía o «*ius vitae ac necis, o ius exponendi, o ius vendendi*»; isto é, os direitos de matar, expor e vender como escravos seus filhos. Evoluiu-se depois no sentido de limitar o pátrio-poder, que lentamente passou a ser visto mais como um pátrio-dever, e surgiram as figuras cri-

Consignemos outrossim que a proteção penal se exerce não somente sobre bens materiais (vida, incolumidade física, patrimônio), mas também sobre bens imateriais, tanto coletivos (paz pública, fé pública, pudor público, etc.), como individuais (intimidade, honra, liberdade, direito ao culto religioso, etc.).

2. Estreitos vínculos com a religião

O Direito Penal, desde os tempos mais primitivos e até muito recentemente, sempre manteve estreitos vínculos com a religião.

Ora vínculos de subordinação, dentro de regimes teocráticos, ora ligação decorrente de preocupações que chamaremos de políticas.

São colocações diversas do problema, que nem sempre se excluem, mas que frequentemente coexistem dentro de um mesmo povo.

3. Sistema teocrático puro

No sistema teocrático puro, a noção de crime se confunde com a de pecado, de sorte que todo pecado deve ser punido pela Justiça terrena. O inteiro conteúdo do Direito Penal passa assim a ser formado pela religião.

O faltoso merece sofrer porque ofendeu a divindade, em cujo nome se exerce o ministério sancionador, geralmente por

---

minosas dos abandonos material, intelectual e moral dos filhos incapazes. De igual modo, novos ilícitos penais vêm modernamente aparecendo em matéria de abuso do poder econômico, nas áreas do mercado de capitais, das telecomunicações, etc., etc. Ao contrário, o avanço da cultura levou a abolir os antigos crimes de magia e de feitiçaria.

sacerdotes. Dessa forma, o aplicador da pena atua como uma espécie de gestor de negócios de Deus, e os costumes indicam quais são os atos que O ofendem. Essa é a ideia que está presente entre os povos selvagens, inclusive com tabus de cunho sobrenatural, cuja violação deve desencadear fatalmente o correspondente castigo compensador.

Concepção equivalente também se apresenta em antigas civilizações, onde o Direito Penal é extraído de escritos atribuídos à inspiração divina. Nesses textos estão elencados os comportamentos merecedores de reprovação. É o que ocorreu, *verbi gratia*, na Índia bramânica, com as *Leis de Manu*; no antigo Egito, com os *Livros dos Profetas*; na Judeia, que igualmente fundou a sua Justiça Criminal nas páginas bíblicas. Ainda hoje, nos países islâmicos, o Direito Penal se fundamenta, em maior ou menor medida, nos preceitos do Corão.

A título de curiosidade, consignemos que André Hornes, jurista francês do século XIII, montou um esquema repressivo em moldes totalmente religiosos: todos os pecados que a Igreja qualifica como mortais se sujeitariam à pena capital, enquanto os pecados veniais teriam castigos mais brandos (apud Tissot, *op. cit.*, I, págs. 376-7).

4. Pena apaziguadora da ira divina

Ainda de natureza teocrática existe outra concepção, que dá à pena o escopo de apaziguar a divindade ultrajada pelo crime, evitando a sua ira vindicativa contra o povo a que pertence o culpado.

Resvalamos agora para um objetivo utilitarista, que, partindo embora de falsa base, fez entrar no campo sancionador a ideia de proteção social. Teme-se que, permanecendo impune a falta praticada, Deus faça recair a sua vingança sobre a comunidade complacente, desencadeando-lhe algum flagelo (peste, seca, fome, inundação, terremoto, etc.). A justificar o temor pela severidade divina contra os maus comportamentos sociais, há o texto bíblico: *Fez o Senhor, pois, cair sobre Sodoma e Gomorra uma chuva de enxofre e de fogo, que o Senhor fez descer do céu. E ele destruiu estas cidades, e todo o país em roda; todos os que o habitavam, e tudo o que tinha alguma verdura sobre a terra* (Gen 19, 24-25).

Tal pensamento teve longa vida e exerceu pertinaz influência no Direito Penal. Por exemplo, Carlos VII da França cominou violentas punições para os blasfemos, na sua Ordenação de 1460, inclusive determinando, em casos de reincidência, o corte do lábio superior do condenado e, depois, também do inferior. Justificou a seguir tanta severidade porque «*notre Créateur justement irrité ait permis advenir en notre Royaume plusieurs et grandes tribulations, guerres et afflictions*»[2].

O mesmo propósito apaziguador se fez presente na Inquisição: extirpando os hereges e os blasfemos, contava-se atrair as bênçãos do céu. Isto é, admitido que a tolerância ante tais pecados poderia acarretar padecimentos para o povo, cabia à autoridade pública o dever de evitá-los, mediante o sacrifício dos culpados.

5. Princípio político nacionalista

Passando ao princípio político que leva a unir o Direito Penal à religião, verificamos haver também aqui mais de uma colocação.

Na primeira delas, de índole nacionalista, a crença oficial é imposta à comunidade, inclusive com a arma do Direito Penal, a fim de cimentar a nação num todo coeso e uniforme, tornando-a mais potente e distinguindo-a de outros países. Busca-se,

---

(2) «Nosso Criador, justamente irado, permitiu que recaíssem sobre o nosso reino numerosas e grandes tribulações, guerras e aflições». (N. do E.)

através de uma fé comum, unificar o povo e fortalecer-lhe o patriotismo. Desse modo, a religião se converte em instrumento político a serviço da identidade nacional.

É o que vemos no islamismo, ao tempo das conquistas, que submeteu vários povos à bandeira de Maomé. Outro tanto se passou na Inglaterra, com o cisma de Henrique VIII: o catolicismo, que até então dominava, foi perseguido e, sob ameaça de brutais castigos, todos os habitantes foram compelidos a aderir à nova Igreja nacional. O Ato dos Seis Artigos, promulgado em 1539, era expresso ao cominar a pena de morte aos renitentes. Idem, equivalente ideal animou a Espanha quando, servindo-se da Inquisição, buscou unir o país.

6. Crimes religiosos

Por fim, outro motivo de política criminal que induziu o antigo Direito a sancionar desvios em matéria de fé acha-se na ideia de que a religião é educativa, constitui poderoso instrumento de paz social e de freio às más paixões, compelindo os homens à moralidade e à boa conduta. Sendo assim, justifica-se que o Poder Público a proteja e incentive os sentimentos piedosos dos seus súditos.

De fato, pondera-se, se a religião convence que a sorte das pessoas, após a morte, será determinada conforme o uso que fizeram da vida terrena, ela representa sem dúvida excelente garantia para os bons costumes e para a ordem no ambiente social.

Por via dessas considerações, que também justificaram a Inquisição, dentro de uma categoria de pensamento muito própria da época, os povos da cristandade (do mesmo modo que outros povos, de diferentes credos) passaram a incluir em suas legislações um capítulo de «crimes contra a religião».

O regime de coerção penal para impor uma fé só pôde medrar porque cada Estado possuía a sua crença oficial, que todos os habitantes tinham de professar. Como ponderou o grande penalista espanhol Pacheco em 1839, espelhando uma mentalidade que ainda persistia em sua época, «em rigor de Direito, onde há uma religião do Estado, garantida pelas leis como a única que se consente no país, devem qualificar--se como delituosos os ataques diretos que se façam e levem a cabo contra seu dogma, pela imprensa, pela predicação, pela sedução. Agir de outro modo é deixar sem sanção a intolerância; é ser tolerante de fato com os vários sistemas religiosos que se possam apresentar reclamando a crença pública; é contradizer-se com o que se adota como princípio, e se consigna solenemente nas constituições do Estado» (*op. cit.*, pág. 162).

Não se punha em dúvida que isso devesse ser assim, mas todos, as inteiras populações, achavam natural e justo que o Governo punisse certas faltas religiosas. Era inconcebível a liberdade de consciência em matéria de fé. Se a religião do Estado estava com a verdade, a este cumpria proteger os cidadãos, evitando que caíssem no erro, perdessem suas almas e se expusessem aos castigos eternos. Cabia à Justiça Penal coibir os atos dirigidos contra Deus, contra a religião do país, contra a Igreja e contra os sentimentos religiosos da população. Montesquieu, por exemplo, admitiu a punição da heresia (*op. cit.*, Livro XII, cap. V). No século XIX, juristas do porte de Carmignani e Carrara, na Itália; de Pacheco, na Espanha; de Tissot, na França, e muitos outros, ainda se deram ao trabalho de discutir extensamente sobre a conveniência, ou não, do Direito punitivo secular se imiscuir em assuntos de fé, e indicaram, na hipótese afirmativa, quais os delitos que deveriam ser considerados. Tal orientação se manteve, na cristandade, até chegarmos às portas do século XX, só desaparecendo quando a religião perdeu seu caráter oficial, separando-se a Igreja e o Estado, e quando, em consequência, se implantaram a tolerância e o livre proselitismo.

Com os crimes religiosos, não se tratava de punir o mero pensamento, o pecado interior, com ofensa ao velho princípio «*cogitatonis poenam nemo patitur*». A Justiça humana jamais deve alcançar aquilo que se exaure no foro íntimo do indivíduo, sem revelar-se no mundo exterior. O pensamento maldoso somente pode constituir pecado, não ilícito penal. O que o Estado deve coibir, isto sim, é o mau pensamento que se projeta para fora, pautando uma conduta, ativa ou omissiva, que repercuta sobre a comunidade.

A religião aparece assim como um valor juridicamente amparado, e os sentimentos populares a ela ligados como um bem imaterial e coletivo, que pode ser atingido por atos de público menosprezo. *Mutatis mutandis*, o mesmo sucede, ainda hoje, com vários outros bens da mesma natureza, ideal e coletiva, que o moderno Direito Criminal tutela. *Verbi gratia*, o sentimento de pudor existente em certo ambiente social continua sendo garantido mediante a punição da prática de atos obscenos que representem ultraje público a tal sentimento. De igual modo, o Direito moderno reprime determinados atos atentatórios ao sentimento de patriotismo, tais como os de pública ofensa a certos símbolos da nacionalidade. Não é de espantar, portanto, que outrora, quando se vivia em clima de intensa fé, também fossem castigados os comportamentos antirreligiosos que causassem escândalo público.

Tissot arrola extensamente as variadas faltas religiosas que vieram sendo proibidas pelos Estados no curso dos tempos, muitas vezes com a pena máxima (*op. cit.*, II, págs. 349 *usque* 415). Dentro da cristandade, o campo do ilícito penal foi muito amplo e variado, porque dele se ocuparam, durante vários séculos, incontáveis legislações, nacionais e regionais. Exemplificativamente, houve estatutos locais que chegaram ao extremo de castigar inclusive o trabalho exercido por alguém nos dias santos e a violação dos deveres de jejum e abstinência.

Os principais crimes religiosos, entretanto, que invariavelmente figuraram no antigo Direito Penal laico foram os de heresia, cisma, proselitismo contra a religião do Estado, sacrilégio, blasfêmia, profanação de coisas sagradas, ultraje ao culto, perjúrio, simonia, violação de sepultura, violação de clausura, simulação de sacerdócio, feitiçaria, bruxaria, magia, sortilégio[3].

---

(3) No atual Código de Direito Canônico, de 1983, encontramos alguns conceitos. «Cân. 751 – Chama-se heresia a negação pertinaz, após a recepção do batismo, de qualquer verdade que se deva crer com fé divina e católica, ou a dúvida pertinaz a respeito dela; apostasia, o repúdio total da fé cristã; cisma, a recusa de sujeição ao Sumo Pontífice ou de comunhão com os membros da Igreja a ele sujeitos». Em notas a esse Código, o Pe. Jesus Hortal, S.J., oferece outros conceitos: «Perjúrio é a emissão de um juramento, a ciência e consciência, falso»; «blasfêmia é qualquer palavra (falada ou escrita), gesto ou ato que expresse desprezo ou injúria de Deus, quer imediatamente, quer mediatamente, na pessoa da Santíssima Virgem ou dos Santos». Simonia (palavra alusiva a Simão Mago, que tentou comprar os dons do Espírito Santo, At 8, 18) é «a intenção deliberada de comprar, vender ou permutar por bens economicamente estimáveis, uma coisa intrinsecamente espiritual».

VIII. Direito Penal Canônico

1. Formação do Direito Canônico

Tendo iniciado sua trajetória terrena com pouco mais nas mãos do que os Evangelhos e as Epístolas, a Igreja nascente, como toda sociedade humana, logo passou a sentir a necessidade de um Direito próprio, isto é, de um conjunto harmônico de normas que lhe regessem a vida.

Houve tentativas incipientes de São Paulo nesse sentido, mas de fato foi no século II que começou a formação do que se veio a designar Direito Canônico (a palavra grega *kanon* significa regra). As fontes se encontravam nas decretais pontifícias, nos cânones oriundos de concílios, nos mais variados estatutos promulgados por bispos e nas inúmeras regras monásticas, com seus livros penitenciais.

Com o passar do tempo, foi-se constituindo abundante massa de textos, que acabou por tornar-se caótica, de difícil consulta e, às vezes, até contraditória. Assim, por volta de 1140 ocorreu a sua primeira consolidação, por decreto de Graciano; e esta, mais os acréscimos posteriores, veio a formar, no final do século XV, o chamado *Corpus Iuris Canonici*[1].

2. Direito Penal Canônico

Dentro desse complexo normativo, sobre variados assuntos, encontravam-se preceitos de natureza repressiva, que compuseram o Direito Penal Canônico, a ser aplicado pelos tribunais eclesiásticos.

Seu objetivo primeiro foi o de incentivar a perfeição espiritual da sociedade cristã, estabelecendo sanções de sentido expiatório aos faltosos, propícias a obter o seu arrependimento e, através deste, a emenda. Depois, as necessidades da vida foram levando a Igreja, através da sua Justiça Criminal, a tutelar também os próprios interesses, ou seja, punir atos que atentassem contra a sua integridade e a doutrina por ela professada.

Os ilícitos penais se distribuíam em várias categorias. A primeira era a dos delitos contra a fé: heresia, cisma, apostasia, blasfêmia, perjúrio, simonia, sacrilégio, magia, etc. A segunda, a dos delitos carnais (adultério, bigamia, estupro, sodomia, rapto, lenocínio, etc.). Seguia-se extenso rol de crimes comuns (homicídio, furto, calúnia, incêndio, etc.), contra múltiplos bens jurídicos: vida, incolumidade física, liberdade pessoal, honra, propriedade, etc. Depois, os delitos contra a hierarquia religiosa e contra a Igreja (usurpação de funções e de direitos eclesiásticos, violação do direito de asilo, ofensas à liberdade e a imunidades eclesiásticas, etc.). Por último, figurava o capítulo das violações, por clérigos, de deveres inerentes ao seu estado.

Quanto às penas imponíveis, verifica-se que elas variaram muito no tempo e na dependência do poder, maior ou menor, da Igreja perante o Estado. Acresce que os tribunais eclesiásticos,

---

(1) Somente em 1917 a Igreja latina promulgou seu primeiro Código de Direito Canônico, substituído por outro em 1983.

VIII. DIREITO PENAL CANÔNICO

do mesmo modo que sucedia com a Justiça comum, não adotavam o princípio «*nullum crimen, nulla poena sine lege*», de sorte que os juízes dispunham de poder discricional bastante amplo, sendo-lhes inclusive facultado optar por sanções diversas das legalmente previstas.

Dividiam-se as penas canônicas em espirituais e temporais. Entre as primeiras, encontramos a excomunhão e variadas penitências, públicas ou secretas; a interdição de sepultura cristã, a perda de direitos eclesiásticos, etc. Na classe das penas temporais, existiam as pecuniárias, de multa e de confiscação de bens, o exílio, penas infamantes, etc. Para os eclesiásticos, a deposição, a degradação, a suspensão, a perda de benefícios, etc.

A prisão, não só como medida processual, mas também como pena, aplicável a clérigos e a leigos, foi muito adotada, visando esta última a propiciar a reflexão expiatória e salvadora. Até o século XIII, cumpria-se em mosteiros ou conventos. Depois, passou a ser executada preferencialmente em estabelecimentos especiais, sob a autoridade dos bispos. Em Portugal, o presídio destinado aos religiosos chamava-se *aljube*; na França, *chartre*.

Quanto às penas de morte e de castigos corporais, a Justiça canônica manteve uma posição ambígua, vinculada como se achava ao princípio «*Ecclesia abhorret sanguine*», à Igreja repugna verter sangue. Sobre a legitimidade da punição capital, foram divergentes as opiniões dos papas, dos doutores, das autoridades religiosas. Sobretudo nos primeiros séculos, essa pena era rejeitada, como contrária ao espírito cristão. Aos poucos, todavia, razões de ordem prática, ou de proteção social, acabaram convencendo da necessidade de apoiá-la, desde que aplicada pelo Estado. Defenderam-na, nesses termos, Santo Agostinho e São Tomás de Aquino. Assim, chegou a Igreja a uma solução conciliatória: ela não pronunciava a pena máxima; limitava-se a afirmar a existência do crime que a merecia e a inutilidade dos seus esforços para obter o arrependimento do culpado. Isso feito, entregava o réu à Justiça comum, ou seja, ao braço secular, que iria executá-lo.

3. Regras processuais

Em matéria de regras processuais, o Direito Canônico evoluiu paralelamente à Justiça comum, que examinamos no capítulo I, ambos se influenciando mutuamente.

Os tribunais eram presididos por um bispo ou por um seu delegado. Houve, de início, o sistema acusatório, em que a instauração da causa dependia da presença de alguém que a reclamasse. No século XIII, todavia, Inocêncio III acrescentou dois outros modos de se abrir um processo: o inquérito e a denúncia. Esta última consistia na delação do delinquente ao juiz, feita por qualquer pessoa, que se conservava no anonimato. Como assinala João Mendes de Almeida Jr. (*op. cit.*, pág. 77), «a denúncia foi o refúgio dos fracos contra a prepotência dos senhores feudais», porque aqueles podiam reclamar contra os abusos destes, sem temer vinganças e opressões.

Para pôr um paradeiro aos desmandos do clero, que muito haviam aumentado, surgiu também o procedimento por inquérito, ou *per inquisitionem*. Dava-se a abertura do processo pelo próprio juiz, de ofício, após investigações que haviam levado à descoberta de um crime, ou quando este se revelava como notório, ou era apontado pelo clamor público. Começou tal sistema restrito aos abusos do clero, aplicou-se depois ao crime de heresia e, por fim, se tornou a regra no foro eclesiástico. Tinha como características o processo escrito e secreto, a importância da confissão do acusado e a plena liberdade do juiz para iniciar e conduzir a acusação.

4. Adoção da tortura

Conforme atestam inúmeros documentos, a antiga Igreja sempre foi radicalmente hostil à utilização de violências nas investigações criminais. Muito citada é a carta que o Papa Nicolau I escreveu, no ano 866, a Bóris, príncipe da Bulgária: «Eu sei que, após haver capturado um ladrão, vós o exasperais com torturas, até que ele confesse, mas nenhuma lei divina ou humana poderia permiti-lo. A confissão deve ser espontânea, não arrancada»; e advertiu: «Se o paciente se confessa culpado sem o ser, sobre quem recairá o pecado?»

No século XIII, porém, em meio ao calor da luta contra heresias fortemente daninhas, que cumpria combater com rigor, ingressou a tortura nos domínios da Justiça religiosa. Autorizou-a o Papa Inocêncio IV, em 1252, através da bula *Ad extirpanda*. Esse recurso já se tornara usual no Direito comum, de sorte que, observou-se, seria injustificável conceder tratamento privilegiado aos hereges. Se, ponderou o Papa, tal medida se aplica aos ladrões e aos assassinos, o mesmo deverá ocorrer com os hereges, que não passam de ladrões e assassinos da alma. Igual permissão foi dada por outros atos pontifícios posteriores, notadamente de Alexandre IV, em 1259, e de Clemente IV, em 1265.

Daí por diante, o Direito Canônico acolheu pois a tortura, mas algumas cautelas foram prescritas: ela não deveria pôr em perigo a vida e a integridade física do paciente; vedada era a efusão de sangue; um médico devia estar presente; somente podia ser aplicada uma vez, jamais reiterada; a confissão por meio dela obtida apenas valeria se depois livremente confirmada. Condições muito mais suaves, portanto, do que as vigorantes na Justiça secular. O sofrimento assim produzido devia ser facilmente suportável por pessoas normais; mas seguramente terá havido excessos, por parte de juízes zelosos demais.

O fato da aceitação da tortura é inegavelmente desconcertante, embora seja forçoso reconhecer que a atitude da Igreja possui fortes circunstâncias atenuantes.

Durante muitos séculos, após a queda do Império Romano, o Direito laico desconheceu os suplícios como instituição oficial, o que não significa contudo sinal de brandura. Ninguém negará que as práticas punitivas dos povos chamados «bárbaros» fossem violentas, e outro tanto terá ocorrido no regime feudal onde, excetuadas as castas superiores, o homem comum ficava inteiramente entregue aos caprichos do seu senhor, sem forma nem figura de Juízo. Dentro desse antigo Direito, tosco e empírico, apenas inexistia a tortura institucionalizada, mas os métodos repressivos eram brutais.

A partir do século XII, no entanto, quando os Estados se foram organizando melhor e adotaram o sistema processual inquisitivo, em que avultava a importância da confissão do réu, já sabemos que os tormentos entraram plenamente nas lides judiciárias seculares. Por influência do Direito romano, eles se tornaram um expediente normal, banal, previsto e disciplinado nas leis. Conforme expusemos no Capítulo I, a tortura passou a ser encarada com absoluta naturalidade, como algo indispensável à boa ministração da Justiça e à tutela do bem comum. Ninguém a impugnava, os mais prestigiosos jurisconsultos a defendiam e a recomendavam. Os juízes, as classes cultas, o inteiro povo a aceitava pacificamente, como legítima, e ela era ademais compatível com a severidade das penas e com as rudes condições de vida então existentes.

Diante desse panorama e preocupada com o alastramento de heresias, a Igreja se deixou influenciar. Enquanto sociedade de homens, ela fica sujeita aos costumes vigentes, naquilo que não contrariem as verdades essenciais da doutrina cristã[2]. Afinal, seus membros estão imersos no mundo em que vivem e forçosamente adotam seus sentimentos e seus hábitos. A par disso, o problema com que se defrontava a Igreja tornou-se muito sério: por mandato divino, cabia-lhe o dever de lutar pela salvação eterna do seu rebanho, defendendo-o contra erros

---

(2) É o que sucedeu também com a escravatura, que existiu sempre, desde os mais remotos tempos, só vindo a desaparecer recentemente, quase em nossos dias. Sendo uma instituição tradicional, comum, que se reputava indispensável, a Igreja a tolerou. De São Paulo, por exemplo, cf. Ef 6, 6-9; Col 3, 22-25; Flm. Os apóstolos mais se importaram com a servidão espiritual ou moral do que com a física. Cabe porém dizer que o cristianismo estabeleceu princípios que fatalmente eliminariam a escravidão.

que, apesar de perniciosos, eram, por vezes, muito atraentes. Animava-a absoluta fé nessa missão. Heresias tenazes entretanto se infiltravam sorrateiramente, minando a autoridade eclesial e dissolvendo a unidade religiosa do povo. Como advertira São Tomás de Aquino, os hereges são como os delinquentes que passam moeda falsa.

O herege procura ser sempre astuto, não revela o seu desvio, e este se torna geralmente difícil de descobrir, porque escondido no íntimo da pessoa. Imperioso era pois a Justiça obter a confissão. Difícil se torna para nós hoje decidir retroativamente, dentro da formação mental daquela época, como caberia ao dever de caridade resolver este dilema: deixar o herege impune, para que continuasse a disseminar o mal, e, com essa omissão, arríscar-se a perder incontáveis cristãos; ou extorquir-lhe pela força o reconhecimento do seu crime, a fim de tentar corrigi-lo, e, se isso não fosse possível, eliminá-lo para o bem do povo.

Não nos olvidemos outrossim de que no Direito Processual comum da época vigorava o princípio da presunção de culpa (Cap. III, nº 3): o réu, pelo só fato de ser réu, era tido como culpado, enquanto não sobreviesse uma eventual decisão absolutória. Os tribunais eclesiásticos, portanto, seguindo a mesma regra, ao lidarem com algum acusado de heresia partiam do pressuposto de ser verdadeira essa imputação. Logo, ficava mais fácil admitir que esse homem podia ser levado à tortura, visando a confissão, mesmo porque o sofrimento assim infligido era insignificante diante da brutal pena que seria depois imposta pelas autoridades civis, a de morte na fogueira.

5. Confluência de jurisdições

A leitura deste capítulo e do que o precede mostra que tanto a Justiça secular como a eclesiástica se ocupavam dos mesmos assuntos, ambas prevendo iguais crimes, comuns e religiosos.

Disso decorreram inúmeros problemas de conflitos de competência, cujas soluções variaram, mormente na dependência da maior ou menor submissão do Estado ao poder da Igreja. Com frequência, o conflito de jurisdições se resolvia pela regra da prevenção: o tribunal que primeiro instaurasse um processo se tornava responsável pelo caso.

A Igreja reivindicou sempre a sua autoridade exclusiva para conhecer de acusações envolvendo clérigos, tanto nos crimes religiosos como nos comuns. Referem os historiadores que muitos bandidos, por isso, se faziam tonsurar, a fim de escaparem da Justiça laica, muito mais severa, e passarem à alçada da religiosa, de maior brandura.

Sempre que pôde, a Justiça canônica pretendeu também que fossem deixados a seu cargo vários crimes praticados por leigos, principalmente aqueles que atingiam a Igreja ou a fé e alguns de natureza mista, que a interessavam maiormente; ou seja, certos atos que, ademais de ilícitos, constituíam grave pecado: delitos carnais em geral, usura, etc.

Muito encontradiça foi também esta solução: o tribunal eclesiástico fazia o processo e proferia a condenação, impondo ao réu uma sanção espiritual; e o transferia a seguir à Justiça do Estado, para que esta aplicasse, em acréscimo, as próprias penas. Tal sucedia, por exemplo, nas hipóteses em que o crime merecia a pena de morte, inexistente no arsenal repressivo da Igreja. Sendo o réu um clérigo, podia-se recorrer a fácil artifício: primeiro, a Justiça eclesiástica lhe impunha a degradação, fazendo-o retornar à condição de leigo, com o que se via livre para o encaminhar depois às autoridades civis.

Vários delitos de natureza religiosa exigiam, praticamente, essa conjugação de trabalhos entre as duas Justiças. Eloquente exemplo é o da heresia. Somente a Igreja, jamais o juiz leigo, possui competência para dizer se determinada doutrina é ou não herética. De conseguinte, o julgamento do caso lhe havia forçosamente de caber. Afirmada então por ela a existência do crime, o culpado passava ao tribunal comum, para receber os castigos previstos na legislação estatal.

Em Portugal, as Ordenações Filipinas foram explícitas nesse sentido, dizendo no Livro V, Título I: «*O conhecimento do crime de heresia pertence principalmente aos Juizes Ecclesiasticos. E porque elles não podem fazer as execuções nos condenados no dito crime, por serem de sangue, quando condenarem alguns herejes, os devem remetter a Nós com as sentenças que contra elles derem, para os nossos Desembargadores as verem; aos quaes mandamos, que as cumpram, punindo os herejes condenados, como per Direito devem*».

Aqui está, pois, o ambiente jurídico em que nasceu e atuou a Inquisição: religião oficial, apoiada pelo Estado; consequentemente, existência, no Direito Penal comum, de crimes consistentes em ofensas à religião ou à Igreja; competência concorrente, dos tribunais seculares e dos eclesiásticos, para perseguirem os autores de tais crimes; métodos processuais e penais rigorosíssimos.

IX. Antecedentes e nascimento da Inquisição

1. Heresias no Império Romano

Nos primeiros tempos do cristianismo, a Igreja se viu a braços com a tremenda tarefa de formar sua doutrina, em meio à complexa realidade da vida. Para isso, muito necessita estudar, refletir, debater, optar entre possibilidades, para fixar, por fim, a orientação certeira. Ao mesmo tempo que ela busca construir, movimentos heterodoxos entretanto a perturbam.

Como assinala Daniel-Rops (*L'Église des Apôtres*, op. cit., pág. 523), «por mais longe que remontemos na história do cristianismo, encontraremos sempre heresias e cismas. Quer se tratasse de interpretações errôneas dos dogmas e dos dados da Revelação, quer de tendências morais aberrantes ou ainda de cisões provocadas por personalidades fortes mas perdidas no seu orgulho, a verdade é que foram numerosos, muito numerosos, esses despedaçamentos, alguns dos quais deixaram cruéis cicatrizes no corpo da Esposa de Cristo».

Já em Roma surgiram desvios, alguns restritos, outros amplos e duradouros. Dentre os principais, destacam-se, no início do século II, o gnosticismo, a que se seguiu a corrente chamada montanista; no século III, o maniqueísmo e o donatismo; o priscilianismo e o arianismo, no século IV; o pelagianismo no século V, etc. De múltiplas maneiras, criavam-se assim turbulências no cristianismo, a gerar focos de infecção. Os fanáticos que mantinham essas divergências rondavam sempre o rebanho, nele buscando ingresso para arrebatar adeptos, e a Igreja se tinha de manter vigilante.

Contra os ataques, ela utilizou a palavra, o livre debate, a persuasão, o trabalho pastoral. Os erros eram examinados e resolvidos por concílios e sínodos. Doutores, grandes vultos se destacaram nessa luta. Santo Agostinho, que chegara a aderir ao maniqueísmo, destroçou-o depois, com a veemência da sua palavra e o fulgor da sua inteligência.

Nesse ínterim, graças à conversão de Constantino (313), o cristianismo se torna tolerado em Roma e, em 380, galga o posto de religião oficial. Daí por diante, sucessivos imperadores se ocupam então do assunto, passando a punir com extremo rigor o paganismo, as heresias e, de permeio, também os judeus. O Direito romano cria a figura do crime de lesa-majestade divina, que, equiparando-se ao de lesa-majestade contra o Poder civil, vem a ser enfrentado com crescente severidade. Contra ele, as penas mais utilizadas pela legislação secular foram as de morte, de exílio e a confiscação de bens. Esses textos acabaram sendo afinal incluídos no Código Teodosiano e no Código Justiniano, vindo assim a influenciar o Direito dos séculos posteriores.

2. Idem, na Idade Média

Sem embargo, heresias, exóticas e grosseiras umas, mais refinadas outras, mas nocivas todas, prosseguem vicejando pela Idade Média, sempre com o propósito de contestar os ensinamentos e as estruturas da Igreja.

Algumas, nos séculos XI e XII, buscam total despojamento, com rejeição de todos os sinais exteriores da fé: sacramentos, hierarquia, liturgia. Igrejas são profanadas, queimam-se altares e cruzes, o clero é espancado. Outro grupo, sob a chefia de Arnaldo de Bréscia, nega à Igreja o direito de possuir bens. No ano 1025, surge na França uma seita importada da Itália, que impugna os dogmas fundamentais, acredita na eternidade da matéria e na inutilidade das boas obras. Seus adeptos, homens e mulheres, reúnem-se nos bosques à noite, suspeitando-se que aí se entreguem a toda sorte de deboches. Presos afinal, não se sujeitam à Igreja, motivo por que são por esta excomungados e, pelo rei, levados à fogueira. Um concílio em Reims, no ano 1049, se alarma diante da profusão de erros que tomam de assalto o país. No Saxe, em 1052, o imperador Henrique III enforca muitos hereges. Variadas doutrinas perigosas são importadas do Oriente e procuram firmar-se na Europa.

Em fins do século XII, importante dissidência brota em Lião, sob a liderança de um tal Pietro Valdo (ou Pierre de Vaux). São os valdenses, que pregam a pobreza absoluta e usurpam aos clérigos o direito de pregar. Fazem logo enorme sucesso, espalhando-se rapidamente por vários países. Dirigem-se então a Roma, para buscar o seu reconhecimento, mas o Papa Alexandre III os admoesta, negando-lhes o direito de divulgar suas ideias, o que eles continuam entretanto a fazer, com maior vigor. No século seguinte, nova corrente herética surge em Anvers, que põe em dúvida a eficácia dos sacramentos; organiza-se militarmente, em milícias, e assim enfrenta as autoridades civis e eclesiásticas.

Por todo canto e cada vez mais, enfim, pululam desvios religiosos, que geram perplexidade, confusão, desassossego e alarma na cristandade. A mais nefasta heresia porém foi a do catarismo, que representou sério e duradouro desafio para a Igreja. Não passou de um desdobramento do velho maniqueísmo, que existira no Império Romano. Em Roma, os maniqueus já haviam sido considerados muito perigosos, sendo por isso severamente perseguidos; mas sua doutrina permaneceu germinando no Oriente, até que, no século X, começou a retornar à Europa, sob a forma de um neomaniqueísmo. São os «cátaros» (o que significa «puros»), que no século XII já ocupam extensas regiões dos Países Baixos, Alemanha, Lombardia e, principalmente, se alastram pelo sul da França, onde passam a ser chamados de albigenses.

Defendiam uma doutrina dualística, com dois princípios ou dois deuses: um, bom, criador dos espíritos; outro, mau, criador dos corpos. Começa a humanidade quando o deus mau encerra uma parte dos espíritos em corpos, o que significa o pecado original. Os espíritos cativos recorrem todavia ao deus bom, que lhes envia um anjo sob aparência humana. É Jesus Cristo, que ensina aos espíritos os meios de libertação: jejum, abstinência total de consumir carne, pobreza, castidade, porque somente as mortificações podem conduzir à morte libertadora.

Sério inconveniente dessa seita é que levava à decomposição da sociedade. Os cátaros impugnavam o casamento, e para eles o fruto proibido, no paraíso terrestre, fora justamente o seu uso. A propagação do gênero humano constitui obra diabólica, ou seja, do deus mau, a mulher grávida possui o demônio no corpo. Pregava-se, em consequência, a abstenção da convivência entre os sexos, para as pessoas chegarem ao estado de perfeita pureza; mas, sendo evidentemente difícil a perseverança na perfeição, preveniam-se as defecções por meio de frequentes assassínios, a chamada «endura». Há quem calcule que essa prática haja vitimado mais cátaros do que toda a repressão inquisitorial contra eles exercida.

As heresias em geral, pregadas com denodo nos campos, transmitidas de aldeia em aldeia, para um povo analfabeto e profundamente ignorante, mas místico, conseguiam alcançar enorme sucesso. Desorientavam as pessoas, porque seus divulgadores repetiam os mesmos ensinamentos cristãos, apenas lhes dando conotações diferentes. Padres e nobres aderiam, o que mais ainda aumentava a confusão. Ao mesmo tempo, largas parcelas do povo, fiéis à ortodoxia, se revoltavam contra os inovadores, dando origem a desordens e lutas cruentas. Com frequência, populares se antecipavam às autoridades e faziam justiça pelas próprias mãos, matando os hereges.

Pode-se dizer que por instinto, para defender a integridade da doutrina em que se achava formado, o povo reagiu sempre com maior rapidez e violência do que as de início hesitantes autoridades eclesiásticas. Em Soissons na França, em 1120, vendo que o bispo demorava para justiçar alguns hereges, uma multidão impaciente os arrancou das suas mãos, para levá-los de imediato à fogueira. Em Colônia, na Alemanha, populares arrombaram a prisão, retiraram os cátaros que lá aguardavam julgamento e os massacraram. Um célebre herege francês, Pedro de Bruys, querendo insultar os católicos na Sexta-feira Santa de 1124, pôs carne numa fogueira que armara com cruzes de madeira. Os fiéis, escandalizados, o agarraram e, em lugar da carne, foi ele assado no braseiro. Casos como os aqui descritos, houve uma infinidade.

3. Reações da Igreja

As novas crenças passaram assim a minar a Igreja e o Estado, mormente a do catarismo, que muito se expandia, investindo contra os Poderes civil e religioso. A Igreja, durante bastante tempo e fiel à sua tradição, procurou manter-se à margem das violências, restringindo-se aos meios suasórios, de catequese, e recomendava compaixão para com os culpados, enquanto as autoridades leigas se mostravam crescentemente inquietas.

Na Inglaterra, não houve meias medidas: quando um grupo de cátaros lá desembarcou em 1160, foram todos logo presos, marcados a ferro incandescente e expulsos da ilha. Sumariamente afastou-se pois o problema, de tal sorte que, nesse país, inexistiram tribunais de Inquisição durante toda a Idade Média.

No continente europeu, ao inverso, a questão continuou insolúvel. São Bernardo, enviado a Colônia e à França meridional para atrair os revoltosos, é repelido e suas missões fracassam. Sínodos e concílios se reúnem para debelar o mal, também sem êxito. Os cátaros evoluem na arrogância. Em 1167 (ou 1170), realizam um concílio na França, trazendo seu «papa» de Constantinopla, para reforçar a comunidade dos fiéis, criam dioceses e designam bispos para dirigi-las.

Aos poucos, diante do agravamento do mal, os governantes começam a sentir a sua impotência para resolvê-lo, e a Igreja se convence da necessidade de providências mais sérias, para opor um dique à maré montante. Os cátaros-albigenses promovem incêndios e saques. Luís VII, da França, em 1162 escreve ao Papa Alexandre III pedindo apoio: «V. Sabedoria preste atenção toda particular a esta peste (albigenses em Flandres) e a suprima antes que se possa agravar. Eu vos suplico pela honra da Fé cristã, dai nesta causa toda a liberdade ao Arcebispo (de Reims), ele destruirá aqueles que assim se levantam contra Deus, sua severidade justa será louvada por todos os que, neste país, estão animados de genuína piedade. Se Vós agirdes de outro modo, os murmúrios não se aquietarão e desencadeareis contra a Igreja Romana as veementes censuras da opinião». Como se vê, a Santa Sé ainda titubeava em usar de energia.

No terceiro Concílio de Latrão (1179), atitudes rigorosas passam a ser recomendadas pela Igreja e, em virtude disso, se organiza uma expedição repressiva ao Sul da França, a qual deu entretanto mui fracos resultados. Outras reações se seguem porém. Em 1184, num concílio de Verona, o Papa Lúcio III e o imperador Frederico I deliberam unificar a repressão na península italiana. Variados hereges são excomungados (cátaros, valdenses, arnaldistas, etc.) e concitam-se os bispos a prosseguirem com medidas punitivas, impondo aos culpados que apanhassem a excomunhão e os transmitindo depois às autoridades civis, para que estas acrescentassem as penas de Direito comum. A par disso, aquele pontífice, lembrando a parábola evangélica

IX. ANTECEDENTES E NASCIMENTO DA INQUISIÇÃO

do banquete e a famosa divisa *compelle intrare*, começa a delinear as bases ideológicas e jurídicas que se firmaram depois na Inquisição: colaboração entre a Igreja e o Poder laico, dever imposto aos fiéis de denunciar hereges, aplicação a estes da confiscação de bens e perda de direitos civis, etc.

Em Aragão, na Espanha, cujos domínios abrangiam também a Catalunha e parte da França, graças aos esforços do Papa Celestino III e dos reis Afonso II e Pedro II, grande ofensiva é lançada principalmente contra os valdenses. Obrigam-nos a deixar o reino dentro de certo prazo, findo o qual qualquer pessoa poderá castigá-los, exceto com mutilações e morte.

Pouco após, em 1199, Inocêncio III dirige aos católicos de Viterbo a célebre decretal *Vergentis in Senium*, onde alimenta a ideia de rigor, ponderando: «Consoante as sanções legais, os culpados do crime de lesa-majestade são punidos com a pena capital, seus bens são confiscados e só por misericórdia a vida é deixada aos seus filhos. Com mais forte razão, aqueles que, rejeitando sua fé, ofendem Jesus Cristo, Filho de Deus, devem ser excomungados e destituídos dos seus bens, pois é mais grave ofender a majestade eterna do que a majestade temporal». Ressalva porém a clemência com que devem ser tratados os que se arrependem. No ano seguinte, o mesmo papa se preocupa com o Sul da França, onde, diz ele, os clérigos são insultados sem pudor, a insolência cresce, a imoralidade campeia, cristãos guerreiam cristãos, os bispos a tudo fecham os olhos, jovens sem preparo são ordenados e recebem dignidades eclesiásticas.

O problema nessa região continuou todavia aceso, com apoio de alguns nobres. Por isso, Inocêncio III volta a dele se ocupar e, em 1209, organiza nova cruzada contra os albigenses, que obtém relativo êxito, queimando inúmeros hereges e confiscando os bens dos culpados. Alguns anos depois, em 1215, o quarto Concílio de Latrão procura garantir os resultados assim obtidos e determina aos bispos franceses uma série de medidas coercitivas. Periodicamente, eles deveriam instalar seus tribunais nas localidades mais atingidas, convidando a população a denunciar as pessoas suspeitas de heresia, a fim de que a Justiça delas cuidasse.

4. Nascimento da Inquisição

Diante das insuficiências do clero secular para o combate, começou-se a recorrer aos frades. São Domingos de Gusmão veio a ser incumbido de algumas missões e por volta de 1216 Inocêncio III lhe entregou a presidência de um tribunal. Assim é que, aos poucos, foi nascendo o que se passou depois a designar pela palavra «Inquisição». Como instituição oficial e permanente para toda a Igreja, no entanto, esta somente se consolidou em 1231, por bula do Papa Gregório IX.

Antes disso, em 1229, suas estruturas se delinearam num concílio realizado em Tolosa. Dispõe-se que todos os fiéis devem prestar juramento, cada dois anos, de renúncia a tudo o que se oponha à fé da Igreja romana. A recusa ao juramento significa heresia. Os hereges que desejam abandonar espontaneamente seu erro devem trazer duas cruzes de pano colorido costuradas nas vestes e sofrem incapacidades até chegarem à completa reconciliação. Os que não renunciam espontaneamente devem ser mantidos presos incomunicáveis e alimentados nos termos que se encontram em Isaías 30, 20: *O Senhor vos dará um pão apertado, e água pouca.* Recebem visitas apenas do cônjuge e de um membro do Tribunal, que procura convencê-los à emenda. Aos irredutíveis, o braço laico imporá a pena capital.

Começou o Tribunal do Santo Ofício na França e passou depois a outros países europeus. Na Alemanha, um decreto imperial de 1232 o estendeu a todo o Império; chegou à Itália, à Boêmia, à Hungria, etc., e, também, entrou na península ibérica.

Através da Inquisição, unem-se mais fortemente os dois Poderes e reafirma-se a doutrina política baseada na ideia das «duas

IX. ANTECEDENTES E NASCIMENTO DA INQUISIÇÃO

espadas»: a da Igreja e a do rei, delegadas ambas por Deus para o exercício da autoridade nas duas esferas, espiritual e temporal, com supremacia da primeira. Tanto a Justiça comum como a canônica devem trabalhar conjugadamente, somando esforços no sentido de manter a fé, a ordem e a moralidade públicas.

Com isso não houve, em verdade, qualquer mudança substancial, mas somente ficou reforçada uma realidade preexistente. Há alguns séculos já os tribunais da Igreja vinham aplicando seu Direito Penal Canônico a variados crimes, comuns e religiosos, em estreita união com a Justiça do Estado, cujo Direito Penal também punia equivalentes infrações. O mesmo sistema prosseguiu vigendo na Inquisição, com a qual a Igreja apenas buscou obter maior eficiência da sua Justiça, com regras mais severas.

Diante do fortalecimento de heresias cismáticas, os tribunais diocesanos que até então existiam se mostravam impotentes. Os bispos, que os chefiavam, viviam sobrecarregados com múltiplos afazeres, trabalho pastoral, funções administrativas, disciplina do clero, etc. Em sobrecarga, cabia-lhes ainda se ocupar da Justiça canônica, onde tramitavam variadas questões, tanto civis como penais.

Ora, num momento tão grave para a vida da Igreja, entendeu-se preciso reforçar suas defesas contra as investidas que vinha sofrendo. Por isso, as tarefas que se tornaram específicas da Inquisição passaram a ser subtraídas à Justiça Canônica tradicional e confiadas ao clero regular: primeiro, aos frades pregadores, os dominicanos; depois, também à Ordem de São Francisco. Durante algum tempo ainda coexistiram as duas jurisdições sobre as mesmas matérias, a dos bispos e a dos delegados papais, mas aos poucos esta última, muito mais ágil e eficiente, se tornou exclusiva nos assuntos que lhe competiam.

No começo, cada tribunal seu funcionava de modo autônomo nas regiões em que se instalava. Logo sentiu-se porém a necessidade de um órgão superior, que centralizasse os trabalhos, decidisse recursos e resolvesse dúvidas. Assim, em 1263, o Papa

Urbano IV nomeou João Caetano Ursino para as funções de Inquisidor Geral. O cargo continuou até 1542, quando Paulo III o aboliu, confiando suas atribuições à Inquisição romana.

Nos primeiros decênios do século XIII, portanto, passou a atuar a Inquisição medieval, que se encerrou no século XV. A partir daí a instituição foi declinando na generalidade dos países, exceto na península ibérica, onde, ao contrário, adquiriu novo alento. Entre os assuntos principais que ficaram a seu cargo estavam a heresia, a apostasia, o cisma, o sacrilégio, a bruxaria.

X. Exame crítico da Inquisição

1. Interesse que o tema desperta

A Inquisição constitui assunto de eterno interesse, que até hoje continua despertando apaixonados debates. Tentou-se já o levantamento das obras por toda parte sobre ela publicadas, mas a pesquisa é difícil e precários os números apresentados. Basta sabermos que há alguns milhares de trabalhos dedicados ao seu estudo e que, para lê-los todos, não seria suficiente a inteira vida de um homem.

A história autêntica, ou oculta, da tenaz campanha acusatória de que foi sempre objeto talvez nunca seja por inteiro desvendada; o certo é que a preocupação de atacá-la traz, subjacentes, variáveis mas fortíssimos interesses políticos, econômicos e religiosos. Nas investidas se congregam os protestantes, os judeus e correntes de pensamento que chamaremos de «liberais», com múltiplos matizes, orquestrando todos formidável montagem propagandística, que atravessa os séculos. O público, ávido de mistérios e de narrativas escabrosas, se deixa envolver, mesmo porque é fácil despertar nas pessoas a simpatia pelos perseguidos de qualquer espécie, cujos sofrimentos são exaltados. A Inquisição se tornou assim um arquétipo, um símbolo universalmente aceito de intolerância, prepotência, crueldade; e a ela ficou sobretudo ligada, de modo indissolúvel, à Espanha: quando se fala naquela, todos logo pensam nesta, como reflexo condicionado.

A ofensiva principiou no século XVI, quando esse país se converteu na maior potência mundial, quando Espanha e Portugal dominaram o comércio marítimo, fundaram imensos impérios coloniais e buscaram o monopólio das riquezas. Tal hegemonia despertou a cobiça dos protestantes, tendo à frente a Holanda, que ansiava por assenhorear-se do tráfico internacional. A propaganda desmoralizadora foi uma das grandes armas utilizadas: valendo-se da imprensa recém-inventada, os protestantes inundaram a Europa de livros e panfletos, todos insistindo em denegrir a imagem dos papas, da Igreja e dos católicos ibéricos. O combate foi engrossado pelos anglo-saxões, logo que ambicionaram o domínio do mundo. A técnica utilizada para atacar o catolicismo foi sempre a mesma: o *leitmotiv* era a figura de uma Espanha dirigida pelo clero, por isso atrasada, obscurantista e, em consequência, reduzida afinal à pobreza. Para a campanha, com muito empenho sempre contribuíram também os judeus, que se consideram grandes vítimas da Inquisição.

Esse clima, cuidadosamente preparado, recebeu mais adiante o reforço do movimento iluminista do século XVIII, o «século das luzes». Tomados de feroz anticlericalismo, os enciclopedistas franceses, com Voltaire à frente, converteram a Inquisição na sua principal arma de combate à Igreja. Tratava-se, diziam, de instrumento de opressão contra as liberdades individuais, manejado por um clero fanático e corrupto, desejoso de manter o povo na ignorância e que se impôs pela tortura. Aludem a «esse terrível tribunal que julga os pensamentos dos homens» (*Encyclopédie* cit., tomo VIII, pág. 773); e completam: «Por acréscimo é um padre; é um monge, dedicado à caridade e à doçura, que faz aplicar a homens, em vastos e profundos calabouços, torturas as mais cruéis» (*ibidem*, pág. 775).

X. EXAME CRÍTICO DA INQUISIÇÃO

As mesmas ideias, as mesmas palavras, idênticos chavões continuaram sendo utilizados, como num cantochão, com infatigável insistência pelas correntes liberais do século XIX e chegaram até nossos dias. Reproduzem-nos todos os adversários da Igreja: os que se intitulam «homens arejados», porque adeptos da liberdade de pensamento e inimigos de qualquer censura; os ateus, os materialistas, os agnósticos, os comunistas, porque se opõem a qualquer religião institucionalizada.

Cumpre não esquecer também a relevante contribuição moderna de certos psicanalistas que se servem da Inquisição, da tortura, da crença nos demônios, do papel da mulher, do combate às bruxas, etc., para investirem contra a Igreja. Sobranceiros em sua linguagem empolada e quase impenetrável, esses novos críticos não alcançam a dimensão sobrenatural dos problemas e ignoram o fato da divindade de Cristo.

Hoje, muito tempo já passou desde aqueles recuados séculos em que a Igreja detinha poder de vida e de morte sobre as pessoas, tudo está mudado, o mundo é outro, problemas novos surgiram, de sorte que o estudo da Inquisição deveria ter perdido quase todo o interesse; mas, curiosamente, ela permanece viva, a produção bibliográfica que lhe é dedicada mantém-se abundante, editam-se obras novas e reeditam-se as antigas. Na medida em que sentem o catolicismo indestrutível, os adversários procuram, na Inquisição, o seu «calcanhar de Aquiles» e se unem para não deixarem o assunto perecer. Com o Tribunal do Santo Ofício, a Igreja pretendeu defender a própria integridade. Paradoxalmente, no entanto, o efeito se tornou depois inverso, e o fato de ter existido esse tribunal se acabou convertendo na mais possante máquina de guerra contra ela dirigida.

Estudiosos católicos já reiteradamente colocaram os acontecimentos históricos em suas corretas dimensões, já tudo explicaram, já reconheceram humildemente os erros e os excessos praticados pela Inquisição; o que todavia pouco ou nada adianta, porque o que os detratores objetivam é justamente o escândalo; há interesse em manter vivo o arquétipo, e as mesmíssimas críticas são reiteradas à exaustão, como se jamais tivessem sido respondidas.

Assim, os debates seguem contundentes, apaixonados, insolúveis. Para suscitar revolta e angústia nos leitores, utilizam-se expressões muito fortes, argumentos *ad terrorem*, com extrema agressividade. Masmorras, suplícios, fogueiras... Um escritor atual resume a Inquisição nestes termos: «Tribunais secretos, com julgamentos arbitrários e sem recurso, baseados em depoimentos de testemunhas sem rosto, encarniçados em destruir vidas humanas para castigar pretensos crimes, quase sempre de essência religiosa, e dos quais cabia frequentemente ao acusado adivinhar e definir ele próprio a natureza» (Frédéric Max, *op. cit.*, pág. 11). Ou então se opta pelo artifício da manhosa ironia: «Em presença de excessos cometidos outrora pelo partido ao qual aderimos, a técnica muito simples consiste sempre em denegrir as vítimas, de uma parte, de outra em assegurar que os suplícios eram necessários à boa ordem, menos numerosos aliás do que se diz, e conformes ao espírito dos tempos [...]. Esse tipo de apologética não é especial dos defensores dos crimes papistas aqui e "parpaillots"[1] acolá: os fanáticos e os aproveitadores de ideologias em nossos dias não sentem diferentemente» (Marguerite Youcenar, *Archives du Nord*, Ed. Gallimard, 1977, págs. 53-54).

A comprovar o nível baixíssimo atingido por alguns detratores, há os que chegam até mesmo à desonestidade intelectual de equiparar a Inquisição católica às façanhas do nacional-socialismo germânico das décadas 1930-1940, fingindo não perceber a óbvia e abismal diferença que os separa. Na Alemanha nazista, não nos olvidemos, sob a liderança de um desequilibrado mental, montou-se a farsa da «raça superior», que se autoatribuía o direito de escravizar ou, quando isto melhor conviesse, exterminar os «povos inferiores», pelos quais

---

[1] Antiga designação injuriosa dada aos protestantes franceses. A palavra vem de *papillon*, borboleta.

nutria o maior desprezo; e milhões de seres humanos foram estupidamente assassinados. O cristianismo, inclusive durante a Inquisição, sempre viu os homens como essencialmente iguais entre si e merecedores de total respeito, porque todos criados à imagem e semelhança de Deus.

Verifica-se enfim que, «desde seu estabelecimento, a Inquisição fascina e perturba – não tanto pelo que ela foi "realmente" (e que durante muito tempo foi mal conhecido), mas pelo que o inconsciente coletivo quis ver unicamente nela: uma instância de tortura e de morte, um elemento de repressão ideológica a serviço de todos os totalitarismos, religião e aparelhos do Estado» (Jean-Pierre Guicciardi, *op. cit.*, pág. 7).

2. Acusações à Inquisição

Em meio a tão confuso cipoal de ideias, devemos procurar orientar-nos e encontrar equilíbrio. Apresenta-se induvidoso o fato de que a Inquisição foi opressora, violenta, e nisso possuem inteira razão seus acusadores. São todavia especialmente delicadas as situações em que uma posição doutrinária se assenta em bases corretas, mas depois se desgarra, cumprindo então verificar em que ponto do caminho ela deixou de estar com a verdade.

Comecemos lembrando que constitui erro crasso, se não má fé, julgar, à luz das circunstâncias atuais, um episódio histórico que viveu sob o domínio de outras circunstâncias, subjetivas e objetivas, totalmente diferentes.

Em trabalhos recentes, lemos que a Inquisição reduziu todo o povo a uma «escravidão moral e intelectual»; acusam-na de «dogmatismo», de «patrulhamento ideológico», de «manipuladora de consciências», de se arrogar a posição de «única detentora da verdade»; e nesse tom segue todo um palavreado que faz sentido hoje, mas que deve ser utilizado com muito comedimento e sob outros enfoques nas antigas épocas em estudo.

Concomitantemente, colore-se um quadro brutal, de imensa impiedade da Igreja para com os «perseguidos». Esse quadro de crueldades, retirados os contornos, ou a moldura, em que ele esteve no seu tempo inserido, extraído do mundo em que existiu, para ser transportado, isoladamente e em bloco, para os nossos dias, tão diferentes, há de forçosamente causar funda repulsa. Choca, às consciências atuais, guiadas por novos padrões, que a Igreja haja feito o que fez. Consoante proclamam em acréscimo seus adversários, ela, plena de malícia, o que em verdade buscava, através das violências, eram o poder político e a riqueza. As palavras dirigidas ao clero, que mais aparecem nas críticas, são «venalidade», «corrupção», «luxúria». Para alcançar seus torpes objetivos, continuam, a Igreja extorquia dinheiro dos infelizes que lhe caíam sob as garras; prendeu, coagiu, supliciou, queimou, massacrou muitos milhares de inocentes, cujo único «crime» consistiu em dela divergirem e desejarem respirar num sadio clima de liberdade de opções. Explica-se que o simples nome «Inquisição», a lembrar masmorras, autos-de-fé, dor, procedimentos secretos, etc., já bastava para causar imenso terror, pondo as pessoas em fuga. Apenas se concede, benevolamente, que tudo isso somente pôde ocorrer porque «os tempos eram severos».

Veja-se esta absurda imagem, recendendo a intriga, que apresenta certo historiador norte-americano protestante: «Quando um herege não se deixava persuadir, Domingos, como todos os outros missionários zelosos dessa época, vinha alegremente tomar lugar ao pé da fogueira crepitante»[2].

As descrições inflamadas que os inimigos da Igreja costumam apresentar, espantam, atemorizam, mas logo produzem

---

(2) H.-C. Lea, *Histoire de l'Inquisition au Moyen-Age*, I, pág. 340. O personagem assim irreverentemente tratado, que «se alegrava» com o sofrimento alheio, foi um santo, foi o fundador da respeitável Ordem dos frades pregadores, que até hoje ostenta o seu nome. Henri-Charles Lea (1825-1909) é uma figura curiosa. Rico editor em Filadélfia, enviou assistentes à Europa, a fim de colherem material de estudo, com base no qual ele escreveu alentadas obras de feroz combate à Igreja.

desconfiança, na exata medida do seu exagero. Afinal, refletimos, a Inquisição atuou, com maior ou menor vigor, durante alguns séculos e em vários países; dirigiram-na, fiscalizaram-na, nela trabalharam séries incalculáveis de papas, cardeais, bispos, frades, clérigos em geral, servidores leigos; apoiaram-na, em seu tempo, santos, doutores da Igreja, homens puros, homens sábios, que lhe presenciavam o comportamento. Ora, se, como se faz, destacarmos a Inquisição do seu ambiente, da cultura em que esteve imersa, se a divorciarmos dos costumes então vigentes e dos esquemas mentais que a inspiraram, para julgá-la apenas com os critérios e o espírito da atualidade –, a inevitável conclusão só pode ser esta: toda a multidão que manteve e apoiou o Santo Ofício, durante séculos, teria necessariamente de ser formada por pessoas desonestas, sádicas, quiçá psicopatas.

Chegados a esse ponto, sentimos porém que alguma coisa aí soa falso, não pode estar certa. O tema, tão fascinante, deve ser apreciado com serenidade, na busca de compreensão, equilíbrio, e colocado no mundo que lhe foi próprio.

Antes de enfrentá-lo, será bom deixar acertados alguns pontos preliminares. Primeiro, precisamos evitar o erro tão frequente de tratar conjuntamente a Inquisição que atuou na península ibérica e a de outros países. Na Espanha e em Portugal, houve componentes muito especiais, geradores de maior exacerbação dos ânimos, o que aconselha o seu estudo em separado.

Convém outrossim arredar o debate, totalmente despiciendo, que consiste em saber se o Santo Ofício resvalou ou não para excessos. É inegável que excepcionalmente sim, em meio às paixões que o envolveram, do mesmo modo que é verdade ter havido autoridades eclesiásticas fracas, algumas que se deixaram influenciar por governantes inescrupulosos, outras que agiram movidas por maus interesses políticos ou econômicos. O grande problema da Igreja foi ter posto em ação uma máquina repressiva que acabou por tornar-se poderosa, imensa e, de conseguinte, muitas vezes incontrolável. Havia sempre o perigo, por parte de inquisidores mais exaltados, do seu ódio à heresia transformar-se em ódio ao herege. Por acréscimo, a precariedade dos meios de comunicação muito dificultava a fiscalização do que se passava nas inúmeras cortes inquisitoriais. Juízes houve que se deixaram arrastar por pressões locais. A História menciona vários casos em que bispos e inquisidores se rebelaram contra as exigências pontifícias de moderação, desobedecendo-as. Ao mesmo tempo é igualmente certo ter havido multidões de juízes e servidores inquisitoriais que se comportaram com o maior escrúpulo.

Tenhamos presentes as judiciosas palavras de Jean Guiraud: ao lado de juízes violentos e cruéis, «havia grande número deles que, tendo sempre Deus diante dos olhos, *habentes Deum prae oculis* como diziam certas sentenças, se davam perfeitamente conta da gravidade e das pesadas responsabilidades do seu ministério. Padres ou monges, agindo pela glória de Deus e pela defesa da verdade, movidos por razões de ordem sobrenatural, detestavam a heresia, mas estavam plenos de misericórdia pelos acusados. Condenar um inocente lhes parecia uma monstruosidade e, como lhes recomendavam os papas, só pronunciavam sentença de condenação quando a culpabilidade não deixava em seus espíritos qualquer dúvida. Reconduzir à ortodoxia um herege era para eles grande alegria e, em vez de o livrar ao braço secular e a uma morte que suprimia toda esperança de conversão, prefeririam aplicar penitências canónicas e penalidades temporárias, que permitiam ao culpado corrigir-se. Esses sentimentos são com frequência expressos nos manuais dos inquisidores e nos possibilitam apreciar a boa fé, a consciência, a retidão e mesmo a caridade de vários dentre eles» (*op. cit.*, cols. 866-7). Os críticos de um olho só, isso, entretanto, não querem ver.

O exame metódico das críticas à Inquisição se deve bipartir em dois aspectos: a posição ideológica que a animou, a qual examinaremos a seguir; e os procedimentos utilizados, o que será objeto dos dois próximos capítulos.

3. Fé da Igreja em sua missão

Não será possível entendermos a Inquisição sem partir da ideia de que a Igreja se acreditava investida de uma missão divina. Jesus Cristo, Deus Filho, veio ao mundo para revelar a verdade e o caminho. Fundou a Igreja, designou o primeiro pontífice e determinou aos apóstolos que divulgassem a Boa--Nova por todos os povos. *Tu és Pedro, e sobre esta pedra edificarei a minha Igreja, e as portas do inferno não prevalecerão contra ela. E eu te darei as chaves do reino dos céus* (Mt 16, 18-19).

A quem faltar a compreensão dessa fé absoluta, dessa dimensão sobrenatural do problema, somente restará pensar, de modo rasteiro, numa Igreja soberba, intransigente, feroz, movida por mesquinhas preocupações terrenas, políticas e econômicas.

Gravíssimo dever havia portanto de transmitir a todos os homens a mensagem de Cristo, para que se pudessem salvar. Como advertiu em 1302 o Papa Bonifácio VIII, na bula *Unam Sanctam*, a todo ser humano é absolutamente necessário, para a salvação, estar sujeito ao pontífice romano. Opor-se à Igreja é opor-se a Cristo (At 9, 4) e ficar no erro. Nem todos os pagãos, reconhece a Igreja, se perderão, porque Deus gravou a lei natural no coração de cada homem. Assim, ajudados pela graça divina, os que, sem culpa, estiverem fora da Igreja, mas obedecerem à lei natural, ganharão a vida eterna. Lembrou-o Cristo: *Tenho também outras ovelhas, que não são deste aprisco*; mas, ao mesmo tempo, ordenou se buscassem essas ovelhas desgarradas, para a união completa da humanidade sob a bandeira cristã: *E importa que eu as traga, e elas ouvirão a minha voz, e haverá um aprisco e um pastor* (Jo 10, 16).

Aqueles porém que, tendo conhecido a mensagem, a rejeitarem, arriscam-se a perder suas almas. Por isso os hereges e os apóstatas causavam profunda aflição à Igreja. Não só renegavam a Cristo, mas, o que é pior, arrebatavam outras ovelhas do redil, para as porem também em perigo.

Curiosamente, Jesus Cristo, durante os poucos anos de vida pública, limitou-se a exercer o ministério no restrito território do seu minúsculo país, preparando um pequeno punhado de pessoas para a abertura universal. Esta ficou condicionada ao mistério da sua morte e ressurreição: *E eu quando for levantado da terra, todas as coisas atrairei a mim mesmo* (Jo 12, 32). Daí a vocação missionária da Igreja, que a compele a buscar as nações pagãs para anunciar-lhes o Evangelho e exortar as pessoas à fé. *Ide pois e ensinai todas as gentes: batizando-as em nome do Pai, e do Filho, e do Espírito Santo. Ensinando-as a observar todas as coisas que vos tenho mandado, e estai certos de que eu estou convosco todos os dias, até à consumação do século* (Mt 28, 19-20).

Essa a visão da Igreja, obediente ao mandato divino e carregada de boa vontade. Não tem sentido, pois, e constitui atitude superficial, acusá-la de «dogmatismo», quando se preocupava em transmitir a palavra de Deus, que tudo sabe; nem imputar-lhe «intolerância» para com os que se recusavam a ouvi-la.

4. Princípio da unidade religiosa

Em meio aos escombros que restaram após a queda do Império Romano, a Igreja Católica se torna a única instituição sólida, o único refúgio para populações desorientadas e indefesas, a única fonte de cultura. Cabe-lhe assim não só traçar regras religiosas e morais, mas também organizar e orientar a vida comum das pessoas.

Conseguintemente, o princípio da unidade religiosa domina a inteira Idade Média. Sem a tutela da Igreja, os povos cristãos instintivamente sentem o *horror vacui*, o desamparo, a inexistência de pautas que os guiem. Já no capítulo V falamos da intensa religiosidade popular daqueles tempos. Basta, aliás, percorrer hoje o continente europeu para testemunharmos, em toda parte, o que foi a imensa presença da Igreja, estampada em obras de arte, em edificações belíssimas, sólidas e grandiosas. Somente esse espírito de profundo apego à fé pode explicar por exemplo que multidões de jovens, moços e moças, hajam abandonado os prazeres da vida a fim de se isolarem em mosteiros, como monges e monjas, para todo o sempre, muitas vezes em perpétuo silêncio, dedicados ao trabalho e à oração; não só, mas, o que é mais significativo ainda, essa entrega total a Deus era por toda gente aprovada e recebida com naturalidade. Pensemos também nas cruzadas, que constituíram fenômeno discutível, é exato, com sombras e luzes; mas torna-se inegável que, ao delas participarem, legiões de pessoas se dispuseram a fazer toda sorte de sacrifícios, inclusive da própria vida, em nome do cristianismo; e não lhes era possível aceitar que na retaguarda, em seus países, ficassem impunes agressores da fé pela qual se estavam batendo.

Eloquente prova aliás, nesse momento histórico, de interesse religioso foi dada pelos hereges. Diante da alternativa, que lhes era apresentada, de aderirem ao cristianismo, que era afinal a crença do seu Estado e do povo a que pertenciam, e se salvarem de graves castigos; ou manterem a fé que possuíam, e por esse motivo serem levados à fogueira, – optaram, aos milhares, pela segunda solução. Fácil até lhes seria adotar uma fórmula de compromisso, aceitando a submissão, mas se mantendo depois religiosamente indiferentes. Assim não procederam, exatamente porque o que eles não conseguiam aceitar era o ato de expressa renúncia ao credo que professavam, e a isso preferiam a morte. O acontecido demonstra três coisas: o mundo de então era muitíssimo diferente do nosso; o imenso valor que os homens comuns do povo davam à religião; a escassa importância que possuíam, naqueles rudes tempos, a morte e o sofrimento físico. Essa foi a atmosfera em que viveu a Inquisição. Quantas pessoas, na atualidade, se disporiam a aceitar a fogueira, apenas para não dizer que abdicavam da sua posição religiosa?

No século XX, torna-se incompreensível que no passado a inteira sociedade haja visto a religião com tanta seriedade. Esta «possuía a mesma importância vital que para o homem de hoje tem a ideologia política. Ou, melhor dizendo, religião e política eram então duas faces da mesma medalha» (G. Henningsen, *op. cit.*, pág. 36). A fé constituía uma força viva que realmente se imiscuía nas atividades diárias, as pessoas almejavam o céu e se amedrontavam de verdade ante a perspectiva de irem para o inferno. Hoje, se estiolou esse sentimento, não se pensa no inferno e o que os homens efetivamente temem é o fiscal do imposto de renda.

Conforme assinala H.-I. Marrou, naquela época «o problema das relações do homem com a divindade aparece como a preocupação central, a razão de ser, o eixo da vida humana». A convivência cristã se apresenta «como a forma mais alta, como a forma normal de comunidade entre os homens: daí resulta uma compenetração íntima, uma fusão, uma confusão entre a comunidade religiosa e a comunidade nacional ou social, ou digamos, de modo breve, entre a Igreja e a Nação ou o Estado. E a bom direito: se se coloca o problema religioso no centro da existência, a partir do momento em que os homens estão de acordo sobre isso, sobre o essencial, a comunidade está soldada; ao contrário, se o herege recusa a ortodoxia, como poderá ele se acomodar ainda entre aqueles com os quais, sobre o essencial, ele recusa a comunhão?» (in Jacques Le Goff, *op. cit.*, pág. 51).

5. As crenças heréticas

Quando se iniciou a Inquisição, a Igreja, proclamando-se inspirada por Deus, há já doze séculos vinha trabalhando em sua doutrina. Concílios, pontífices, grandes doutores haviam pensado e repensado os assuntos, haviam sopesado todas as possibilidades de opção e firmado a linha a seguir. São Tomás de Aquino (1225-74) assentava sólidas bases filosóficas. São Francisco de Assis (1182-1226) abrira as portas da cristandade para a alegria, a pureza, a simplicidade, o amor à natureza[3].

Ora, no momento em que, com o selo divino e após tão sério trabalho, a Igreja fixara a ortodoxia, inconcebível era que fosse condescender com dissidências rebeldes dentro do próprio coração da cristandade, em nome de uma «liberdade de pensamento» tal qual a concebemos hoje. Se se tratasse apenas de erros isolados, de casos individuais de apostasia, os tribunais diocesanos poderiam dar conta do assunto. O que passou a haver, entretanto, foram movimentos cismáticos, que atraíam massas de pessoas ingênuas, simples, e que buscavam destruir a própria Igreja e sua fé, levantando turbilhões de forças centrífugas. Se Roma cedesse, deixando livre curso a todas as heterodoxias, o número destas se multiplicaria num crescendo, e a cristandade se teria estilhaçado de modo incontrolável (como sucedeu mais tarde com o protestantismo, quando largou a âncora romana e se viu repartido em inumeráveis seitas, que proliferam incessantemente).

Examinando o ambiente da Inquisição com os olhos da atualidade, talvez tratemos com imerecida cerimônia os hereges medievais. A excelente obra *Hérésies et Sociétés*, que transcreve trabalhos apresentados por vários estudiosos em colóquio realizado sob a direção de Jacques Le Goff (*op. cit.*, *passim*), retrata esses dissidentes como indivíduos agitados, fanaticamente contestadores, que investiam contra os valores espirituais em que estavam assentados os bons costumes e a ordem pública do mundo em que viviam. Por isso, anota Le Goff (pág. 26), «nos textos da Idade Média, o herege é frequentemente indicado como um louco, a heresia é uma insânia». Consequentemente,

---

(3) Muito se assemelharam as posições de Francisco de Assis e de Pedro Valdo, que fundou a seita dos valdenses: ambos desprezaram a fortuna, optando pela pobreza evangélica, e saíram pelos caminhos a pregar; mas, enquanto o primeiro se submeteu ao papa, à hierarquia religiosa e morreu santo, o segundo preferiu o orgulho da autossabedoria, da recusa à obediência, e acabou herege.

diz outro participante do colóquio, o povo manifestava, pelas heresias, um fenômeno de intolerância, no sentido que esse termo possui no campo da Medicina: «Para os homens desse tempo, a existência no seio do corpo social de uma minoria dissidente, da heresia, provoca uma reação profunda, quase visceral, de intolerância. Não se pode senão recusar-lhe o direito à existência, procurar eliminá-la pela persuasão, se possível, pela violência, se preciso, como o organismo procura eliminar um germe nocivo» (*op. cit.*, págs. 52-53).

Tratava-se de crenças exóticas, fantasiosas, improvisadas sem qualquer base cultural séria; algumas imorais, outras anárquicas, violentas e perigosas para o bom e equilibrado desenvolvimento social. Pedro Valdo, de quem acima falamos, era um homem analfabeto que certo dia, dizendo-se presa de súbita inspiração, pôs-se a pregar em desacordo com a Igreja. Seus numerosos seguidores, homens e mulheres, reuniam-se em bandos, em total promiscuidade, procurando aliciar novos adeptos. A seu turno, os cátaros levariam ao enfraquecimento, ou quiçá ao perecimento da sociedade, porque rejeitavam a procriação humana. Na prática do que chamavam «endura» (que significa «privação»), indagavam do neófito se desejava ser um confessor ou um mártir; e explica H.-C. Lea (*Histoire de l'Inquisition au Moyen-Age*, I, págs. 108-9): «Se ele escolhia tornar-se mártir, um travesseiro ou uma toalha (chamada *Untertuch* pelos cátaros alemães) eram colocados sobre sua boca enquanto se recitavam certas orações. Se desejava ser confessor, permanecia durante três dias sem alimento, não recebendo senão um pouco de água como bebida. Num e noutro caso, se ele sobrevivia, tornava-se um Perfeito. Essa "endura" era às vezes empregada como um modo de suicídio, sendo frequente a morte voluntária entre os cátaros. A tortura no fim da vida os liberava dos tormentos do outro mundo e a morte voluntária, por privação de alimentos, pela absorção de vidro moído ou de venenos ou pela abertura das veias no banho, não era absolutamente

X. EXAME CRÍTICO DA INQUISIÇÃO

fato raro. Aliás, quando um homem estava moribundo, seus parentes acreditavam cumprir um dever de caridade acelerando seu fim»[4].

Sem embargo, esses hereges se apropriavam de dogmas, de cerimónias, de costumes católicos, e chegaram a formar uma Igreja completa, com templos, sacerdotes e bispos, desse modo causando enorme confusão entre o povo.

Outras heterodoxias inúmeras surgiam, volteando em torno da Igreja, e, como compara G. Duby (in Le Goff, *op. cit.*, pág. 397 e segs.), se assemelhavam a uma hidra: sempre decapitadas, mas sempre renascendo para se multiplicarem ao infinito. Não passando de elucubrações arbitrárias de homens «iluminados», pretensiosos, tais crenças não podiam em nada se equiparar à sólida, equilibrada, serena e culta formação do

---

(4) Prossegue o mesmo autor: «O que mais se temia era seu espírito de proselitismo, que nenhuma fadiga, nenhum perigo podiam deter. A Europa era percorrida por seus missionários, que iam a toda parte levar sua palavra de salvação, até ao pé das fogueiras onde eles viam atados seus irmãos. Exteriormente, se diziam católicos e cumpriam seus deveres religiosos com exemplar zelo, até o dia em que, tendo ganhado a confiança dos vizinhos, podiam tentar convertê-los em segredo» (pág. 117). O fanatismo era a marca que os caracterizava. «Dificilmente poderemos fazer uma ideia do que constituía propriamente, na religião dos cátaros, a fonte do seu entusiasmo e do seu zelo pelo martírio, mas é certo que nenhuma outra crença pode mostrar mais longa série de adeptos que procuraram a morte sob a mais horrível forma, do que consentir na apostasia» (pág. 119). E conclui o neste ponto insuspeito historiador protestante: «Essa era a crença cuja rápida difusão pelo sul da Europa encheu a Igreja de um terror plenamente justificado. Por mais horror que nos possam inspirar os meios empregados para combatê-la, por mais piedade que devamos sentir por aqueles que morreram vítimas de suas convicções, reconhecemos sem hesitar que, nas circunstâncias, a causa da ortodoxia era a da civilização e do progresso. Se o catarismo se houvesse tornado dominante, ou pelo menos igual ao catolicismo, não há dúvida de que sua influência teria sido desastrosa» (pág. 121).

Daniel-Rops transcreve palavras de outro escritor protestante, Paul Sabatier, do mesmo tom: «O papado nem sempre esteve do lado da reação e do obscurantismo; quando ele abateu os cátaros, por exemplo, sua vitória foi a do bom senso e da razão». Mais adiante: «É preciso que as perseguições sofridas pelos hereges não os tornem interessantes a ponto de perturbarem nosso julgamento» (*La Cathédrale et la Croisade*, etc., cit., pág. 666).

catolicismo. O tempo, aliás, se encarregou de confirmá-lo: todas as doutrinas heréticas daquela época desapareceram, não deixando vestígios, sem de nenhum modo enriquecerem nossa cultura, enquanto a Igreja aí está, com sua doutrina perpetuamente imutável[5].

Diante dessas rebeldias, «tanto o Estado como a Igreja se viam em face de um perigo crescente e ameaçador. Toda a sociedade humana, a ordem civil e religiosa, construída com imensos esforços, toda a civilização e cultura do Ocidente, o progresso, a união e paz estavam ameaçados de dissolução» (J. Bernard, *op. cit.*, pág. 9).

Adicionemos o fato de que a cristandade vivia naqueles momentos uma situação muito delicada. Perdera já a Ásia Menor e o norte da África para o islamismo, que continuava expansionista e ameaçador. A Europa oriental abandonara Roma e se conservava apartada. No norte da Europa, as conquistas cristãs ainda estavam muito tênues, encontrando dificuldades para afirmar-se. Não era concebível, diante disso, que a Igreja se fosse arriscar a ver dela arrebatadas, pelos hereges, populações já solidamente catequizadas. Ela se encontrou, assim, na necessidade de reagir, levantando um dique para conter as ondas cismáticas.

Em conclusão, no ambiente em que se passaram essas coisas, apoiada a Igreja pelo Estado e pelo povo, será no mínimo ingênuo pretender que ela se devesse despir da convicção de detentora única da mensagem divina, para ceder passagem, fechando os olhos, a forças que pretendiam destruí-la.

---

(5) Observa-se, em resposta, que não podemos desvendar o real conteúdo das doutrinas heterodoxas, porque só as conhecemos através das descrições dos seus adversários. Ora, é manifesto que, se tais doutrinas possuíssem acaso algum valor, este seria percebido, por debaixo das críticas a elas dirigidas. Aliás, ultimamente vêm sendo descobertos alguns documentos originais dos hereges, que por longos séculos permaneceram ocultos.

6. Cerceamento à liberdade religiosa

Seja como for, dir-se-á, pensamentos divergentes foram sufocados pela violência, e isso é inadmissível. É a posição dos iluministas franceses: em sua Enciclopédia, afirma-se a existência de muito exagero nas acusações de crueldade feitas à Inquisição, mas explica-se que todo o seu mal consistiu no desprezo pelas liberdades individuais. «Sem dúvida imputaram-se a um tribunal, tão justamente detestado, excessos de horrores que ele nem sempre cometeu; mas é incorreto se levantar contra a Inquisição por fatos duvidosos e, mais ainda, procurar na mentira o meio de torná-la odiosa; é suficiente conhecer-lhe o espírito» (*Encyclopédie* cit., VIII, 1765, pág. 775).

Portanto, a crítica à Igreja centra-se agora na ideia de opressão à liberdade religiosa, à liberdade de consciência, ao direito de opção... Palavras modernas, que apenas muito recentemente ingressaram no vocabulário da humanidade. Antes, se pronunciadas ninguém as entenderia e causariam mesmo profundo espanto. Hoje, sim, nos países civilizados o que a ordem jurídica assegura é a liberdade religiosa, a livre propaganda, e se impõem penas aos que contra essas garantias atentarem.

Ao inverso, era inconcebível, em séculos passados, falar-se em liberdade religiosa, mas por toda parte se exigia da inteira população uma crença única, oficial, cada Estado possuía a sua religião. Vigorava, indiscutido, o princípio «*cujus regio, hujus religio*», que na França se traduzia na divisa «*une Foi, une Loi, un Roi*». O príncipe impunha a própria fé a todos os súditos e era inimaginável que pudesse haver discordâncias. Mais ainda, quando o soberano mudava de crença, todos deviam acompanhá-lo. Religião e nacionalidade eram ideias que se confundiam. Esses eram os hábitos e a formação mental dos povos, sempre foi assim. A Roma pagã massacrou os cristãos, depois a Roma cristã dizimou os pagãos; as Igrejas cismáticas da Europa oriental exigiram submissão de toda a gente que lá vivia; o protestantismo se tornou compulsório, inclusive com a pena capital, em inúmeras regiões por ele dominadas. A Inglaterra arrastou à fé anglicana o seu inteiro povo, liquidando os católicos renitentes, assim como perseguiu os membros de outras correntes evangélicas, de tal modo que um viajante que lá esteve chegou a clamar: «Deus da bondade! De que modo vive este povo! Aqui os papistas são enforcados e os antipapistas queimados». O islamismo se impôs, pela espada, às nações invadidas. Legiões de missionários católicos pagaram com a vida a tentativa de levar Cristo a países infiéis. Como, pois, pretender que a Inquisição devesse respeitar heterodoxias dissolventes?

Anotemos esta importante diferença: a Igreja católica usou a força contra rebeldes que procuravam minar uma religião já solidamente estabelecida entre o povo, ao passo que o protestantismo outro tanto fez, mas para obrigar as pessoas a abandonarem a antiga fé em que haviam sido formadas, em troca de outra, que lhes era compulsoriamente determinada. Os judeus se queixam de perseguições; mas, lembra Thonissem (*op. cit.*, II, pág. 113), o Código hebraico era absolutamente intolerante contra outras religiões. Léon Poliakov (*op. cit.*, pág. 263) refere o temor da Inquisição nascente contra o racionalismo aristotélico; e prossegue: como Aristóteles havia também influenciado alguns setores hebraicos, através de Maimonides, os rabinos franceses foram à procura dos inquisidores, pedindo-lhes que também extirpassem aquela «heresia», que germinava dentro do judaísmo, e queimassem seus livros.

Essa foi portanto a atmosfera que gerou a Inquisição. Num sistema político formado nos descritos moldes, em que se unem Igreja e Estado, a religião, a moral, os costumes e a ordem pública se amalgamam em bloco monolítico, de sorte que atacar a religião significa atentar contra a ordem pública e a paz social. As heresias abalam as inteiras estruturas do país. Assim sendo, um dissidente religioso é tratado como um revolucionário; e todo revolucionário, como sucede até hoje, deve ser destruído. Cristo morreu na cruz porque suas pregações, aos olhos de Israel, foram consideradas revolucionárias.

X. EXAME CRÍTICO DA INQUISIÇÃO

No caso da Inquisição, quem a exigiu e impôs, antes da Igreja, foram os governantes e o povo, que viam, nos hereges, rebeldes perigosos e perturbadores. A História mostra que, muitas vezes, os populares se antecipavam às autoridades e se encarregavam de puni-los, levando-os à fogueira. Montesquieu descreve esta cena, ocorrida na França: «Um judeu, acusado de ter blasfemado contra a Santa Virgem, foi condenado a ser degolado. Cavaleiros mascarados, faca à mão, subiram ao cadafalso, de onde expulsaram o executor, para vingarem eles próprios a honra da Santa Virgem» (*op. cit.*, Livro XII, cap. IV).

J. Guiraud estuda muito bem esses aspectos do problema no *Dictionnaire Apologétique de la Foi Catholique*, cit. Primeiro (col. 824 e segs.) mostra que, durante muitos séculos, a Igreja se conservou extremamente tolerante para com as dissidências, cingindo-se ao trabalho catequético, enquanto o Poder civil as enfrentava com crescente rigor, e foi a suas instâncias que a Igreja acabou ingressando afinal na via da repressão. Mais adiante (col. 834 e segs.), esse autor indaga: «Como explicar que o Poder civil haja mostrado pela repressão da heresia, no século XII, um zelo que ultrapassava e excitava incessantemente aquele da Igreja?» Após examinar as possíveis respostas a tal indagação, Guiraud mostra que o que a isso convenceu os governantes foi precisamente o caráter antissocial das heresias.

A Inquisição, portanto, não foi algo artificial, que a Igreja tenha impingido ao povo, mas produto de uma necessidade natural, que todos sentiam, e o seu severo modo de atuar foi condizente com o estilo da época. Somente muito mais tarde, presentes outras concepções e outros costumes, é que ela veio a ser criticada como atentatória às liberdades individuais. Ao tempo em que nasceu e atuou, a opinião pública a aceitou como medida correta e necessária, como proteção social contra dissidentes que eram encarados como malfeitores. Apoiaram-na, em completa harmonia, a gente comum, governantes, sábios e santos, enfim os homens mais eminentes, tanto seculares como eclesiásticos.

Muito se fala sobretudo da «abominável e crudelíssima Inquisição espanhola»; mas, indaga H. Kamen, o que dela pensavam os espanhóis da época? E responde: «Não cabe dúvida de que o povo, em geral, apoiou sua existência. Tudo somado, o tribunal não foi um corpo imposto tiranicamente, mas a expressão lógica dos preconceitos sociais que prevaleciam no seio da sociedade. Foi criado para tratar do problema da heresia e, na medida em que esse problema estava destinado a existir, o povo pareceu aceitar a instituição. Provavelmente, a Inquisição não foi nem mais amada nem mais temida do que atualmente o é a polícia; numa sociedade em que não havia outro corpo policial geral, as pessoas a ela submetiam seus dissabores e a utilizavam para dirimir pleitos pessoais. Em razão disso, era alvo de frequentes hostilidades e ressentimentos. Mas os inquisidores estiveram sempre convencidos de que o povo estava com eles, e por bons motivos. [...] Em nenhum momento o povo atacou a Inquisição durante o antigo regime da Espanha» (*op. cit.*, pág. 377).

Somos naturalmente levados a apiedar-nos dos hereges, por representarem a parte fraca, que estava sendo maltratada. Sucede porém que, se eles porventura assumissem o Poder, passassem a dominar e adquirissem força para tanto, seguramente dariam, aos católicos, o mesmo tratamento que lhes estava sendo por estes dispensado. Em outras palavras, também os hereges não acatariam o princípio da liberdade religiosa[6].

---

(6) Acusa-se a Igreja medieval de ter sido opressora, enquanto nós proclamamos as virtudes do respeito às liberdades individuais. Sim, estas hoje existem, desde que, porém, não coloquem em perigo as condições existenciais da sociedade ou do regime político adotado, conjunturas em que as liberdades são sufocadas. Nos Estados Unidos, campeões da democracia, no momento em que se sentiu a ameaça de influências políticas esquerdizantes, na década de 1950, o temor ao comunismo fez desencadear feroz campanha persecutória, e mais violências não se praticaram, talvez, por temor à opinião pública mundial. Nos países comunistas, a religião é considerada um desvalor, merecendo ser por isso extirpada. Suprime-se a liberdade religiosa e, através de autêntica «lavagem cerebral», impõe-se ao povo o ateísmo, de ensino obrigatório nas escolas. Severas medidas administrativas são tomadas

7. Perspectiva jurídico-penal do problema

Apreciando a questão sob o prisma jurídico-penal, diremos que naqueles tempos religião e fé eram valores que se convertiam em bens jurídicos imateriais, protegidos tanto pela Igreja como pelo Estado. Já sabemos que, ao lado do Direito Penal Canônico, também o Direito comum apresentava extenso rol de crimes religiosos, severamente punidos.

Nessas condições, o simples fato de alguém divergir da crença oficial representava um malefício, que não podia ser tolerado. Quem se apresentasse como herege, ou apóstata, se tornava motivo de escândalo, de perturbação e de insegurança na coletividade, merecendo, só por isso, castigo.

Para melhor compreender o acima dito, voltemos a exemplos que já demos e pensemos, *mutatis mutandis*, no pudor, que é igualmente um bem jurídico ideal. Todos os códigos penais, inclusive os modernos, sempre definiram como crime o ultraje público ao pudor, reprimindo a prática de atos obscenos em lugares abertos; e o fazem exatamente porque tais atos agridem um sentimento coletivo de pudor. Descabe falar em direito à livre obscenidade, do mesmo modo que outrora

---

contra as pessoas que insistem em manter a sua fé. A par disso, criam-se figuras criminais. Por exemplo, o Código Penal da República Socialista Federativa Soviética Russa, de 1927, dispôs o seguinte: «Art. 122 – O ensino religioso ministrado às crianças e menores de idade em escolas ou estabelecimentos de instrução pública ou privados e a infração das disposições relativas a tal ensino serão sancionados com trabalhos correcionais obrigatórios até um ano. Art. 123 – A execução de atos fraudulentos tendentes a despertar superstições entre as massas, com o fim de obter qualquer gênero de vantagem, será sancionado com trabalhos correcionais obrigatórios até um ano e confiscação parcial de bens ou multa até quinhentos rublos». Seguem-se outras figuras delituosas, inclusive esta, do art. 126: «A celebração de atos de culto religioso nas instituições e empresas do Estado, assim como a colocação de imagens religiosas de qualquer espécie em tais instituições ou empresas, serão sancionadas com trabalhos correcionais obrigatórios até três meses ou multa até trezentos rublos». Muito mais graves do que as medidas penais, todavia, são as providências administrativas adotadas contra os religiosos, que chegam até à internação em manicômios.

era inconcebível um direito à liberdade religiosa. Idem, as leis penais sempre contemplaram também como delituosos certos comportamentos de desrespeito aos mortos, porquanto os mesmos ferem o sentimento, que todos precisamos ter, do devido respeito àqueles que já se foram. Um último exemplo: o sentimento de patriotismo, como bem imaterial, é penalmente tutelado contra atividades ofensivas a símbolos representativos da nacionalidade.

Pois bem, exatamente da mesma maneira ocorria antigamente no campo religioso. Se uma pessoa mantivesse posturas contrárias à religião do Estado, isso causava um mal-estar coletivo e ofendia este bem jurídico: sentimento religioso do povo.

Por acréscimo, a intromissão penal nessa área parecia aconselhável, por motivos de política criminal, de política social e de política religiosa.

8. O pensamento de Santo Agostinho

Como conciliar a virtude da caridade, a que se obriga a Igreja, e as violências que esta exerceu ou permitiu fossem, pelo Estado, exercidas contra os hereges?

Como, ademais, condenar um homem por causa das suas convicções íntimas, sem afronta aos velhos princípios *de internis non judicat praetor* («O magistrado não julga o foro íntimo») e *cogitationis poenam nemo patitur* («Ninguém pode ser punido por seus pensamentos»)?

Durante prolongado tempo, a atitude da hierarquia católica foi de benignidade para com os dissidentes. Conforme advertia São João Crisóstomo, «é crime imperdoável matar um herege». Parecia preferível seguir o conselho dado por São Paulo a Timóteo: *Foge do homem herege* (Tg 3, 10). A solução portanto era apenas excluí-lo da comunidade dos fiéis.

Por que então a Igreja mudou de posição em meados do século XII? Podemos compreendê-lo se tivermos em conta a evolução ocorrida no pensamento de Santo Agostinho (354-430), quando se teve de defrontar com os maniqueus e os donatistas; sem ser causa determinante dessa mudança, ocorrida sete séculos mais tarde, esta evolução ajuda-nos a responder à questão. Em seus primeiros escritos, o bispo de Hipona expõe os motivos que o levam a considerar ilegítimo perseguir os hereges. A seu ver, a vontade dos homens não pode ser de nenhum modo constrangida e a adesão à fé deve ser produto não da força, mas da compreensão e do livre arbítrio. Contra os hereges, conclui, os remédios a adotar são unicamente a persuasão e a oração.

Mais tarde, contudo, a experiência o leva a meditar. Ele vinha tentando atrair os adversários a debaterem suas divergências em clima sereno, na honesta procura da verdade, buscando a pacificação; mas percebe que está sendo ingênuo, porque Donato se mostra impermeável aos argumentos, escapa ao diálogo franco e aberto, e, em vez disso, o seu real interesse é perseverar à frente do movimento rebelde e fazê-lo crescer.

Ao mesmo tempo que percebe a ineficácia dos meios suasórios, Agostinho observa que a reação dos imperadores romanos se mostrava mais eficaz. Como o movimento donatista havia degenerado em graves distúrbios sociais e políticos na capital do império, Roma o enfrentou pela força, aniquilando-o, enquanto no norte da África a heresia continuava flamante. Isso fez o bispo de Hipona refletir sobre se a intervenção repressiva do Poder secular não seria desejada por Deus para manter a paz no cristianismo. Passa assim a defender a necessidade de uma justa coação contra os heterodoxos, que deverá ser porém moderada e não levar à morte. O seu emprego é benéfico, pensa ele, porque afasta o pecador do mal e o conduz ao bem.

Foi numa epístola escrita em 417 que Agostinho afinal aderiu plenamente à ideia do *compelle intrare*, que ele entendeu autorizada pela parábola do banquete: certo homem preparou uma grande ceia, para a qual convidou muitos, mas os escolhidos começaram a escusar-se com variados pretextos. Então, o irado pai de família mandou que seus servos trouxessem os pobres, os aleijados, os cegos e coxos que fossem achados; e, como ainda sobrassem lugares, disse ao servo: *Sai por esses caminhos e cercados: e força-os a entrar, para que fique cheia a minha casa* (Lc 14, 15 e segs.).

Ele passou assim a defender a necessidade da coerção penal, apta a fazer o culpado cair em si, salvando-se. Nos seus escritos, a pena não tem caráter vindicativo, mas medicinal: longe de ser um fim em si própria, ela passa a ser entendida como expressão de caridade e se sublima num ato de amor. Nesse sentido escreveu a Donato: «Quiseste jogar-te à água para morrer, mas nós te arrancamos da água à tua revelia para te impedir de morrer. Agiste conformemente à tua vontade, mas para tua perda; nós contrariamos tua vontade, mas para tua salvação». E arremata lembrando que a urgência da salvação eterna e o temor à morte eterna podem impor a exigência de violação às liberdades humanas. Age a Igreja, nesse caso, como o pastor evangélico que *persegue* a ovelha perdida, fá-la voltar ao redil, ainda que contra a sua vontade, e, desse modo, a salva (Mt 18, 12-14).

O pensamento agostiniano se torna desse modo grande esteio para a futura Inquisição. Nele, aparece um conceito ampliativo de caridade. Primeiro, caridade medicinal para com o próprio pecador, que, embora à sua revelia, é conduzido ao bom caminho. Ao mesmo tempo, caridade profilática para com o rebanho de fiéis, porque a punição imposta ao culpado repercute no ambiente social, intimidando os propensos ao erro e fortalecendo-lhes a fé. Por fim, a punição do culpado evita que ele continue a disseminar o mal.

Logo, não se trata de simplesmente punir uma atitude interior do herege, mas o sentido da pena é a busca da salvação deste e, concomitantemente, também de terceiros.

XI. O procedimento inquisitorial

1. Modelos do Direito laico

Segundo aspecto da Inquisição, a que também se dirigem acres e exageradas censuras, é o dos métodos repressivos, processuais e penais, por ela utilizados. As cenas descritas são fortemente coloridas e procuram causar, no leitor moderno, alarmado espanto e funda revolta.

Sucede no entanto que as críticas assim formuladas são simplistas, porque de novo abstraem o mundo em que tais coisas aconteceram. Com total alheamento ao que se passava na Justiça Criminal comum e às rudes condições de vida de então, os censores do Santo Ofício se cingem a relatar as violências deste, como se constituíssem algo anômalo naquele tempo, peculiar à Igreja, que somente nesta existisse.

Ora, a Inquisição equiparou-se a uma Justiça Penal, de sorte que naturalmente adotou os modelos que vigiam nos tribunais laicos. Eram métodos processuais que mereciam total beneplácito dos mais renomados juristas e que estavam de acordo com os costumes. Os homens que compunham a Igreja eram homens daquele tempo e não podiam deixar de submeter-se às suas influências. Por isso entendemos indispensável, nos quatro primeiros capítulos deste trabalho, estender-nos tão longamente sobre as condições de vida das populações da época e sobre as regras por que se norteavam o Direito Processual e o Direito Penal comuns, do longo período que, por seu extremado rigor, se tornou depois conhecido como «da vingança pública».

Em todo o desenvolvimento da humanidade, até muito recentemente, as práticas repressivas sempre foram severíssimas. Cristo morreu entre dois ladrões. Ao penalista não passa despercebido o fato de que dois homens, um dos quais aliás na última hora mostrou ter boa índole, sofreram o tremendo castigo da crucifixão, apenas por serem ladrões.

O procedimento dos tribunais inquisitoriais é, para a mentalidade atual, inaceitável; mas, apesar disso, representou um abrandamento perante o que se passava nos seus congêneres do Estado. Não podemos julgar o que eles fizeram sem focalizá-los como órgãos condizentes com certo teor de vida, investidos de uma missão sobrenatural e social a cumprir, que se ocupavam de crimes a seus olhos gravíssimos e que terão agido, em regra, com zelo, equilíbrio e honestidade. Mister se faz acautelar-nos contra aqueles que, no afã de denegrir a Igreja Católica, procuram criar escândalo, só descrevem as exceções e não as regras, os abusos e não os usos. A se crer nesses detratores da Inquisição, todo o mal estaria com os seus juízes, todo o bem com os seus réus.

2. Organização do tribunal e atos processuais

O nome completo era «Tribunal do Santo Ofício da Inquisição», mas passou a ser designado simplificadamente por esta última palavra, cuja raiz está no verbo latino *inquirere* («inquirir»), do qual deriva o substantivo *inquisitio* («inquisição»).

Assim se chamou porque adotava o sistema processual inquisitivo, que se tornara dominante no Direito Canônico e no Direito secular, do qual falamos no Capítulo I. A ação penal podia ter origem numa denúncia de qualquer pessoa, ou decorrer de inquérito aberto *ex-officio*, mas em ambas as hipóteses se instaurava por determinação da autoridade e os trabalhos se desenvolviam, a seguir, conduzidos por esta, tudo sendo reduzido a escrito e de modo sigiloso. Era também possível optar pelo sistema acusatório, quando alguém do povo delatava outrem e se dispunha a provar o alegado, assumindo no processo o papel de parte acusadora. Em tal eventualidade, o juiz devia advertir esse acusador de que ficava sujeito à lei do talião: se fosse falso o que dizia, se não provasse a culpa do réu, sofreria ele a pena cabível para o crime que pretendera ter existido. Este último sistema, pelos seus inconvenientes, caiu logo porém em desuso.

O tribunal caracterizava-se por extrema sobriedade, não ostentando nenhuma pompa. Compunha-se do inquisidor, seus assistentes, de um conselheiro espiritual, guardas e um escrivão. As regras seguidas tiveram algumas variações, mas, em linhas gerais, foram as seguintes. Quando ele se instalava em certa cidade, o primeiro ato consistia em apregoar a sua presença e reunir os fiéis, exortando-os a, sob juramento, se comprometerem a indicar os hereges e as pessoas suspeitas que conhecessem.

Passava-se depois ao «Tempo de Graça», geralmente com quinze a trinta dias de duração, em que os culpados dispunham da possibilidade de se purificarem. Cabia-lhes, para tanto, procurar seus confessores a fim de receberem a absolvição dos pecados, e ao inquisidor deviam fornecer garantias de sinceridade, consistentes em cumprir penitências, dar à Igreja uma parte ou, conforme a gravidade do caso, a totalidade dos seus bens e identificar os hereges de que tivessem notícia.

Escoado esse período sem o comparecimento espontâneo do suspeito, o mesmo era citado para se apresentar pessoalmente no tribunal. Exigia-se-lhe então o juramento de dizer a verdade, de obedecer à Igreja, inclusive realizando as penitências por esta prescritas, e de apontar os hereges que fossem do seu conhecimento. A recusa a prestar esse juramento significava implícita admissão de culpa.

Submetiam-no depois a minucioso interrogatório, que era tomado por termo pelo escrivão. Ao ato deviam estar presentes, como garantia de seriedade, duas pessoas de confiança e imparciais, que a tudo assistiam sob promessa de manter segredo. Consoante H.-C. Lea (*op. cit.*, I, págs. 427-8), «a frequente repetição dessa regra por sucessivos papas e o fato de que ela foi incorporada ao Direito Canônico atestam a importância que lhe atribuíam, como meio de impedir as injustiças e de dar ao processo uma aparência de imparcialidade».

Se o interrogando protestava inocência, mas havia fortes provas em contrário, podia ser utilizada a tortura e submetiam-no a prisão processual, enquanto se faziam mais investigações. Nesse entretempo, o réu era visitado na cela pelo inquisidor, por seus assistentes ou por católicos de prestígio da região, que tentavam persuadi-lo a se arrepender e confessar o crime.

Concluída finalmente a instrução, encerrava-se o processo com sentença, absolutória ou condenatória. Para o julgamento, o juiz devia ser assistido por assessores, que o orientavam, em geral selecionados entre jurisconsultos que bem conhecessem o Direito Canônico e o Direito comum. Ademais disso, o inquisidor não podia decretar penas graves, como a prisão perpétua ou a entrega do réu ao braço secular, sem a presença e a concordância do bispo local. Mais tarde, o Papa Bonifácio VIII (1294-1303) exigiu o concurso do bispo em todas as sentenças condenatórias.

Proferidas decisões em vários casos, realizava-se um ato público e solene em que elas eram proclamadas diante da multidão para esse fim reunida. Tais solenidades se chamavam em Portugal «autos-de-fé», designação que logo se estendeu a outros países. Tinham por objetivo restaurar no povo a pureza da fé, deturpada pelas heresias, intimidar hereges ocultos e fortalecer cristãos vacilantes. Nelas, os réus arrependidos proclamavam sua abjuração e os impenitentes recebiam as penas canônicas ou eram entregues (eram «relaxados», como se dizia) ao braço secular.

As sentenças absolutórias se davam no próprio recinto do tribunal. Na hipótese de absolvição em que subsistissem porém dúvidas sobre a efetiva inocência do imputado, providências acautelatórias podiam ser tomadas: ele devia prestar um juramento, chamado «purgação canônica», juntamente com *conjuratores* escolhidos entre católicos de confiança, que afiançavam a sua ortodoxia. Se isso não fosse obtido, o suspeito era excomungado, dispondo de um ano para demonstrar o descabimento da medida; e, se tal não acontecesse, somente então passava a ser considerado herege, recebendo a punição a que fazia jus.

3. Regras processuais de Direito comum e de Direito Canônico

Algumas das regras processuais adotadas pelo Santo Ofício haviam vigorado no primitivo sistema da Igreja, de onde passaram ao Direito comum; neste, receberam cuidadoso tratamento dos juristas; e, afinal, como fenômeno de torna-viagem, por influência do Direito comum voltaram ao Direito Canônico.

Em maior ou menor medida, isso aconteceu com os métodos inquisitórios, com as denúncias anônimas, o segredo de Justiça, o processo escrito, a presunção de culpa, o cerceamento à defesa, a importância atribuída à confissão do réu, concebida como «a rainha das provas», o sistema das provas legais, etc.

O Estado, diante das dificuldades em que se via para a descoberta dos crimes e dos seus autores, incentivava as acusações secretas, garantindo sigilo sobre a identidade do denunciante, ante o temor de represálias, e o mesmo fez a Inquisição[1]. Tal

---

(1) Originariamente, explica Daniel-Rops, não havia esse sigilo, mas a experiência levou a Igreja a adotá-lo. Como os hereges eram muito unidos e trabalhavam na sombra, inúmeros casos houve em que denunciantes, na calada da noite, recebiam um punhal nas costas ou eram atirados em algum precipício (*L'Église de la Cathédrale*, etc., cit., pág. 683).

prática da delação anônima durou longo tempo nos costumes judiciais seculares e somente veio a ser realmente combatida no século XVIII, quando desapareceu.

Também o método das «provas legais», minuciosamente trabalhado pelos antigos juristas, penetrou no Direito da Igreja, exigindo-se, *verbi gratia*, para aceitar como demonstrado certo fato, que a respeito houvesse depoimentos concordantes do número de testemunhas que as leis indicavam.

De modo geral, o que relatamos no Capítulo I sobre os usos processuais do Direito laico vale também para o da Igreja. A Inquisição, todavia, se procurou desvencilhar o quanto possível do ranço formalístico, tão forte na época. Como diz J.-P. Dedieu (*op. cit.*, pág. 18), «o processo devia ser feito *simpliciter et de plano*, sem formas inúteis, indo ao fato, reduzindo as formalidades à mais simples expressão: a eficácia primava sobre tudo».

O grande embaraço com que se defrontavam os inquisidores é que deviam devassar o íntimo do réu. «O dever do inquisidor se distinguia daquele do juiz ordinário porque ele não tinha somente de desvendar fatos, mas penetrar nos pensamentos os mais secretos e nas opiniões íntimas do seu prisioneiro. Em verdade, para o inquisidor, os fatos não eram senão indícios, que ele podia aceitar ou negligenciar à sua vontade. O crime que ele perseguia era um crime espiritual e os atos, por mais criminosos que fossem, excediam sua jurisdição. Assim, os assassinos de São Pedro Mártir foram perseguidos não como assassinos, mas como fautores de heresia e adversários da Inquisição. O usurário não era da competência desse tribunal enquanto não afirmasse ou desse testemunho por seus atos que ele não considerava a usura como um crime. O feiticeiro somente podia ser julgado pela Inquisição quando suas práticas demonstravam que ele preferia se fiar no poder dos demônios do que no de Deus, ou que professava ideias errôneas sobre os sacramentos [...]. A própria dúvida era uma forma de heresia e uma das tarefas do inquisidor consistia em se assegurar de que a fé dos fiéis não era incerta e vacilante. Os atos exteriores e os protestos verbais nada contavam. O acusado podia assistir regularmente à missa, podia ser liberal nas suas contribuições, confessar-se e comungar pontualmente, e, a despeito disso, ser herege no coração. Levado perante o tribunal, ele podia professar uma submissão sem limites às decisões da Santa Sé, a ortodoxia a mais rigorosa, o desejo de subscrever sem discussão tudo quanto lhe era exigido, e todavia ser, em segredo, um cátaro ou um valdense, digno de ser enviado à fogueira. Em verdade, poucos eram os hereges com a coragem de confessar sua fé diante do tribunal e, para o juiz consciencioso, ardendo por destruir as raposas que devastavam as vinhas do Senhor, a tarefa de explorar o segredo dos corações estava longe de ser fácil» (H.-C. Lea, *op. cit.*, I, págs. 452-3).

Nessas circunstâncias, mais do que o de juiz, o inquisidor exercia o papel de pastor, lutando pela salvação de uma alma e, através disso, pela salvaguarda de outros fiéis.

4. Interrogatório dos acusados e tortura

Antes, quando no Direito leigo havia os ordálios, com suas provas do fogo, da água, etc., tudo se simplificava, porque as dúvidas eram postas nas mãos de Deus. Quando porém esse expediente foi abandonado, porque supersticioso, criou-se um vácuo para o juiz que devia abrir o íntimo dos acusados renitentes. O Direito comum recorreu então à tortura, e o mesmo fez depois a Inquisição.

No Capítulo VIII, aludimos ao ingresso dos suplícios no Direito Penal Canônico, com a bula *Ad Extirpanda*, de Inocêncio IV. Suas condições foram sem dúvida muito mais brandas do que as imperantes no Direito secular, e tal prática era então vista como um expediente normal da Justiça. No momento em que a Igreja, assim como o Direito laico, adotou o sistema «das provas legais», em que avultava a necessidade da confissão para esteiar uma sentença condenatória, o acolhimento da tortura se tornou praticamente forçoso.

A ordem dos Pontífices era para que o seu emprego se desse com prudência, sem excessos e uma única vez. «Que isso se faça sem crueldade! Nós não somos carrascos», é o clamor que encontramos no *Manual dos Inquisidores* de Eymerich-Peña (*op. cit.*, pág. 163). Em 1311, o Papa Clemente V determinou ainda que a tortura somente podia ser aplicada após acordo entre o inquisidor e o bispo. As confissões no seu curso prestadas deviam ser confirmadas em subsequente interrogatório, feito após pelo menos vinte e quatro horas de intervalo. É evidente, todavia, que abusos terão existido. Por exemplo, como a tortura só cabia uma vez, os cronistas relatam casos em que os inquisidores, querendo aplicá-la de novo, escusavam-se dizendo não se tratar de «reiteração», mas de «continuação» do interrogatório anterior...

Rios de tinta já foram gastos para atacar a Igreja, por ter adotado esse mau expediente. Além do que dissemos naquele Capítulo VIII, o assunto merece ainda algumas outras observações.

Todos quantos possuem hoje experiência na área das lides criminais forenses bem conhecem o angustiante problema do interrogatório dos acusados. Atualmente, esse ato é realizado por um juiz ponderado, imparcial, em ambiente arejado e claro; o defensor está presente, ao lado do seu constituinte, pronto a arredar quaisquer eventuais coações, abusos ou mal-entendidos. A perspectiva do réu, se for afinal condenado, será tão só de receber uma pena de prisão por poucos anos, quiçá com *sursis*. Ninguém exige que ele diga a verdade, nenhum juramento lhe é imposto, unicamente mandam que dê sua versão sobre os fatos do processo. Pois bem, apesar de tudo, os advogados sabem que tal ato é profundamente intranquilizador: naquele recinto solene da Justiça, para o réu estranho, este facilmente se perturba, confunde-se, acovarda-se, perde a calma, atemoriza-se diante do juiz, esquece circunstâncias importantes ou revela coisas inconvenientes, às vezes até mesmo reconhece, em seu desfavor, dados não verdadeiros.

Retrocedamos agora alguns séculos. Um homem é chamado a apresentar-se à Inquisição, cuja fama todos bem conhecem. Impõem-lhe solene juramento, advertindo-o sobre as consequências com que arcará se faltar à verdade. Interrogam-no meticulosamente. Ele sabe que, se lhe descobrirem crime, o castigo poderá ser a fogueira. Esse homem está sozinho, desamparado, perdido num mundo hostil, não possui advogado, ninguém para acudi-lo. Baixam-no depois a um cárcere, para aí permanecer isolado, de novo recebendo conselhos, ameaças e advertências. Outros interrogatórios se seguem. Como ele não cede, conduzem-no a sombrios porões, onde lhe é desvendado o horrorizante panorama dos instrumentos de tortura, e lhe explicam (seguramente com malicioso exagero) o funcionamento dos mesmos. Como também isso não convence o acusado, que prossegue irredutível, supliciam-no afinal, para voltarem depois a inquiri-lo.

Esse o quadro exposto, em iguais termos, por todos os historiadores. Diante dele, logo imaginamos que o pobre réu se devia sentir apavorado, inseguro e pronto a fazer o que dele quisessem. Em vez, não: todos os que do assunto se ocupam são unânimes em ressaltar a fria astúcia dos hereges, a exigir muita habilidade dos juízes que os interrogavam. As descrições feitas mostram sempre os dois personagens, o juiz e o réu, em posição de igualdade, aquele procurando surpreender o interrogando, mas este negaceando sempre e se mostrando senhor de si, muito à vontade. O ato do interrogatório se convertia num espetáculo de esgrima, em que vencia o mais hábil.

Por isso era exigida dos inquisidores muita paciência, habilidade e malícia, para não se deixarem enganar. Alguns deles, quando se tornaram experientes, escreveram instruções para orientar nesse trabalho os juízes novatos. «Acrescentai a astúcia à astúcia. Fazei prova de sagacidade», aconselhava o *Manual* de Eymerich-Peña. Em seguida, esse livro arrola «as dez astúcias dos hereges para responderem sem confessar». Explica que «os hereges sofismam as questões – e as eludem – de dez maneiras»: a primeira «consiste em responder equivocamente» (por exemplo, quando o juiz mostra a hóstia e indaga se acredita ser o corpo de Cristo, ele responde afirmativamente, mas olhando o próprio corpo: «Este corpo pertence a Cristo»). A segunda astúcia, diz Eymerich, consiste «em responder pela adição de uma condição»; a terceira, «em reverter a questão»; a quarta, «em aparentar surpresa»; a quinta, «em tergiversar as palavras da pergunta»; a sexta, «em mudança evidente das palavras»; a sétima, «em uma autojustificação»; a oitava, «em fingir súbita fraqueza corporal»; a nona, «em simular estupidez ou loucura»; a décima, «em se dar ares de santidade»; e o *Manual* explica e exemplifica longamente cada um desses itens, mostrando aos juízes iniciantes como deveriam enfrentar todas as armadilhas postas pelos réus. Mais adiante, o *Manual* arrola também «as dez astúcias do inquisidor para contornar as dos hereges»[2].

Em razão disso, as inquirições tinham de ser longas, minuciosas, repetidas, até que, porventura, o juiz conseguisse vencer as resistências e surpreender algum deslize do adversário. Os interrogandos, sempre sobranceiros, sempre ardilosos, aparentavam presença de espírito. Impressionam, nesse sentido, as transcrições de interrogatórios, que muitos escritores fazem, mostrando as enormes dificuldades que os acusados opunham aos seus julgadores.

A um advogado de hoje isso tudo causa muita estranheza. Desvanece-se a imagem estereotipada do inquisidor feroz, cruel, torturador, diante de um réu acuado e cheio de pavor, imagem em que acreditamos à força de vê-la incansavelmente repetida. Impressiona, sim, o uso de tormentos; mas, numa

---

(2) Obra cit., pág. 125 e segs. Nicolau Eymerich nasceu em 1320, ingressou na Ordem Dominicana e se tornou, em 1357, Inquisidor Geral para a Catalunha, Aragão, Valência e Maiorca. Escreveu um *Manual dos Inquisidores*, que foi revisto e comentado, em 1578, pelo canonista espanhol Francisco Peña.

época de vida muito grosseira, em que a morte e o sofrimento físico se banalizavam, em que cirurgiões-barbeiros faziam amputações e intervenções cirúrgicas sem anestesia, etc., etc. – será razoável admitir que a tortura inquisitorial era em geral módica e perfeitamente suportável. A impressão que fica, dos relatos feitos, é de que, em regra, pouco a temiam os pacientes.

Nunca será demais, aliás, repetir o quanto a violência física participava da rotina diária das pessoas. Não só nas prisões e tribunais, mas também nas escolas o açoite, a vara, a palmatória, etc., foram de emprego habitual, só desaparecendo muito recentemente. Conta-se que até mesmo Santo Inácio de Loyola, quando estudava Filosofia em Paris, por pouco deixou de sofrer esse tipo de punição.

Devemos atentar ainda para outro ponto importantíssimo. Na Justiça secular, supliciava-se com meticulosa crueldade e repetidas vezes, para extorquir do réu a confissão de culpa; mas este resistia tenazmente, porque sabia que, se reconhecesse o crime, receberia uma condenação vindicativa e expiatória, com penas requintadamente atrozes, destinadas a fazê-lo sofrer muito e a escarmentar o povo.

Nos tribunais do Santo Ofício, a situação apresentava-se totalmente outra. O que o juiz almejava não era punir, mas converter e salvar. Seu lema era extraído do profeta Ezequiel (33, 11): *Eu juro por minha vida, diz o Senhor Deus: que eu não quero a morte do ímpio, mas sim que o ímpio se converta do seu caminho, e viva.* Nesse sentido, uma instrução dada em 1246 aos inquisidores continha estas recomendações: «Esforçai-vos por levar os hereges a se converterem, mostrai-vos cheios de mansidão diante daqueles que manifestam a intenção de fazê-lo. Não procedei a nenhuma condenação sem provas claramente estabelecidas. Melhor é deixar um crime impune do que condenar um inocente» (H. Maisonneuve, *op. cit.*, pág. 49). Assim, toda a atuação da Igreja era de cunho medicinal, voltada a recuperar uma alma transviada. Por acréscimo, muito menos lhe valia um herege recalcitrante, que preferia a fogueira à conversão, como péssimo exemplo para o povo, do que outro arrependido, que disso dava público testemunho, reforçando a fé no mundo cristão. «Confrontada pela heresia, a Igreja procura essencialmente convencer e provocar uma abjuração tão vistosa quanto possível. Magnânima, ela pode então receber de novo em seu seio o dissidente arrependido, porquanto ele adere à fé católica» (Jacques Paul, *op. cit.*, pág. 779).

Aqui está pois a imensa diferença: admitir o crime, na Justiça comum, implicava condenação certa, a mais atroz, de nada valendo eventual arrependimento do criminoso. Confessar o desvio, na Justiça Canônica, e dar provas de efetivo arrependimento, levava à absolvição, ou tão só a alguma pena relativamente moderada. Abria-se portanto larga porta aos acusados.

Seja como for, seguramente há muito exagero nos ataques feitos à Igreja inquisitorial, como dá testemunho a acima referida enciclopédia iluminista francesa de 1765: «Sem dúvida, imputaram-se a um tribunal, tão justamente detestado, excessos de horrores que ele nem sempre cometeu; mas é incorreto se levantar contra a Inquisição por fatos duvidosos e, mais ainda, procurar na mentira o meio de torná-la odiosa».

5. Cerceamento à defesa

Outro filão muito explorado é o que concerne ao cerceamento oposto à defesa dos acusados.

Também aqui, o Direito Canônico seguiu, *pari passu*, os costumes dos tribunais leigos. Nestes, a figura do advogado era vista com profundas suspeita e antipatia, quase como se fosse um cúmplice do réu. Os advogados, dizia-se, eram homens que só serviam para perturbar, com suas agitações, o bom andamento da Justiça. Também inexistia, no Direito comum, o acusador oficial, mas o juiz atuava sozinho no processo e, por uma ficção jurídica, admitia-se que ele cuidava das duas faces da questão, velando tanto pelos interesses da acusação como pelos da defesa. Muito tardou e apenas aos poucos se foi firmando, no Direito Processual, a exigência da tripartição de atribuições, com personagens distintos: o acusador, o defensor e o juiz, imparcial e equidistante das partes[3].

Difícil seria, no campo religioso, deixar de adotar a mesma praxe. A atuação do advogado, também ali, foi recebida com muitas reservas. A propósito, se lê no *Manual* de Eymerich-Peña, à pág. 143, que tal presença é às vezes necessária, às vezes supérflua. Esta segunda hipótese ocorre, explica-se, quando o réu confessa o crime e o que diz está conforme às delações. Se, entretanto, ele nega o crime, há testemunhas a ele favoráveis e pede para ser defendido, o tribunal lhe deverá designar «um advogado probo, não suspeito, perito em Direito Civil e em Direito Canônico, e muito crente». Não poderá ser admitido «um advogado herético ou suspeito de heresia ou difamado».

Tanto na jurisdição secular como na canônica, enfim, era mal recebida e cerceada a intervenção de defensores; o que, cumpre reconhecer, se tornava muito mais grave na primeira, que lidava com o «haver», do que na segunda, que se interessava pelo «ser». Na Justiça do Estado, cuidava-se de investigar se o réu havia, ou não, cometido um crime. Portanto, tudo girava

---

(3) Na França, por exemplo, as Ordenações de 1670 proibiam a intervenção de advogados nos feitos criminais. Mais tarde, quando se pretendeu abolir essa proibição, houve fortes reações no mundo jurídico. O Procurador Geral Séguier recusou nestes termos a assistência de um «conselho», isto é, de um defensor para os acusados: «Tratando-se de grande criminoso, que utilidade poderá ter um advogado? A experiência nos ensina que, se se permite um conselho, a prova se evapora em meio às formalidades prescritas para preparar o julgamento. Não sabe o acusado o que ele fez ou não fez aquilo que a testemunha sabe e que ela viu ou ouviu? Num processo criminal não há frequentemente senão um fato principal. Trata-se de confessar ou negar esse fato, de provar que o crime foi cometido por outrem ou que o acusado não o pôde cometer. Para responder sobre algo tão simples, o conselho é inútil. A preparação indica mais o desejo de trair a verdade do que a vontade de lhe prestar homenagem» (G. Aubry, *op. cit.*, pág. 32).

em torno das pesquisas sobre a pretérita existência de certo fato concreto, com todas as suas circunstâncias juridicamente relevantes; sobre os liames, objetivos e subjetivos, entre o acusado e tal fato, bem como sobre a medida da sua responsabilidade. É manifesto que um advogado aí teria muito a fazer, colaborando na colheita de provas sobre todo o material fático e apresentando argumentos destinados a orientar o juiz. A sua ausência no processo, ao contrário, representava terrível lacuna para a boa ministração da Justiça; mas, apesar disso, os defensores não eram aceitos pelos tribunais seculares.

Na esfera canônica, haveremos de convir em que o problema se colocava frequentemente de modo por inteiro diverso, pelo menos nos casos em que a acusação era de heresia, porque se cuidava ali tão só de apurar este dado atual: saber se o acusado é ou não um herege, se mantém ou não a pureza de conceitos cristãos. O advogado agora pouco ou nada tem a fazer, mas o núcleo das investigações repousa no diálogo entre o suspeito e o juiz religioso, que lhe procura devassar os pensamentos e que é a autoridade competente para avaliar a ortodoxia. O dilema, em conjunturas tais, acaba por tornar-se simples: ao inquisidor cabe apurar se o réu aceita, ou não aceita, em seu íntimo, os ensinamentos da Igreja. Se não aceita, deve ser convencido do seu erro e emendar-se, submetendo-se às penitências que lhe forem ordenadas; se não se emenda, mas conserva rebeldia, terá de sofrer as penas cabíveis. No fundo, o processo se tornava em grande parte uma obra de catequese. Compreende-se assim a exigência de que, quando fosse admitido um advogado no processo, o mesmo deveria ser homem de sólida formação religiosa, porque ele se reduziria, afinal de contas, a um colaborador do juiz, no sentido de atrair o réu para o bom caminho e lutar pela salvação do seu corpo e da sua alma.

Paulatinamente, contudo, acompanhando a evolução dos tribunais laicos, a Igreja passou a admitir com crescente largueza a presença de defensores, inclusive pagando-os para os réus pobres.

6. Classificações dos hereges

Na heresia há recusa (ou pelo menos dúvida) a uma verdade que a Igreja ensina; mas, para ser classificada como herege, a pessoa deve, apesar de ter sido esclarecida, obstinar-se no erro.

Distinguem-se a propósito algumas categorias. «Heresiarca» é aquele que formula a doutrina heterodoxa e a difunde; «crente», quem adere a essa doutrina; «suspeito», quem mostra simpatia pelos ensinamentos heréticos; «faltoso», quem aos hereges presta auxílio, mesmo sem abraçar a sua doutrina.

Os hereges, ademais, se classificam como «impenitentes», «penitentes» e «relapsos». Explica o *Manual* de Eymerich-Peña: «Chamam-se hereges tenazes e impenitentes aqueles que, solicitados pelos juízes, convencidos do erro contra a fé, intimados a confessar e a abjurar, não querem submeter-se e preferem manter teimosamente seus erros. Estes devem ser entregues ao braço secular para serem executados.

«Chamam-se hereges penitentes aqueles que, havendo aderido intelectualmente e de coração à heresia, retrocedem, têm piedade de si próprios, ouvem a voz da prudência e, abjurando seus erros e suas atuações anteriores, suportam as penas que lhes são infligidas pelo bispo ou pelo inquisidor.

«Chamam-se hereges relapsos aqueles que, havendo abjurado a heresia e se tendo assim tornado penitentes, recaem na heresia. Estes, quando sua recaída é plena e claramente estabelecida, são livrados ao braço secular para serem executados, sem necessidade de novo julgamento. Todavia, se eles se arrependem e confessam a fé católica, a Igreja lhes concede os sacramentos da penitência e da Eucaristia» (*op. cit.*, pág. 62).

XII. O sistema penal da Inquisição

1. Finalidades das penas seculares e canônicas

Quanto aos métodos repressivos, a Inquisição encontrou, no Direito secular a ela contemporâneo, todo um panorama de impiedosa ferocidade. Rememorando o que expusemos sobre as penas da Justiça comum, estas possuíam dois sentidos, que se entrelaçavam: vindicativo, ou expiatório, e utilitário.

Antes de tudo, merecia castigo, com valor de vingança, aquele que violara a lei posta pela vontade do soberano. Por acréscimo, buscava-se, através da pena, alguma dentre várias possíveis utilidades. A sanção capital era desde logo útil porque eliminava uma pessoa malfazeja. A mais saliente e constante utilidade procurada, todavia, encontrava-se na ideia de escarmento, com vistas à manutenção da ordem pública: a punição imposta ao criminoso devia ser exemplar, irradiando-se pela coletividade, a fim de incutir pavor e convencer os cidadãos a bem se comportarem; para o que convinha fosse a pena rigorosa e executada com grande publicidade. Outros benefícios ocasionais ainda podiam ser visados: a condenação a trabalhos forçados nas minas, nas galeras, etc., fornecia ao Estado mão de obra escrava, praticamente gratuita; o envio de delinquentes às colônias garantia a posse destas e contribuía para o seu desenvolvimento; as medidas patrimoniais, mormente a confiscação de bens, constituíam fonte de receitas para os cofres públicos. Inexistia, no Direito comum, a noção de pena regeneradora, destinada ao aperfeiçoamento moral do condenado.

Ora bem, no momento em que a pena é concebida tão só como vingança ou se endereça à obtenção de alguma utilidade, ela deixa de ser orientada pelo ideal de justiça, que postula o princípio de proporcionalidade entre o crime e a correspondente sanção. Esta última não se apresenta como sofrimento «merecido», isto é, a pena não se mede pela gravidade maior ou menor do crime, mas passa a depender unicamente do benefício, externo ao condenado, que com ela se quer obter. A crueldade da Justiça Criminal não se explica somente pela aspereza da vida de então. Se o castigo é imposto para escarmentar os que o presenciam, convém que ele seja vistoso e o mais severo possível. Se o Estado carece de mão de obra escrava, para trabalhos que nenhum homem livre aceita exercer, é preciso que haja muitas pessoas a isso condenadas. Faltando a ligação entre o grau do crime e a medida da pena, compreende-se que mesmo infrações de mediana importância justificassem a imposição de sanções as mais terríveis. Faltava no Direito Penal, por completo, qualquer preocupação com o respeito devido ao criminoso enquanto ser humano, assim como eram ignoradas as garantias individuais.

Com o Direito da Igreja surge entretanto outra concepção, totalmente diferente: através do processo e da pena, o que se quer obter é o bem do faltoso, a salvação da sua alma. Esse o objetivo central a alcançar. Secundariamente, existe também um escopo propagandístico: é bom que o faltoso reconheça a própria culpa e a merecida penitência, dando pública demonstração de arrependimento, para assim reforçar a religiosidade popular; ou, se ele se mostra intransigente e promete continuar difundindo o mal, convém seja por isso publicamente castigado, também com efeitos profiláticos na comunidade cristã.

Em razão disso, o tribunal inquisitorial, mais do que órgão repressivo, desempenhava missão docente, catequética, salvadora de almas desgarradas; e somente quando isso não surtia efeitos é que passava à função repressiva, para preservar a comunidade de um elemento nocivo.

O divisor de águas estava na distinção entre réus penitentes e impenitentes. Dos primeiros, a Igreja se ocupava. Quanto aos segundos, que obstinadamente recusavam a retratação dos seus erros, ela se via impotente e os entregava ao Poder civil.

Assim, no curso do processo, se o suspeito confessava sua heresia e dava mostras de regeneração, o inquisidor se despia da qualidade de juiz para assumir a de confessor. Tudo transcorria, daí por diante, de maneira análoga ao sacramento da penitência: ouvido pelo sacerdote, o culpado devia revelar seus pecados, com sincero arrependimento, submeter-se à Igreja e aceitar as merecidas penitências, a fim de conseguir o perdão.

Portanto, em tal eventualidade, o que deveria ser julgamento criminal condenatório, com aplicação de pena, se transforma numa confissão que compõe o sacramento da penitência. O confitente deve anuir ao sacrifício que lhe é exigido, e este será livremente escolhido pelo confessor, mas sempre ajustado à gravidade da falta e predisposto a manter o pecador no bom caminho. Em casos mais leves, a penitência podia ser cumprida em segredo, mas em outras situações, de maior seriedade, podia convir que ela se executasse publicamente, para edificação dos fiéis. Satisfeita a mesma, dava-se a completa reconciliação entre o faltoso e a Igreja.

Neste sentido dispôs o concílio de Narbona de 1243: «Os hereges, seus parceiros e seus fautores que se submeterem voluntariamente, mostrando arrependimento, dizendo sobre si e sobre terceiros a verdade inteira, obterão dispensa da prisão. Eles deverão portar cruzes (cosidas sobre suas vestes), se apresentar todos os domingos, entre a epístola e o evangelho, com uma vara diante do padre e receber a disciplina. Eles o farão ainda em todas as procissões solenes. No primeiro domingo de cada mês, após a procissão ou a missa, visitarão, em hábito de penitência, uma vara à mão, as casas da cidade e do burgo que os conheceram como hereges. Assistirão, todos os domingos, à missa, às vésperas e aos sermões, e farão peregrinações».

Se, ao contrário, durante o processo o réu insistia em protestar inocência, colhiam-se provas e, ficando apurada a sua culpa, o inquisidor devia instar pelo arrependimento e aceitação de sacrifícios. Tal ocorrendo, voltamos à situação anterior, em que tudo se resolvia através do sacramento da penitência. É manifesto todavia que, nessas circunstâncias, o acusado merecia menor confiança, devendo sofrer medidas mais cuidadosamente acautelatórias.

Somente, por fim, na hipótese de o réu se mostrar intransigente, perseverando no erro e recusando a reconciliação, a Justiça inquisitorial lavava as mãos, encaminhando-o ao Poder civil, para que este o punisse conforme suas leis.

2. Sanções impostas pela Igreja

À força de ouvirmos falar sobre os «rigores» punitivos da Inquisição, causa espanto verificar como o seu arsenal repressivo era incomparavelmente mais brando, ou menos severo, do que o da Justiça comum. Muito se decepcionará quem espera encontrar grandiosas maldades no sistema penal dos tribunais inquisitoriais. O que falta com frequência aos historiadores é fazer o cotejo entre os métodos penais inquisitorial e secular.

As medidas sancionatórias adotadas pela Igreja eram unicamente as penitências impostas aos faltosos arrependidos. Para isso, o juiz, transformando-se em orientador espiritual, possuía amplos poderes discricionários. Nos casos leves, impunham-se práticas piedosas, como rezar as orações prescritas, frequentar a igreja em tais ou quais oportunidades, submeter-se a jejuns, etc., do mesmo modo que sucede, por exemplo, nas confissões. Outras vezes, o penitente devia sofrer medidas de maior rigor. As mais frequentes foram a obrigação de portar sinais estampados nas vestes, a flagelação, as peregrinações, a multa e a prisão.

XII. O SISTEMA PENAL DA INQUISIÇÃO

Os símbolos que os condenados deviam exibir em suas roupas reputam-se hoje de finalidade infamante. Na época, não seria bem assim, mas mais propriamente a ostentação, pelo penitente, de que havia pecado e dava público testemunho de arrependimento. A medida caiu porém em desuso porque na realidade expunha o condenado ao desprezo e a maus-tratos de populares. Para os casos comuns de heresia, consistia em cruzes de pano cosidas na frente e no dorso das vestes. Dois martelos de feltro amarelo indicavam os acusados em liberdade provisória; tecidos vermelhos em forma de língua eram reservados aos que haviam falsamente acusado alguém de heresia; distintivos representando hóstias destinavam-se àqueles que haviam profanado o sacramento da Eucaristia, etc.

A flagelação, em que se fustigava o culpado com varas, devia ter, na maioria dos casos, mero valor simbólico e representou o único castigo físico adotado pela Inquisição. Ele não se podia absolutamente comparar com as crudelíssimas penas corporais impostas pelos juízes leigos, que chegavam inclusive a amputações. A flagelação, aliás, sequer possuía naqueles tempos o sentido degradante que adquiriu hoje, mas era medida corriqueira: os religiosos adotavam frequentemente os cilícios, para se purificarem, e os açoites eram rotineiramente impostos pelos pais aos filhos, pelos professores aos discípulos, pelos patrões aos aprendizes, etc.

As peregrinações podiam ser «maiores» ou «menores». Estas últimas, até santuários próximos, as outras a locais distantes: por exemplo, partindo da Alemanha, do norte da França ou da Itália, o peregrino devia dirigir-se até Santiago de Compostela, na Espanha. Ele caminhava a pé, em geral hospedando-se em igrejas ou mosteiros, onde lhe era fornecido um atestado da sua passagem, para posterior exibição ao tribunal.

Durante muito tempo, a Igreja hesitou em adotar a pena de multa, pelos abusos e pela má impressão que isso poderia causar, mas afinal as necessidades práticas prevaleceram. Numa bula de 1245, Inocêncio IV determinou que as multas deviam ser pagas a duas pessoas, escolhidas pelo inquisidor e pelo bispo, destinando-se à construção e manutenção das prisões, bem como a ajudar os presos necessitados. Depois, passou-se também a aproveitar seu produto para cobrir as despesas da Justiça inquisitorial e as custas do processo. Essa pena, recomendava-se, devia ser imposta com muita parcimônia e substituída, sempre que possível, por outro tipo de penitência.

Por derradeiro, havia a pena privativa da liberdade, consistente no aprisionamento do condenado. Era a mais severa dentre as cominadas pela Igreja e só nesta existia. No Direito comum, já sabemos, a prisão não era uma pena, mas medida processual, ou preventiva, cumprindo-se em locais que, no dizer de Cesare Beccaria, por toda parte constituíam «o horroroso recolhimento do desespero e da fome».

De acordo com o pensamento da Igreja, a prisão penal não se destinava a castigar o condenado, mas a levá-lo ao isolamento propício à reflexão salvadora, bem como servia para impedir que ele continuasse a exercer más influências no rebanho cristão.

Como todas as sanções canônicas, tratava-se de medida destinada a penitentes, isto é, a acusados que se diziam arrependidos, mas cuja sinceridade suscitava fortes dúvidas. Notadamente, impunha-se àqueles que, após se terem mostrado, durante todo o curso do processo, irredutíveis na heresia, somente recuavam quando se viam ameaçados com a pena de morte; ou, pior ainda, somente recuavam ao se defrontarem com a fogueira.

Havia dois regimes: o estrito (*murus strictus, durus* ou *arctus*) e o largo (*murus largus*). Neste último, o condenado devia permanecer em sua cela, mas, se se comportasse bem, podia locomover-se pelo interior do presídio em certas horas, assim entrando em contato com outras pessoas. No *murus strictus*, o preso não podia deixar a cela, onde permanecia acorrentado. Reservava-se aos casos especialmente graves de heresia, ou a prisioneiros que já haviam tentado a fuga.

Vários atos pontifícios e vários concílios se ocuparam da prisão, tendendo ao rigor: o condenado devia permanecer isolado, evitando-se comunicação com terceiros, e submetido ao «regime de pão e água», para compensar seus crimes, arrepender-se e conseguir o perdão.

Observa-se que tal pena devia ser perpétua, embora às vezes tenha sido aplicada por tempo certo. Mais propriamente, parece que ela era o que o moderno Direito Penal chama de «pena indeterminada», que é tipicamente uma medida regeneradora: o regime carcerário pode ir-se abrandando na medida da evolução do condenado, e cessar no momento em que este se mostra totalmente recuperado. H.-C. Lea refere o caso de um dos assassinos de São Pedro Mártir, que, após várias peripécias, acabou preso; mais adiante, sinceramente arrependido, foi perdoado, admitido na Ordem dos Dominicanos e morreu pacificamente com a reputação de «beato» (*op. cit.*, I, págs. 522-3).

Menciona-se, em tom de reprovação, que os cárceres religiosos eram mal cuidados e que neles grassava a corrupção: carcereiros e guardas extorquiam vantagens de presos, ou estes as ofereciam àqueles, para obterem regalias. Isso é inevitável em todos os presídios, de todas as épocas. Nem seria possível as autoridades religiosas fiscalizarem tudo quanto ocorria em suas prisões.

3. Frequentes mitigações

Um aspecto a destacar é que, mesmo quando as regras penais da Igreja tendiam para o rigor, este, na prática, costumava ser com frequência mitigado.

Mostra-o muito bem, comprovadamente, Jean Ghiraud, *op. cit.*, col. 878 e segs. As penas da Inquisição eram frequentemente atenuadas ou até apagadas. Não se deve crer, por exemplo, que todo herege que figura nos Registros como condenado ao «muro perpétuo» haja permanecido na prisão o resto dos seus dias. Mesmo os mais severos inquisidores, como Bernardo de Caux, não seguiram tal orientação. Em 1246, esse juiz condenou à prisão perpétua um herege relapso, mas na própria sentença acrescentou que, sendo o pai do culpado bom católico, velho e doente, seu filho podia permanecer junto a ele, enquanto vivo fosse, para lhe prestar cuidados. Quando os detentos caíam doentes, obtinham permissão para se irem tratar fora da prisão ou junto às suas famílias. Frequentemente também os inquisidores concediam atenuações e comutações de pena, por exemplo a prisão era substituída por uma multa, ou uma peregrinação, etc. Essa pena flexível decorria forçosamente do caráter medicinal que lhe atribuía a Igreja.

4. Pena de morte

As sanções até aqui mencionadas foram as únicas a cargo da Inquisição, aplicando-se aos hereges em geral, ou seja, aos «crentes», aos «suspeitos», aos «faltosos», desde que se revelassem penitentes.

A questão da pena capital constitui um dos «cabos das tormentas» do nosso tema, acarretando infindáveis debates. Ela não se continha no Direito Canônico, por isso nunca a impôs a Igreja, fiel ao princípio de que lhe repugna verter sangue («*Ecclesia abhorret sanguine*»). O que sucedia é que, em certas situações, os inquisidores abdicavam de cuidar do caso e transmitiam o réu às autoridades civis, «relaxavam-no ao braço secular», para que deste recebesse a sanção máxima.

Isso terá sido menos frequente do que se assoalha. É o parecer de H.-C. Lea, sempre crível quando condescende com o catolicismo. A despeito da extensão teórica da pena de morte, escreve ele, «eu estou convencido de que o número de vítimas que pereceram na fogueira é bem menor do que normalmente se imagina. O fato de queimar viva, deliberadamente, uma criatura humana, tão só porque ela crê diferentemente de nós, é de uma atrocidade tão dramática e de um horror tão pungente que terminamos por aí ver o traço essencial da atividade da Inquisição. Torna-se pois necessário observar que, entre os modos de repressão empregados por força das suas sentenças, a fogueira foi relativamente o menos usado. Os documentos dessa época de misérias desapareceram em grande parte e não mais é possível hoje levantar estatísticas; mas, se elas existissem, creio que ficaríamos surpresos ao encontrar tão poucas execuções pelo fogo, em meio a tantas outras penas mais ou menos cruéis. É preciso, em tal matéria, saber acautelar-nos contra exageros que são familiares à maioria dos escritores» (*op. cit.*, I, págs. 622-3).

Quando cabia essa solução extrema? Em primeiro lugar, ela se destinava aos hereges impenitentes. Provada a heterodoxia, no curso do processo inquisitorial as autoridades religiosas tudo haviam tentado para obter a reconciliação; todos os recursos de persuasão empregados, todas as advertências e ameaças feitas, mas o acusado se mostrava irredutível, preferindo, até o fim, a morte a ceder. Diante disso, a conclusão do caso era tecnicamente perfeita: essa pessoa deixara de pertencer ao corpo da cristandade, não integrava o seu rebanho, mas lhe era estranha e, pior, inimiga; portanto, a Igreja por ela se desinteressava, suspendendo-lhe a proteção. Declarava o réu «excomungado», vale dizer, excluído da comunhão dos fiéis.

Cessada a competência eclesial para se ocupar de quem se lhe tornara estranho, o caso passava à alçada do Estado. Limitava-se o tribunal inquisitorial, encerrando seu processo, a proferir o veredicto de que o réu possuía esta dupla qualidade: «herege impenitente»; o que, na ótica das autoridades civis, o reduzia à condição de revolucionário, de criminoso nocivo à ordem pública, aos bons costumes, e merecedor, em consequência, de eliminação. As leis penais cominavam, para a hipótese, a sanção capital. Assaz elucidativo entretanto é que, até o último momento, a Igreja permanecia atenta, fiel à sua missão de salvar almas: se, mesmo na iminência de ser executado, o insubmisso se revelava afinal arrependido, a jurisdição eclesiástica recuperava sua força, voltando a dar-lhe amparo, e a pena secular de morte era comutada pela pena canônica de prisão.

Presente esse quadro, focalizemos, dentro dele, a posição de cada um dos três personagens envolvidos: a Igreja, o Estado e o réu – todos imersos na cultura, nas condições de vida, nos costumes, etc., em que haviam sido formados.

Começando pelo réu, o que nele encontramos é um homem irredutível, absolutamente aferrado às próprias convicções, a ponto de aceitar o tremendo suplício da fogueira, e repelindo todas as propostas apaziguadoras. Utilizando linguagem jurídica moderna, diremos que, para as autoridades, se tratava de indivíduo portador de periculosidade em grau máximo. Nada é mais temível do que alguém que, por causa de um ideal, prefere enfrentar a morte. Tão imensa tenacidade convencia ser por inteiro inútil qualquer esperança de entendimento. Na perspectiva das autoridades civis e religiosas, era um «fanático», que se considerava porém um «mártir». Com muita frequência, aliás, a ideia de morte ia ao encontro dos desejos do herege, que ambicionava o martírio como «solução libertadora». Pensemos nos cátaros, a seita mais difundida, que desprezavam a vida terrena e que com tanta facilidade recorriam ao suicídio e aos sacrifícios humanos. Para eles, ser queimado em nome da crença que professavam aparecia como um fim apetecível, gerador de glória. Muitas vezes as autoridades, ao encaminhá-los à fogueira, precisavam impedi-los de falar, para que não fizessem propaganda ao povo ali reunido.

Quanto ao Estado, o problema se lhe apresentava de fácil deslinde. Como toda a ordem e unidade sociais, sob a égide do soberano, a moral e os bons costumes estavam fundados em bases religiosas, o herege impenitente era visto como um inimigo da sociedade, que cumpria destruir. A situação equivalia à de uma guerra: os hereges se disseminavam, se infiltravam por toda parte, ameaçando as instituições civis e religiosas, produzindo mortes e violências de toda espécie, encarniçados no objetivo de subverter a ordem estabelecida. Assim sendo, dentro do sistema repressivo em vigor, não se podia imaginar outro remédio que não fosse o eliminatório. Nem faltou, para tanto, uma justificativa teórica. Como sabemos, o mais grave crime, que então se concebia, era o de lesa-majestade, punindo-se com especialíssimo rigor todo ato que, direta ou indiretamente, atentasse contra o soberano ou suas prerrogativas. Pois bem, os juristas medievais, para explicar a devida severidade contra os hereges, recuperaram, do Direito romano, o conceito de crime de «lesa-majestade divina», que, dirigido contra o próprio Deus, se tornava merecedor de tratamento pelo menos equivalente ao de lesa-majestade na ordem temporal.

No momento enfim em que a heresia passava da jurisdição canônica para a secular, transformava-se em crime, cuja pena tinha de ser a capital, em regra consistente no envio à fogueira. Para compreendermos que não podia deixar de ser assim, basta percorrer o rol de sanções do Direito Penal da época, que desdobramos no Capítulo II. A execução seguia os mesmos ritos aplicáveis à delinquência em geral, era procedida em praça pública e com grande alarde destinado a escarmentar o povo. Também do mesmo modo como se fazia com os demais criminosos, por vezes as autoridades se compadeciam do herege condenado e, *pietatis causa*, procuravam minorar-lhe o sofrimento: mediante a cláusula *de retentum*, o carrasco ficava autorizado a estrangulá-lo, para apressar a morte; ou, mais tarde, adotou-se também o expediente de atar, sob o queixo do paciente, uma bolsa com pólvora, que, ao ser atingida pelas chamas, lhe despedaçava a cabeça. Assim se fazia naqueles tempos....

Nas circunstâncias dadas, igualmente da Igreja era impossível exigir outra atitude. O herege fechara obstinadamente todos os caminhos de encontro, preferia a morte, recusava a paz e somente prometia mais luta. Se fosse deixado solto ou onde quer que o enviassem, continuaria a difundir seus erros. O Estado e a opinião pública exigiam fosse ele destruído, e a pena de morte constituía medida corriqueira, aplicando-se a grande número de infrações, inclusive de escassa gravidade. Dentro da formação cultural, da sensibilidade e dos padrões de comportamento então vigentes, não havia por que deixar a Igreja de aderir à indicada solução.

Do contrário, desmoronariam todas as estruturas em que estavam organizadas a paz e a vida social. A legislação penal laica previa crimes religiosos, para tratá-los com rigor. Poderia acaso a Igreja se opor a isso e, ante a renitência de um fanático herege, exigir que o Estado se mostrasse complacente? Veja-se como tal atitude, para os padrões da época, seria profundamente desconcertante. Representaria, por parte da Igreja, uma confissão de fraqueza nas convicções por ela apregoadas, o que levaria fatalmente à sua derrocada e, com esta, ao enfraquecimento da civilização cristã, que a tanto custo avançava. Não cedamos à tentação de querer aplicar, àqueles tempos, soluções que somente hoje se tornaram possíveis. O certo é que numa época em que até o autor de mero furto se sujeitava às mais atrozes punições será absurdo pretender que mereceria melhor sorte um herege, nas condições descritas.

Afigura-se totalmente inútil o debate consistente em indagar se a Igreja era ou não responsável por essas penas de morte. À evidência sim, dado que, ao transmitir o réu ao Poder secular, ela conhecia perfeitamente a sorte que o aguardava. Mais do que disso, é certo que a Igreja exigia das autoridades civis a sanção capital prevista nas leis, ameaçando-as até mesmo com a excomunhão se se mostrassem negligentes no cumprimento do dever. A entrega ao braço secular costumava aliás ser feita com a fórmula «*debita animadversione puniendum*», «a fim de que ele seja punido como merece». Nem é possível negar que a execução capital, *in casu*, conviesse à Igreja, não só porque erradicava um elemento perigoso ao seu rebanho, mas também porque a execução em praça pública possuía forte eficácia exemplar para os fiéis. Duas ressalvas entretanto cabe fazer. A primeira é que a Igreja, nos casos que lhe diziam respeito, proibia os tormentos preliminares que, para os criminosos comuns, costumavam anteceder a execução capital. Outra ressalva é

XII. O SISTEMA PENAL DA INQUISIÇÃO

apresentada por J. Guiraud: «A pena da fogueira, que revolta nossa sensibilidade, não foi inventada pela Igreja, mas pelo Poder civil. O imperador Frederico II, em sua constituição de 1224, foi o primeiro a editar que o herege, declarado como tal por um julgamento da autoridade religiosa, devia ser queimado em nome da autoridade civil» (*op. cit.*, col. 878).

Consumada a morte, todos os restos do condenado, inclusive suas cinzas, deviam ser recolhidos e fazia-se com que desaparecessem, por temor de que os seguidores da heresia os transformassem em relíquias.

Outra categoria que suscitou enormes embaraços para a Igreja foi a dos hereges relapsos: aqueles que, já tendo sido convencidos do seu erro, a este retornavam depois. O tratamento a eles dispensado foi oscilante. Durante muito tempo, a Igreja os tratou com benevolência. Como assinala H.-C Lea, «é consolador poder dizer que, na grande maioria dos casos, os inquisidores tendiam à clemência» (*op. cit.*, I, pág. 617), impondo tão só a pena de prisão ou mesmo outras medidas mais suaves. Aos poucos, todavia, a experiência foi aconselhando maior rigor. Verificou-se que muitas pessoas, após haverem solenemente abjurado a heresia, continuavam a cultivá-la sub-repticiamente, infiltradas entre os fiéis. Mesmo nas prisões os relapsos exerciam sua influência dissolvente, sendo difícil, se não impossível, coibi-los.

Prevaleceu diante disso a solução da entrega ao braço secular. Aquele que reincidira no crime não mais merecia confiança, devendo ser suprimido; e, agora, de nada valia eventual nova demonstração de remorso. O arrependimento do relapso não o eximia da morte, mas justificava tão só a absolvição sacramental e a comunhão eucarística.

Cabe observar ainda que o fato de já haver falecido não poupava um herege à merecida punição. Se se suspeitava que alguém, já morto, fora herege, abria-se o processo inquisitorial, onde ele podia ser condenado às sanções cabíveis, inclusive à pena máxima. Desenterrado então o cadáver, ou o que deste restasse, realizava-se macabro cortejo pelas ruas, até o patíbulo, onde era procedida à incineração. Isso, que causa hoje profunda repulsa, não era privativo da Inquisição, mas prática usual entre os romanos e em todo o Direito subsequente. Também no Direito Penal secular foram comuns a condenação e a execução *post mortem*. A medida, que se reputava de alto poder educativo, objetivava alertar o povo contra o mal do crime e mostrar-lhe a implacabilidade da Justiça.

5. Medidas patrimoniais

Havia por fim duas medidas patrimoniais acessórias que podiam acompanhar as penas de prisão e de morte: a confiscação de bens e a destruição da casa do condenado.

A confiscação existia já no Direito romano, de onde passou para as legislações penais dos vários povos, como pena de muito frequente utilização. No campo do Direito Canônico, proclamado pela Igreja que o réu era culpado de heresia, daí podia seguir-se, para o Estado, o direito ou até mesmo o dever de se assenhorear dos seus bens. Quanto ao destino a ser dado ao patrimônio apreendido, as regras variaram muito. Na França, seu produto passava ao Fisco, o qual a seu turno devia depois custear as despesas da Inquisição, que eram muito vultosas, notadamente com os presídios que ela mantinha e com o sustento dos condenados pobres. Na Itália, preponderou o sistema de partilhar os bens confiscados entre as autoridades civis, o governo pontifício e a Inquisição.

Inocêncio III decretou, em 1226, que deviam ser destruídas as casas onde os hereges haviam trabalhado ou encontrado asilo; medida que sempre teve igualmente largo emprego no Direito comum (haja vista o ocorrido com o nosso Tiradentes). Essa pena logo entrou porém em declínio, suplantada pela confiscação de bens, que abrangia também a casa do condenado.

XIII. A Inquisição na Itália e na França

1. Itália

A Itália da Idade Média se apresentava como verdadeira colcha de retalhos, dividida em inúmeras repúblicas municipais autônomas, que não se submetiam a nenhum Poder central. A unificação política da península, recordamos, somente veio a ocorrer muitos séculos mais tarde, em 1861, quando Vítor Emanuel foi proclamado «rei de todos os italianos».

O estado de luta era permanente, tanto entre cidades, adversárias na concorrência mercantil, como, dentro de cada uma delas, entre as várias categorias sociais, mercê de inúmeros interesses conflitantes separando ricos e pobres, nobres e grandes negociantes, com seus privilégios, pequenos artesãos agrupados em corporações, camponeses, etc. Esse ambiente tão conturbado, política e economicamente, formava caldo de cultura propício ao surgimento das mais variadas dissidências religiosas.

O vale do rio Pó achava-se infestado de cátaros (ali designados *patari*), que tinham Milão como quartel general e de onde se propagavam rumo ao sul, chegando a ameaçar até mesmo o próprio Estado pontifício. Na Lombardia e na Toscana, proliferavam ademais os speronistas, seguidores de Hugo Speroni, que rejeitavam todos os sinais exteriores da fé, e os arnaldistas, adeptos do ex-padre Arnaldo de Bréscia, que se opunham à posse de propriedades pela Igreja. No final do século XII, o norte da península começou a ser também invadido pelos valdenses, oriundos da França, que em toda parte introduziam falsos profetas. Por acréscimo, havia múltiplas correntes menores: os apostólicos, criados em 1260 por um tal Guerardo Segarelli de Parma, que pretendiam imitar a vida simples dos apóstolos, recusando porém a autoridade do papa e da Igreja, os quais se agrupavam promiscuamente no Piemonte, vivendo de esmolas e de rapinas; os *fraticelli*, que buscavam o ascetismo, repelindo toda forma de organização e hierarquia; os flagelantes, que caminhavam em procissões pelas cidades e se açoitavam mutuamente em pública penitência, etc., etc.

Aos poucos, toda a Itália viu formar-se crescente rede de crenças extravagantes e anárquicas, que se espalhavam subterraneamente, cada qual se apresentando como a mais fiel seguidora dos Evangelhos e unidas todas na insubmissão à autoridade eclesiástica. Diz-se que em Milão havia dezessete diferentes seitas heterodoxas. Lá, e até mesmo em Roma, os cátaros mantinham escolas, onde ensinavam abertamente suas doutrinas. Por todos os rincões se espalhavam seus missionários, pregadores, e eram erigidos templos.

Diante de tão grande mal que se alastrava e que muitas autoridades seculares protegiam, os tribunais diocesanos se mostravam impotentes, convencendo por fim a Igreja da necessidade de uma reação mais ágil, enérgica e eficaz. Como anota H.-C. Lea, «a extrema divisão do país tornava quase impossível medidas gerais de repressão. Suprimida numa cidade, a heresia florescia imediatamente em outra, pronta a fornecer, passada a tempestade, novos missionários e novos mártires. Desde os Alpes e até o Patrimônio de São Pedro, toda a parte setentrional da península estava semeada de ninhos de hereges; que podiam ser encontrados mesmo no sul, até na Calábria» (*op. cit.*, I, pág. 133). Tornava-se imperioso, pois, unificar o combate, sob a direta supervisão pontifícia.

No concílio de Verona (1184), o Papa Lúcio III ordenou providências rigorosas e o mesmo fez Inocêncio III com a decretal *Vergentis in Senium*, dirigida em 1199 aos católicos de Viterbo mas válida para todo o país. Esses e outros atos não produziram todavia efetivos resultados práticos. O problema começou a ser realmente enfrentado com eficiência quando Gregório IX (1227-41) convocou os dominicanos para a batalha, o que estes fizeram através de um trabalho coordenado e pleno de entusiasmo. O mesmo ardor foi mantido por Inocêncio IV (1245-54), o grande artífice da Inquisição, disseminando seus tribunais por toda a Itália. Esse Papa aumentou muito o número de inquisidores e convocou os franciscanos para cuidarem da Itália central e meridional, enquanto aos dominicanos se reservava a região norte. Com a célebre decretal *Ad Extirpanda* (1252), Inocêncio IV disciplinou os métodos investigatórios e colocou o Poder civil às ordens da Igreja. Desde então, com os sucessivos pontífices, a heresia não mais teve trégua nem encontrou refúgio seguro, porque os olhos dos inquisidores tudo viam. Começou assim o paulatino trabalho de esmagamento dos rebeldes.

O mais notável personagem dos primeiros tempos da Inquisição italiana foi Pietro da Verona. Oriundo de família cátara, certo dia, tomado de súbita inspiração, se converteu ao catolicismo e, em 1221, ingressou na Ordem de São Domingos. Logo se destacou por imensas piedade, humildade, paciência, sabedoria; e, conforme a vocação da sua Ordem, devotou-se à missão de pregar contra os desvios religiosos, prontamente adquirindo fama de notável orador, polemista e, também, de taumaturgo. Conta-se que um dia, pregando em praça pública, o seu grande êxito irritou os hereges que na cidade viviam, de sorte que um grupo destes, postado no alto de uma casa, se pôs a lançar-lhe pedras e imundícies. Vendo inúteis todos os pedidos para que o tumulto cessasse, o pregador, tomado de divina cólera, proferiu terrível maldição contra os turbulentos e de imediato a casa desmoronou, esmagando os que nela se achavam. Mais adiante, ao serem os dominicanos designados para organizar o Santo Ofício, um dos primeiros escolhidos foi Pietro, que prontamente assumiu a liderança da ofensiva, com extremo calor e infatigável zelo. Pôs-se a percorrer várias cidades, admoestando as autoridades negligentes e arregimentando-as para a luta. Em Milão, onde as heterodoxias vinham resistindo a todos os esforços para debelá-las, quando esse inquisidor lá apareceu a situação mudou como que por encanto, sendo os cátaros afinal devastados. Idem em Florença, onde ele extirpou os inimigos a ferro e fogo. Como os inquisidores corriam muitos perigos e vários estavam sendo agredidos, Pietro da Verona convocou nobres católicos para protegê-los, com eles organizando uma guarda: a *Società de Capitani di Santa Maria*, de formação militarizada, cujos membros portavam gibão branco ornado com uma cruz vermelha, e se punham às ordens da Igreja, para defendê-la ainda que com o risco da própria vida. Em desespero de causa, por fim, os hereges decidiram eliminar tão implacável perseguidor e, aos 7 de abril de 1252, o apanharam numa emboscada, matando-o a golpes de foice. Com essa morte e impressionados pelos milagres que se seguiram, hereges em grande número se converteram e pouco tempo após, em 1253, a Igreja o canonizou como São Pedro Mártir, o patrono do Santo Ofício.

Entre os séculos XII e XIV, um número incontável de hereges foi sendo exterminado, mas eles não se deixavam imolar passivamente. Ao invés, reagiram também com violência, trucidando muitos inquisidores. A luta, de parte a parte, foi dura, longa e feroz, não só porque os hereges se haviam tornado bastante numerosos, mas ademais porque, sobretudo os cátaros, dispunham de poder. Vários deles haviam galgado postos de relevo na Administração pública e contavam também com a proteção de muitos nobres e de famílias abastadas. Havia ainda interesses políticos de permeio, porque, ao longo dos séculos XII e XIII, perdurou um estado de guerra entre o papado e o império germânico, formando-se, na Itália, dois partidos: o dos guelfos, favoráveis ao pontífice romano e que, conseguintemente, combatiam os hereges, e os gibelinos, que apoiavam o imperador. Estes últimos, mesmo os que não partilhavam das ideias heterodoxas, davam cobertura política e econômica aos hereges, alimentando a contenda. Nas cidades em que predominavam os gibelinos a reação contra os inquisidores mostrou-se muito intensa, obstando-lhes à penetração.

Outro motivo terá contribuído para esse apoio advindo de pessoas poderosas. «Os cátaros não tinham inscrito em seu credo o ideal de pobreza apostólica e jamais a comunidade de bens foi proposta como objetivo do seu movimento». Assinala-o C. Violante (*in* Le Goff, *op. cit.*, pág. 185), para explicar que, nessas condições, o desenvolvimento da economia citadina, artesanal, comercial e bancária, não encontrava nenhum obstáculo nessa religião, que se tornava assim atraente porque liberava os mercadores do tradicional escrúpulo católico relativo aos ganhos obtidos no comércio e no crédito.

Lentamente, no entanto, as dissidências foram sendo vencidas, pela conjugação de alguns fatores. Em 1266, o papa convocou o auxílio de Carlos D'Anjou, irmão do rei São Luís de França, que invadiu a península, destroçando o partido gibelino e ocupando o reinado de Nápoles, o que deu forte alento aos guelfos na sua cruzada contra as heresias. Em consequência, o catarismo começou a minguar, de tal modo que já no início do século XIV havia desaparecido na parte meridional do país e caminhava para a extinção no norte.

Concomitantemente, a Igreja, presente em todas as camadas do povo, prosseguia seu fervoroso trabalho de catequese, exemplo de vida e persuasão. Ao seu lado, o Santo Ofício, já perfeitamente organizado, mantinha uma repressão atenta contra os adversários. Acresce que o catarismo, que na primeira metade do século XIII parecia tão forte que o tornava apto a disputar a

Roma a posse de toda a Itália, passou a mostrar sinais de exaustão, com germes internos que lhe minavam a vitalidade. Para H.-C. Lea, a explicação desse fenômeno deve ser buscada no pessimismo desencorajante da sua doutrina, quando atribuía ao Príncipe do Mal o domínio absoluto do universo visível. «A civilização avançava, a noite cerrada das épocas de trevas começava a dissipar-se diante da aurora das ideias modernas e a humanidade deixava de rastejar no desespero. Em consequência, a teoria maniqueia pouco a pouco perdia seu atrativo. As almas se fechavam à sombria filosofia do pessimismo e já se percebia o futuro em que o homem devia ver na natureza não mais uma inimiga, mas uma mãe e fonte de toda ciência. O catarismo, não podendo evoluir, estava condenado a perecer» (*op. cit.*, II, págs. 309-10).

Mais uma força a ser destacada está na influência dos franciscanos. A origem dessa Ordem é conhecida: seu fundador, Francisco, nasceu em 1182 na pequena cidade de Assis, na Úmbria, filho de rico comerciante. Após uma juventude folgazã, sentiu-se tocado pela mão divina, que o levou a tudo abandonar: vestido apenas com surrado burel preso à cintura por uma corda, saiu pelos campos tomado de intensa alegria. Passou a cuidar dos leprosos, fazia trabalhos manuais, reparava igrejas em ruínas, pregava o evangelho de Cristo ao povo e, para sustentar-se, esmolava. Aos poucos, companheiros se lhe foram juntando, todos unidos pelo ideal de se submeterem à «amiga pobreza». Certa feita, em 1210, quando o grupo já se compunha de doze membros, Francisco dirigiu-se a Roma para pedir a Inocêncio III a aprovação da sua obra. Vendo o mendigo esfarrapado à sua frente, os cardeais prontamente o repeliram, supondo tratar-se de outro daqueles exaltados seguidores de um anárquico «cristianismo puro», que infestavam o país. Impressionado todavia pelo intenso fervor que emanava do solicitante, o papa resolveu meditar com mais cuidado. À noite, viu em seus sonhos a igreja catedral de Roma, isto é, a basílica de São João de Latrão, que se inclinava, ameaçando tombar. Em seguida, apareceu um homem andrajoso a correr pela praça e foi sustentar o edifício periclitante, impedindo-o de cair. Nessa figura Inocêncio III reconheceu o pequenino Francisco e, ao acordar, teve a intuição do importante papel que ele estava destinado a exercer como sustentáculo da fé. De pronto, no dia seguinte, 16 de abril de 1210, aprovou-lhe as regras, dando começo ao que se veio depois a chamar a Ordem de São Francisco. A influência dos frades que a compunham logo se tornou imensa, divulgando o Evangelho dentro da mais perfeita ortodoxia. Tal sucesso passou então a esvaziar as fileiras das seitas heréticas (valdenses, apostólicos, etc.) que buscavam o despojamento e se insurgiam contra a pompa da Igreja. Aqueles novos religiosos que, na sua humildade, se autoproclamavam os «frades menores», também amavam a natureza, a simplicidade, a pobreza e, dentro desse espírito, ofereciam um caminho reto para chegar a Cristo. Preferível pois era segui-los do que enfrentar a Igreja através de outras tortuosas doutrinas, e multidões de hereges o fizeram[1].

O certo é que, suasoriamente ou pela força, pouco a pouco as grandes correntes rebeldes da Itália se foram estiolando no curso do século XIV, para praticamente desaparecerem no século XV. Os escassos hereges que ainda restaram não ofereciam real perigo e eram facilmente assimiláveis pelo corpo social, de modo que os tribunais do Santo Ofício acabaram por se tornar desnecessários e perderam quase toda a sua antiga importância. Com o ingresso da Idade Moderna, à falta das grandes questões

---

(1) Ou mais amplamente, assinala H. Maisonneuve reportando-se a R. Manselli (*op. cit.*, pág. 57), decisiva foi a influência conjunta dos dominicanos, os frades pregadores, e dos franciscanos, os frades menores, não enquanto inquisidores, mas pela sua capacidade de realizar no interior da sociedade em que estavam inseridos uma profunda transformação espiritual. Os cátaros, assim como outros disseminadores de heresias, se aproveitavam, para se insinuar junto aos fiéis, da fácil confrontação entre os costumes do clero e a verdadeira vida cristã. Como essa confrontação se mostrava normalmente em detrimento do clero, ela levava facilmente a produzir a adesão ou no mínimo a simpatia pelas crenças heréticas. Isso porém terminou ou pelo menos se tornou muito mais difícil, com a presença das duas novas Ordens, cujos membros se apresentavam com um rigor de vida e uma severidade de comportamento religioso sem dúvida impressionantes.

que lhes haviam dado outrora tanto poder, esses tribunais se reduziram quase só a assuntos menores e a funções burocráticas.

No século XVI, diante da ameaça protestante, o Papa Paulo III tentou ainda reorganizar a Inquisição italiana, que foi entretanto mal aceita em várias cidades: Milão a recusou, Veneza cedeu com muitas restrições e mesmo em Roma houve revoltas contra esse restabelecimento. A ideia afinal não foi avante, porque na Itália, no dizer de Daniel-Rops, tudo se reduziu a «uma breve chama protestante, mais calvinista do que luterana, que não constituiu grande risco para o catolicismo» (*Renaissance et Réforme*, etc., cit., pág. 503).

2. Judeus italianos

Os judeus não foram molestados pela Inquisição peninsular. Reconhece-o Werner Keller: «Durante a Idade Média, em nenhum país da Europa os judeus viveram mais felizes do que na Itália, pátria da hierarquia e do Direito Canônico. O povo nunca havia sofrido perseguições e morticínios como na Alemanha, Inglaterra ou Espanha. Entre todos os soberanos italianos não houve ninguém mais afeiçoado aos judeus do que os papas do Renascimento, sobretudo os papas da casa Médici, Leão X (1513-21) e Clemente VII (1523-33), o qual recebeu em audiência a um Reubeni e a um Molcho. Eram mais instruídos e mais tolerantes do que seus contemporâneos, considerando a sabedoria judaica como base importantíssima da vida intelectual que praticavam ativamente. Clemente VII permitiu inclusive a instalação de uma imprensa hebraica em Roma» (*op. cit.*, pág. 359).

O fato é importantíssimo para revelar qual o efetivo espaço ocupado pela Inquisição. Como característica essencial sua, ela unicamente investia contra as pessoas que, sendo de origem católica, haviam desertado para abraçar doutrinas que, além de falsas, se voltavam como inimigas contra a Igreja; pessoas que resistiam a todas as tentativas de reconciliação; e que, por acréscimo, procuravam atrair outros membros do rebanho cristão. Por isso os tribunais da fé se ocupavam dessa gente. Não os preocupavam os hereges que guardavam para si suas crenças, mas sim aqueles que se dedicavam a uma atividade dogmatizante. Os judeus eram diferentes, integravam a categoria dos «infiéis» e não tentavam conquistar os cristãos para a sua fé.

Será pois de concluirmos com J. Bernard: «Se todos os tribunais do mundo, tanto leigos como eclesiásticos, tivessem usado a mesma moderação como a Inquisição romana, inúmeros horrores teriam sido poupados ao Ocidente. Nem assim o tribunal romano deixa de ser hostilizado. Os adeptos de Lutero e Calvino nunca perdoaram à Inquisição o ter preservado a Itália – como também a Espanha e Portugal – da infiltração protestante» (*op. cit.*, págs. 30-31).

O suprarreferido Werner Keller, todavia, prossegue sua exposição (obra e loc. cits.) queixando-se de que, na segunda metade do século XVI, as coisas mudaram em Roma, passando os judeus a serem vítimas de várias restrições e perseguições. Obrigaram-nos a portar distintivos e a viver em guetos; o Talmud ingressou no *Index* dos livros proibidos, etc.; e, como recrudescimento da ofensiva, foram queimados cristãos-novos fugidos de Portugal, que, havendo renegado ao catolicismo para retornar à fé judaica, se classificavam como «relapsos». Tratar-se-á, quiçá, dos estertores finais de uma Inquisição em vias de desaparecimento, ou, em outros casos, o que houve foram medidas de reação contra os judeus, as quais se vinham generalizando em vários países, sem interferência do Santo Ofício.

3. A crise franciscana

Profundamente lamentável foi o drama que sobreveio aos franciscanos, confrontando-os com o papado e a Inquisição. As marcas mais salientes que Francisco (1182-1226), chamado o *poverello* de Assis, imprimiu à sua obra consistiram nos ideais de humildade e pobreza, aliadas ao dever de obediência. Os que o seguiam deviam estar imbuídos do mais absoluto desprendimento pelos bens materiais, não podiam possuir nenhum patrimônio, nada mais do que a roupa do corpo. Esmolando, vedado lhes era aceitar dinheiro, mas somente um mínimo de comida, o suficiente para uso imediato. Certa oportunidade, uma mulher miserável, desesperada porque nada tinha para dar de comer aos filhos, aproximou-se do santo e lhe pediu auxílio. Consternado porque nada mais trazia consigo, este lhe entregou a única coisa de que dispunha: o seu exemplar da Bíblia, que deu à pedinte para que o vendesse e pudesse comprar algum alimento.

O sucesso da obra foi logo imenso. Aprovada em 1210 com tão só doze membros, poucos anos após, em 1219, se reuniram no seu local de origem, a Porciúncula, alguns milhares de frades menores. Rapidamente, da Itália eles se espalharam pelo mundo e com tão grande desenvolvimento, como é fácil compreender, foi nascendo a complexidade da organização. Se, antes, os companheiros de Francisco haviam vivido ao léu, sem pouso fixo, dormindo ao relento, em cavernas, choupanas improvisadas ou em igrejas, as necessidades começaram a ser outras. Doravante, tornava-se indispensável haver pousos estáveis, casas e conventos, que abrigassem os religiosos e as pessoas por eles assistidas; depósitos em que se armazenassem vestuários e alimentos; dispensários com provisão de remédios, etc. Nos primórdios, quando o santo conservava o vigor, sua presença e sua palavra haviam bastado para iluminar os companheiros e mantê-los unidos na fé. Depois, tornou-se preciso os frades adquirirem cultura, passando por um noviciado de aprendizagem e, a seguir, dedicando-se ao estudo, com bibliotecas à sua disposição. Os missionários, ao partirem para terras estranhas, careciam de amparo econômico. Não só eles, mas todo o conjunto se teve de submeter a uma estrutura administrativa, para que a Ordem se mantivesse coesa, fiscalizada e organizada. Escusa demonstrar enfim que isso tudo passou a exigir consideráveis meios financeiros.

Em razão do exposto, os ideais do *poverello* foram sendo suplantados pelas necessidades práticas, e a muitos dos seus membros pareceu que a irmandade deixara de seguir o modelo do seu fundador, que era o do Evangelho de Cristo. Então, em meados do século XIII, duas orientações passaram a firmar-se: a corrente rigorosa dos «espiritualistas», que desejavam recuperar a pureza original, pregando livremente a palavra divina; e a dos «conventuais», moderados, que aceitavam as inovações. A ruptura foi crescendo, de modo a pôr em perigo a unidade da Ordem, bem como seus trabalhos, sua reputação, e a Igreja teve de intervir.

No início, tentaram-se meios suasórios. Gregório IX, em 1231, Inocêncio IV, em 1245, Nicolau III, em 1279, declararam propriedade da Santa Sé os bens temporais dos franciscanos, com o que, por ficção jurídica, estes podiam permanecer fiéis à regra da pobreza. Saltava aos olhos, no entanto, que essa fórmula contornava o problema central, sem todavia resolvê-lo, de sorte que a disputa prosseguiu. Com base em escritos de Pedro João Olivi (ou Olieu) e de Joaquim de Fiore, bem como no exemplo de São Francisco, os rebeldes insistiam em que Jesus Cristo e os seus apóstolos nada haviam possuído e que o mesmo deveria ocorrer com aqueles que pretendiam imitá-los. Cristo dissera: *Se queres ser perfeito, vai, vende o que tens, e dá-o aos pobres, e terás um tesouro no céu; depois vem, e segue-me* (Mt 19, 21). Passaram a sustentar que o papa não dispunha de autoridade para contrariar os Evangelhos, mas, se o fizesse, se tornaria herético e, conseguintemente, não deveria ser obedecido. A insubordinação se foi assim avolumando, para atingir níveis intoleráveis, e o Papa João XXII, a partir de 1317, em sucessivas bulas buscou enfrentá-la em sua essência, demonstrando que a pobreza do Salvador e dos apóstolos não fora absoluta, mas mitigada.

Nesses termos, bem se percebe, a questão estava sendo deslocada dos seus reais moldes. Cristo e os apóstolos, em seu tempo, podiam ter mantido certo estilo de vida. Idem São Francisco, quando possuía não mais do que um punhado de adeptos, todos presos ao seu carisma. Fácil era realizar o programa de pobreza total em pequena escala, mas agora as circunstâncias se haviam tornado por inteiro diversas, quando a Ordem contava crescente número de milhares de membros, dispersos pelas nações; e quando a eficiência dos seus trabalhos, em larga escala, passara a depender da posse de bens materiais.

O que pretendiam os «espiritualistas» era levar uma vida solta, descontrolada, que os exporia a erros e ao risco de se deixarem influenciar pelas variadas seitas heréticas mendicantes, que por toda parte pululavam. A Ordem de São Francisco ameaçava assim resvalar para o caos, para o despedaçamento, e, para salvá-la, tornava-se imprescindível submeter seus integrantes a uma organização que deles cuidasse e os mantivesse na ortodoxia, em rígida disciplina. Ademais disso, a posição dos revoltosos levava a obstar a qualquer progresso material e cultural da obra, no exato momento em que se dava a sua propagação universal; e importava em desacreditar o restante clero e a Igreja, que eles acusavam de acumular riquezas. Valioso outrossim o argumento de que o que se pretendia não era impedir o despojamento de cada frade, individualmente considerado, mas permitir que a sua Ordem dispusesse de um patrimônio. Urgia por fim prestigiar a autoridade do romano pontífice, que estava sendo desobedecido.

Entra então em cena a Inquisição. No início do século XIV, no sul da Itália, quarenta e dois rebeldes são instados a se submeterem e, diante da sua recusa, torturados e alguns sofrem a execução capital. Em Nápoles, outros são flagelados e depois expulsos. Mais um grupo, na Toscana, é perseguido pelo inquisidor de Florença, mas seus membros fogem para a Sicília, de onde, expulsos pelo povo, se vão refugiar na Calábria, unindo-se à seita dos *fraticelli*.

Na França, as duas facções permanecem unidas, em precário estado de equilíbrio, até que João XXII decide intervir com mais energia, impondo o ponto de vista conventual. Como entretanto o partido contrário se recusa a obedecer, seus representantes são levados ao inquisidor de Marselha, em cuja presença a maioria dos acusados acaba cedendo, exceto quatro deles, que permanecem irredutíveis, sendo por isso relaxados ao braço secular e queimados, em 7 de maio de 1318. Ao mesmo tempo, o Santo Ofício alarga sua interferência, perseguindo os «espiritualistas» por toda parte, não só na Itália e França, mas também na Catalunha, na Alemanha, etc.

Diante desse firme combate, a revolta vai aos poucos cedendo passo, até que, em 1327, recebe um apoio inesperado, que reacende a luta. Luís da Baviera, eleito imperador contra a vontade do papa, é por este excomungado. Revoltado, ele depõe João XXII e, em seu lugar, coloca Pedro de Corbaria, um frade franciscano espiritualista, que assume o poder com o nome de Nicolau V. Quando porém o imperador volta à Alemanha, João XXII retoma o seu posto, Pedro a ele se submete e seus partidários que não cedem são perseguidos e levados à morte pela Inquisição.

Verifica-se pois que o problema permanece latente, sempre com ameaça de cisma, e, para arredá-lo de vez, chega-se a uma solução de compromisso. Em 1350, sob o pontificado de Clemente VI, os «espiritualistas» são autorizados a se reunirem em conventos próprios, com a condição porém de se sujeitarem à mais estrita obediência à Santa Sé. Essas comunidades, chamadas «de observância estrita», contam com o apoio de São Bernardino de Siena e se multiplicam rapidamente não só na Itália, mas também em outros países.

4. França

Na região sul da França, durante o século XIII, a situação religiosa se vinha tornando catastrófica. «Em todo o Midi, "refinado e fútil", o Cristianismo estava longe de ter conservado a intensidade de vida que ele possuía no norte. As cidades eram demais ricas, a existência era demais fácil. Verdadeiro deixar--seguir atuava em matéria religiosa, uma tolerância feita sobretudo de indiferença. Os judeus eram em toda parte admitidos, frequentemente em altas funções públicas. Estava-se mais preocupado com as cortes de amor e de poesia galante do que com certezas metafísicas. A Igreja, em tal clima, se achava em plena decadência. Em lugar nenhum os vícios se expunham tão abertamente; a simonia estava em todo lugar; a vida dos padres fazia escândalo com demasiada frequência» (Daniel-Rops, *La Cathédrale et la Croisade*, etc., cit., pág. 667).

Os cátaros, ali chamados albigenses devido à forte influência que exerciam na cidade de Albi, encontraram assim terreno extremamente fértil para progredir. Estavam infiltrados na maioria das famílias poderosas e mesmo no clero; ocupavam altos cargos públicos, o povo os recebia com naturalidade e muitos mandavam os filhos estudar em suas escolas. Vários nobres aberta ou encobertamente os apoiavam, inclusive disso se servindo para usurpar bens eclesiásticos.

Durante meio século a Igreja manteve admirável paciência, enfrentando a heresia tão só com as armas da caridade, da pregação e da dissuasão pública. Aos poucos, todavia, alarmando-se, os papas passaram a organizar cruzadas e a enviar representantes seus para enfrentar os rebeldes, mas os resultados foram praticamente nulos. Um desses enviados, São Bernardo, horrorizando-se com o que viu, exclamou: «As basílicas estão sem fiéis, os fiéis sem padres, os padres sem honra; não há mais do que cristãos sem Cristo». Sucessivos concílios também se debruçaram diante do problema, ordenando medidas que não surtiram efeitos apreciáveis.

A partir de 1198, Inocêncio III decidiu cuidar com mais eficiência da questão. Seus primeiros delegados nada conseguiram, mas afinal ele teve a boa ideia de recorrer a Domingos de Gusmão. Este, examinando o caso, começou por fazer uma observação que parecia verdadeiro «ovo de Colombo». Até então, os representantes papais vinham cumprindo suas missões com grande pompa, acompanhados de vistosos séquitos, com rica equipagem. Isso contrastava chocantemente com a simplicidade dos seus oponentes, os cátaros «perfeitos», que compareciam aos debates humildemente, irradiando simplicidade, com o que de pronto despertavam a simpatia do povo. Domingos, com seus frades brancos, inverteu a situação, seguindo pelas estradas a pé, descalço, mendigando o que comer. Desse modo começou a obter êxito e as conversões passaram a surgir, mas, apesar de tudo, dada a amplidão que havia atingido o problema, os resultados foram relativamente medíocres.

Medidas mais fortes eram na verdade indispensáveis, porque a heresia estava profundamente disseminada, o clero achava-se minado, os poderosos incentivavam os dissidentes e a Igreja, apenas com seus tribunais diocesanos, não dispunha de uma organização realmente forte para debelar o mal. Seguem-se altos e baixos, novas cruzadas vindas do norte do país, massacres, tudo em autêntico clima de guerra. Por fim, diante de ambiente tão conturbado e vendo a ineficácia dos bispos, Gregório IX, a partir de 1231, optou por criar a Inquisição, isto é, um órgão permanente e com independência perante as autoridades locais, mas subordinado diretamente à Santa Sé.

Dando início aos trabalhos, o inquisidor Roberto Le Bougre, antigo cátaro que viera a ingressar na Ordem de São Domingos, inaugura a verdadeira repressão e em 1233 queima inúmeros hereges. Os bispos locais não se conformam todavia, ao verem assim diminuídos seus poderes, e se vão queixar ao papa, pretextando excessos, com o que, em 1234, aquele inquisidor é suspenso das suas atribuições. Já no ano seguinte, todavia, Gregório IX volta atrás e dá mão forte a Le Bougre, nomeando-o Inquisidor Geral para a França, excetuadas as regiões do Languedoc e Provença. Exige-lhe todavia prudência, devendo sempre agir de comum acordo com os bispos. Retoma assim fôlego a Inquisição e leva avante seus trabalhos com energia, atacando sobretudo as comunidades cátaras estabelecidas na Champagne. No início de 1239, cinquenta hereges são mortos, em maio do mesmo ano outros 147 vão para a fogueira. Continua firme no entanto a oposição dos bispos, com o que o papa ordena um inquérito e, diante de abusos neste apurados, Roberto Le Bougre é definitivamente destituído e condenado à prisão perpétua. Com isso, cessa a Inquisição monástica no norte do país, retomando poderes a Justiça diocesana[2].

No sul, isto é, no Languedoc e na Provença, a situação política se tornara extremamente confusa, com interesses conflitantes que opunham o condado de Tolosa ao rei da França e aos barões feudais. Em meio a esse complexo jogo e dele se servindo, continuava a medrar a heresia, fundamente arraigada no povo. Por fim, como vimos, cruzados vindos do norte submetem a região e é assim num país ocupado que avança a intervenção inquisitorial, a cargo dos dominicanos. A partir de 1234, três tribunais se instalam, em Tolosa, Carcassonne e Provença. A severidade é grande, centenas de hereges são levados à fogueira e se desenterram os cadáveres de outros, que, expostos em cortejos pelas ruas, são queimados. Estabelecido esse regime de terror, o conde Raimundo VII, de Tolosa, sublevou-se, exigindo mais moderação, no que não foi atendido. Apoiado então pelo povo, ele expulsa os dominicanos, alguns destes são assassinados e vários dos seus prisioneiros libertados. Diante disso, o inquisidor Guilherme Arnaud excomunga Raimundo VII, com aprovação do legado pontifício[3].

---

(2) Consoante J.-P. Dedieu, a alegação de abusos não passou de pretexto. «Os mesmos bispos que protestavam contra a dureza das sentenças inquisitoriais não se privavam de enviar hereges à fogueira, às dezenas. Eles não defendiam nem os cátaros, nem uma abstrata concepção de justiça, mas a autonomia das igrejas locais» (*op. cit.*, pág. 22).

(3) Os trabalhos inquisitoriais acusados de excessiva severidade, informa também J.-P. Dedieu, se desenvolviam entretanto com moderação. «Nós o sabemos agora, após exame de seus arquivos: na segunda metade do século XIII, a Inquisição de Tolosa apenas pronunciou um por cento de condenações à morte no conjunto das sentenças, e pouco mais de 15% de reconciliações, pena que implicava na

Para solucionar a contenda, convoca-se então a intervenção de São Luís, rei da França, que, agindo ponderadamente, obtém do papa que torne sem efeito a sentença de excomunhão e exija dos dominicanos maior moderação em seus procedimentos. Morto porém Gregório IX, essa Ordem recupera seu poder e volta a investir com acentuado vigor. Os espíritos se esquentam, reacende-se a controvérsia entre Raimundo VII e Guilherme Arnaud. Logo após, em maio de 1242, este último e alguns companheiros foram vítimas de uma emboscada e massacrados. A consequência imediata do escandaloso fato foi a chegada das tropas reais que, em 1243, vieram assediar Montségur, uma das derradeiras praças fortes em que se abrigavam os cátaros, a qual se rendeu em 1244. Trezentos e dez «perfeitos» no entanto recusaram a conversão, sendo por isso reunidos e queimados ao pé da muralha da cidade. A queda desse poderoso templo do catarismo representou a mais terrível perda para a heresia, que ingressou então em franca decadência.

Pouco a pouco, mercê do tenaz trabalho da Ordem de São Domingos e, por vezes, dos frades franciscanos, a heresia cátara foi recuando, passou à clandestinidade e, por volta de 1300, praticamente desapareceu das cidades. Nessa altura, outra vitória importante consistiu na captura de Pedro Autier, um dos raros chefes cátaros ainda em liberdade; e, em derradeiras operações de limpeza, foram sendo neutralizados os últimos redutos da heresia em várias localidades, com ainda algumas execuções capitais ocorridas entre 1319 e 1321.

Restaram então, como forças vivas, os valdenses e outras seitas menores, que, ao contrário dos cátaros, não se alicerçavam em doutrinas elaboradas, mas atuavam empiricamente,

---

confiscação de bens e na reclusão ao «muro», a prisão perpétua. Sabe-se outrossim, sempre pelo estudo dos seus arquivos, que ela era temida pelos hereges porque se mostrava capaz de suplantar as proteções locais de que eles gozavam e que haviam frequentemente bloqueado a ação de outros tribunais: ela constituía para eles uma ameaça permanente e os fazia viver, por sua só existência, na insegurança» (*op. cit.*, pág. 25).

recusando submissão à Igreja. Todos esses grupos também foram sendo paulatinamente debelados através não só de uma perseguição intermitente contra eles movida pelos tribunais diocesanos e inquisitoriais, mas igualmente devido a intensas campanhas de catequese e pelo bom exemplo de vida simples oferecido pelos religiosos dominicanos e franciscanos.

5. O processo dos templários

Dois casos houve, na França, em que o Poder político se serviu da Inquisição com baixos propósitos: o processo dos templários e o de Joana d'Arc. Este último, diz E. Burman, «foi o processo mais franca e exclusivamente político de que participou a Inquisição» (*op. cit.*, pág. 103).

A Ordem dos Cavaleiros Templários, de natureza militar e religiosa, foi fundada na Palestina em 1119, ao tempo das cruzadas, com o objetivo de proteger os peregrinos que se dirigiam à Terra Santa. Aos poucos, ela se foi envolvendo em negócios e acabou dona de considerável fortuna. No início do século XIV, como sua presença na Palestina se tornara dispensável, os templários retornam à Europa; e, tratando-se de uma organização fechada, muito rica e soberba, com reuniões secretas, logo a cerca uma aura de mistério, propícia a inflamar as imaginações. Nessa época, Filipe o Belo, rei da França, necessita desesperadoramente de recursos financeiros e obtém da Inquisição que instaure um processo contra os templários, no qual, sobrevindo a condenação, se imporá a pena de confiscação de bens. As acusações são fáceis e confluem para a de heresia: os réus, alega-se, praticam ritos sacrílegos e imorais, são idólatras, renegam a Cristo, cospem sobre a cruz, etc.

Presos em fins de outubro de 1307, cento e trinta e oito deles são interrogados sob tortura, em virtude da qual trinta e seis morrem, e os restantes confessam os crimes que lhes são imputados. Diante do escândalo que o fato provoca, o Papa Clemente V protesta, mas, sendo homem de saúde delicada e caráter fraco, submisso ademais ao rei, acaba cedendo às suas pressões e lhe aprova os atos. Seguem-se estranhos avanços e recuos: de novo interrogados, os templários se retratam, protestando inocência; mas pouco depois, diante de delegados pontifícios, voltam a confessar. Filipe o Belo força então os acontecimentos e precipita o seu desenlace, provocando um sínodo para julgar o processo. Aos 12 de maio de 1310 lavra-se a sentença, que qualifica os acusados como hereges relapsos e os condena à fogueira. Logo nesse mesmo dia cinquenta e quatro templários já são queimados e aos poucos os outros seguem a mesma sorte, até os últimos, executados em Paris, aos 18 de março de 1314.

«Que pensar desse processo?», indaga H. Maisonneuve. «Algumas observações se impõem. As acusações dirigidas contra os templários não parecem fundadas, a despeito das confissões obtidas por meio da tortura. Como essas confissões não foram desmentidas, por temor a uma continuação da tortura, elas podiam ser tomadas juridicamente em consideração e justificar, consoante o Direito inquisitorial, a condenação das vítimas. Enfim e sobretudo, a tenacidade do rei e a fraqueza do papa dão a medida do poder do Estado sobre a Igreja com um objetivo que nada tem a ver com a ortodoxia das vítimas. Os inquisidores estão às ordens do papa, mas o papa está praticamente sob as ordens do rei. Se a fraqueza de Clemente V é manifesta, a responsabilidade de Filipe o Belo nesse trágico acontecimento é inteira» (*op. cit.*, pág. 115).

6. Joana d'Arc

Acha-se em curso a chamada «guerra dos cem anos» (1337-
-1453), em que se digladiam Inglaterra e França, tendo esta última, após pesadas derrotas, grande parte do seu território, Paris inclusive, ocupado pelo inimigo. A situação se vai tornando assim imensamente perigosa e, em 1428, a cidade de Orléans é

sitiada pelos ingleses. Apavorados, seus habitantes se dispõem a fugir, quando surge na corte de Carlos de Valois, pretendente à coroa da França, uma jovem de nome Joana d'Arc (1412--31), que se proclama enviada pelos céus para livrar Orléans e sagrar o delfim Carlos como rei, na catedral de Reims. Filha de modestos camponeses, viera da longínqua Lorena, andara por caminhos infestados de salteadores e de soldados; para tornar despercebida sua condição de mulher, o que a exporia a maiores riscos, e porque pretende participar de batalhas, apresenta--se em trajos masculinos e com os cabelos cortados rentes. Seu entusiasmo, sua confiança são fascinantes, de todo o seu ser emana forte odor de santidade. Descreve as visões que teve, as vozes celestes que ouviu, concitando-a a salvar a pátria. De tal modo impressiona, que o inteiro povo logo se dispõe a segui-la e se lança à guerra, com Joana à frente, vestida de armadura branca e portando um estandarte. Arremessa-se ela com incrível intrepidez no meio das espadas adversárias, embora ferida não desanima, transforma todas as pessoas em soldados, faz--lhes desaparecer o medo e consegue, por fim, libertar a cidade, aos 8 de maio de 1429. À frente das tropas, persegue depois os ingleses, que são decisivamente vencidos na batalha de Patay. Graças a isso, conforme predissera aquela que se tornou daí por diante conhecida como a «donzela de Orléans», em Reims é coroado o rei Carlos VII.

Logo após, no entanto, Joana é aprisionada pelo inimigo e transportada para a cidade de Ruão. Os ingleses, exasperados por ódio e humilhação, sentem-se em xeque e se veem na necessidade resguardar o próprio brio. «Era tal a raiva deles contra a Donzela que uma mulher foi queimada viva por haver dito bem dela. Se a Donzela não fosse também julgada e queimada como bruxa, se as suas vitórias não fossem atribuídas ao demônio, ficariam na opinião do povo como milagres, como obras de Deus. Então Deus seria contra os ingleses; haviam sido bem e lealmente vencidos, pois que a sua causa era a do diabo. Nas ideias do tempo não havia meio-termo. Esta conclusão, intolerável para o orgulho inglês, era-o ainda muito mais para um governo de bispos como o da Inglaterra, para o Cardeal que tudo dirigia» (J. Michelet, *op. cit.*, págs. 89-90).

Grande é portanto o alvoroço dos ingleses e dos borguinhões, seus aliados franceses. Acusam-na de feitiçaria, resvalando para a heresia, o que a coloca sob a jurisdição não só da Justiça eclesiástica regular, mas também da Inquisição. Em janeiro de 1431 tem início o processo, sob a presidência do bispo Pedro Cauchon e do dominicano João Le Maître, assistidos por abundante corpo de assessores. Realizam-se pesquisas na terra natal de Joana, infiltram um espião no presídio onde ela se acha detida, para lhe surpreender alguma frase comprometedora, tudo porém em vão. Seguem-se inúmeros interrogatórios exaustivos. Aos juízes interessam não só o passado religioso da acusada, mas sobretudo as alegadas visões e aparições de anjos e santos. A ré se mantém firme. Quando lhe indagam se, ao ver São Miguel, este se achava nu, ela responde: «Acaso pensais que Deus não dispunha do que vesti-lo?» Muito impressionam as vestes masculinas que ela havia portado e o fato de trazer curtos os cabelos.

No mês de maio, entra a causa na fase decisória. A tortura é dispensada, por se considerarem suficientes as provas já colhidas. As aparições de anjos e santos são qualificadas como ilusórias, sugeridas pelo demônio, de sorte que, nelas insistindo, a ré se tornara temerária, blasfematória, presunçosa e fortemente suspeita de heresia. A isso se somara a avidez de guerrear, a necessidade de verter sangue, o ódio aos borguinhões, «violando o preceito divino de amor ao próximo». Grande destaque é dado ao fato de Joana «haver cortado os cabelos, que Deus dá como um véu à mulher, e ter rejeitado o hábito feminino». Concluindo, arma-se este dilema: se a pseudovidente se retratar, sofrerá tão só a prisão perpétua; caso contrário, será entregue ao braço secular, para o devido castigo, isto é, a pena de morte.

Reúne-se então o tribunal, com grande pompa, e convida a prisioneira a abjurar suas faltas. Exausta, enfraquecida pelos maus-tratos recebidos, apavorada ante a perspectiva de ser queimada, ela aceita e, não sabendo escrever, assina com uma cruz a declaração de arrependimento que lhe haviam preparado. Nesta se lê inclusive que ela lastima «ter portado hábito dissoluto, desconforme e desonesto contra a natural decência, e cabelos aparados à maneira de homem, contra toda a honestidade de mulher». Isso feito, impõem-lhe, como penitência, a prisão por toda a vida, no regime do «muro estreito».

Aos ingleses não satisfaz porém tal solução. Mesmo presa, Joana continua a exercer grande fascínio, que incentiva seu povo à luta; é preciso que morra sob o labéu de bruxaria, assim desmoralizando-se, tanto ela como o rei Carlos.

Logo mais, à noite, algo misterioso ocorre: parece que a prisioneira foi violentada, suas roupas desaparecem, de tal sorte que esta, sem outra alternativa, se vê obrigada a recorrer às antigas vestes masculinas. Denunciado logo o fato, as conclusões brotam naturalmente: Joana renegou a anterior abjuração e se tornou relapsa, o que automaticamente a sujeita ao braço secular, que é, no caso, a autoridade inglesa.

Os ingleses agora se apressam. Preparam imensa fogueira na praça central de Ruão e, diante do povo ali reunido, Joana, após se ter confessado e recebido a comunhão, é conduzida portando na cabeça uma coroa de papel onde estão escritas as palavras «Herética, Relapsa, Apóstata, Idólatra». Amarram-na ao poste e acendem o fogo, que a consome lentamente. As cinzas que restam são dispersadas nas águas do rio Sena.

A data é 30 de maio de 1431; Joana d'Arc conta apenas dezenove anos de idade.

XIV. A Inquisição na Alemanha e em outros países
Magia e bruxaria

1. Alemanha

Documentos fragmentários do século XIII revelam a existência de vários casos de infecção nas províncias germânicas, que os tribunais episcopais procuravam debelar.

Os cátaros eram ali raros, ao inverso dos valdenses, que se espalhavam pelo país em grande número, além de variadas outras seitas menores. Duas destas merecem particular destaque: a dos luciferanos e a dos Irmãos do Livre Espírito. Os primeiros honravam Lúcifer, vale dizer Satanás, que a seu ver fora injustamente banido do céu e que um dia triunfaria, suplantando Deus. Na Páscoa, todos os anos, mantinham o hábito de fingir que comungavam, para conservar a hóstia na boca a fim de cuspi-la depois nos esgotos.

Os Irmãos do Livre Espírito defendiam uma tese panteísta, consoante a qual Deus se acha em toda parte, nos seres humanos, nos animais, em todas as criaturas. Tudo d'Ele provém, e a Ele fatalmente retornará após a morte. Assim sendo, inúteis são as boas obras e o culto exterior, inexistem o purgatório e o inferno. Logo, nada tem a fazer a Igreja, negando-se qualquer importância aos seus sacramentos.

Como bem se percebe, tais crenças possuíam não só um valor religioso negativo, mas se apresentavam também prenhes de consequências morais e sociais, profundamente dissolventes.

Por esse tempo, havia na Alemanha um religioso do mais alto prestígio, Conrado de Marbourg, orador inflamado, notável pela sua firmeza e pelo extraordinário zelo, que fizera voto de pobreza, mendigando o pão de cada dia. Assim quando, em 1227, Gregório IX se dispôs a enfrentar com pulso firme as heresias, Conrado pareceu desde logo a pessoa indicada para dirigir os trabalhos. Nessa altura, inexistia ainda uma Inquisição juridicamente organizada, mas a esse religioso foram dados poderes que o faziam depender diretamente da Santa Sé, sobrepondo-se à autoridade dos bispos locais, como se fosse um Inquisidor Geral.

Convocados para o combate os irmãos de São Domingos e de São Francisco, fogueiras começam a iluminar-se. Reagem todavia os heresiarcas, almejando suplantar a Igreja, quando Conrado recebe ordens para redobrar a energia. Em 1229, é descoberta poderosa rede de valdenses em Estrasburgo, contra os quais se desencadeia severo combate; alguns deles são queimados, outros, arrependidos, se submetem a diversas penitências.

Em 1231, cabe dizer que já se acha montado todo um sistema repressivo eficaz e bem coordenado. Seguro então da sua força, Conrado passa a hostilizar alguns nobres, senhores poderosos, que ele acusa de desvios religiosos. A questão todavia se complica, o principal acusado, conde de Sayn, é absolvido por um tribunal improvisado e Conrado, desiludido, pretende retirar-se para sua cidade natal, quando vem a ser assassinado. Horrorizado pelo ocorrido, Gregório IX quer organizar uma cruzada para restabelecer a ordem e punir os culpados, mas a ideia não se concretiza, pela surda oposição que lhe fazem tanto os nobres como o bispado.

Na verdade, a Inquisição encontrou enormes dificuldades para se estabelecer em solo germânico, devido à resistência que sempre mantiveram os bispos e arcebispos, à frente de uma Igreja muito forte, ciosos das próprias prerrogativas e magoados pela intrusão em seus domínios. Em razão disso, já no século XIII a atuação inquisitorial entra em ponto morto, ao terror desencadeado por Conrado de Marbourg sucede alguma tranquilidade. Em 1261, em concílio realizado na cidade de Maiença ela é reavivada, omitindo-se todavia a presença dos dominicanos, de maneira que os trabalhos ficaram a cargo dos tribunais ordinários. Somente um século mais tarde a Inquisição dominicana reaparece, para reatar a luta contra as heterodoxias.

Nesse entretempo, dominaram portanto as autoridades religiosas locais. Em 1325, o arcebispo de Colônia liquida algumas dezenas de hereges, e de igual modo agem os bispos de várias outras localidades. Em 1347, morto Luís da Baviera, o novo imperador, Carlos IV, alia-se ao bispado, concedendo-lhe todo o apoio do braço secular. Os papas, todavia, almejam reavivar o Santo Ofício, que é restabelecido por Clemente VI, em 1349, por Inocêncio IV, em 1352, e por Urbano V em 1367. As autoridades diocesanas continuam no entanto a reagir passivamente, enquanto os novos inquisidores se lançam à sua missão com vigor. Inúmeros hereges são por eles exterminados na Alemanha central, na Silésia, nos Países-Baixos. Na região do Reno, as investidas se tornam demais violentas, o que provoca reações, e Gregório XI, disso informado, procura moderar o ardor dos seus delegados e convoca o auxílio dos bispos para que intervenham, com o que retomam estes sua força. Novo apoio lhes é dado pelo concílio de Constança (1414-18), que determina a extirpação das heresias através de um controle permanente, do qual são incumbidos os bispos e os príncipes.

Dessa maneira prossegue um trabalho intermitente e irregular, com altos e baixos, alternando-se o predomínio dos inquisidores e o da hierarquia regular, até que, aos poucos, se vai avolumando a crise que levará à Reforma. Somam-se conflitos religiosos com graves problemas políticos, sociais, econômicos e, no momento em que a vaga protestante se precipita, a Igreja nada mais pode fazer, não dispõe de força para bloqueá-la. Quando, em 31 de outubro de 1517, Martinho Lutero apresenta as suas proposições na Igreja de Wittenberg e as defende publicamente, torna-se já impossível qualquer eficaz reação católica. A Inquisição jamais dispôs de grande força na Alemanha e agora está condenada a ali desaparecer, diante de uma realidade em que governantes e largas porções do povo aderem em massa à causa protestante.

2. Outros países

Equivalentes sucessos, com as mesmas dificuldades do papado perante as hierarquias nacionais, ocorreram, *mutatis mutandis*, em várias outras regiões da Europa: Boêmia, Hungria, Polônia, etc. Flandres e os Países-Baixos vieram a ter tribunais inquisitoriais próprios desde 1240.

Ao contrário, como instituição organizada, a Inquisição jamais se implantou na Grã-Bretanha e na Escandinávia.

3. Magia e bruxaria

No final do século XII surgiu notável eclosão de espiritualidade popular (cf. *v.g.* J. Lortz, *op. cit.*, I, pág. 464 e segs.), dentro da qual se desenvolveu entretanto o mau fruto da superstição. Nesta última se mesclavam o sobrenatural e o terreno, para o que muito contribuíram as cruzadas, quando trouxeram de volta, em suas bagagens, fortes influências do Oriente, bem como concorreu também a doutrina cátara, que com tanta força se infiltrava entre o povo.

XIV. A INQUISIÇÃO NA ALEMANHA E EM OUTROS PAÍSES

Alguns dos produtos mais salientes do fenômeno foram o milagrismo, vale dizer, a exigência constante de milagres; a importância emprestada a amuletos; o acentuado apego a relíquias, quase sempre de duvidoso ou nenhum valor; mais adiante, a crença na Astrologia. Acima de tudo, fortificou-se a convicção de que Deus, os santos e, também, o demônio estão sempre presentes neste mundo, imiscuindo-se materialmente nos negócios humanos. Bem ilustra a ideia dessa intervenção divina o recurso processual, que já conhecemos, dos Juízos de Deus ou ordálios.

Foi no bojo dessa cultura que se desenvolveu enormemente a prática da magia e da bruxaria, impregnando com grande intensidade as mentes medievais, num crescendo que atingiu o seu ápice durante os séculos XIV e XV.

É muito sutil, se não artificiosa, a diferença essencial que se queira estabelecer entre magia (ou feitiçaria) e bruxaria. Em ambas, o sujeito pretende ter domínio sobre as forças da natureza, para produzir fenômenos contrários às leis naturais, ou desconformes às suas causas, com auxílio de forças ocultas provindas do além. O que apenas cabe dizer é que a bruxaria costuma ser mais aparatosa e com maior frequência supõe a imediata intervenção demoníaca, *verbi gratia*, a estereotipada imagem de bruxas voando pelos ares, montadas sobre vassouras ou sobre animais (estes nada mais sendo do que o diabo). A magia, ao invés, está mais interessada em filtros, poções, elixires, rezas de suposto efeito milagroso, adivinhações, encantamentos, etc. Pode ser magia «branca» ou «negra», conforme se proponha a atrair uma pessoa para algo bom ou a lhe causar algum dano.

Tais aberrações, que se avolumavam, constituíam riquíssimo caldo de cultura para desordens religiosas, morais e sociais, acarretando toda sorte de malefícios. Descambavam, fatalmente, para desvios de fé; para estelionatos, em que o bruxo e o mago tiravam proveito econômico dos seus «clientes»; para homicídios, em regra através de envenenamento, e, muito comumente, infanticídios; para fraudes, violências e orgias sexuais. É inclusive sabido que a magia pode efetivamente surtir efeito, quando a vítima nela acredita, chegando até mesmo a morrer[1].

Os efeitos objetivados através dos feitiços eram os mais variados: afetar pessoas, produzindo-lhes amor ou desamor, morte, cegueira, doença, impotência ou esterilidade sexuais, etc.; prejudicar animais ou plantações; envenenar cursos d'água ou fontes; provocar tempestades, inundações, incêndios.

Além da missa negra que se relizava nos dias santos, com a imagem de satã sobre o altar, famoso foi o «sabá», assembleia que, na meia-noite dos sábados, reunia bruxos e bruxas, sob a presidência do diabo com a forma de um bode. Começava a festança quando todos deviam beijar o traseiro desse animal. Seguiam-se comidas e bebidas fartas, em meio a imensas orgias e depravações sexuais, inclusive com os demônios presentes, e era voz corrente que também se procedia ao sacrifício ritual de crianças. Havia firme convicção de que os demônios podiam manter relações carnais com seres humanos; tanto demônios masculinos (íncubos) com mulheres, como demônios femininos (súcubos) com homens. Às vezes isso ocorreria quando a vítima, dormindo, se achava desprevenida. Muita angústia deveria causar, na crédula alma popular, a perspectiva de que essas uniões pudessem gerar frutos, meio humanos, meio satânicos...[2]

---

(1) Modernamente não se duvida da possível eficácia dessas atividades supersticiosas, em que o desfecho letal realmente sobrevém por efeito de certos mecanismos psicofisiológicos que sofre o paciente, em decorrência da sincera persuasão sobre o valor da magia, de que estão imbuídos ele, o mago e toda a cultura em que ambos se acham imersos. Tal eficácia real em vários casos, que se comprovava, muito concorreria para reforçar na alma popular a crença na magia.

(2) «Evidentemente em nossos dias nenhum teólogo afirma que o demônio tem corpo e pode efetuar cópula sexual. É espírito, independente de qualquer constituição somática. Os antigos, porém, tiveram dificuldade de conceber um espírito puro, isento de corporeidade (ainda que etérea ou sutil). Os estoicos imaginavam o *pneuma* divino como algo de corpóreo a penetrar o mundo material. Os judeus iam mais longe: admitiam que os anjos tivessem pecado sexualmente com mulheres, dando ocasião ao dilúvio narrado em Gn 6-9; cf. Gn 6,1s (e a interpretação dada

Naquelas épocas, as ciências naturais estavam absolutamente despreparadas para explicar muitos dos fenômenos, reais ou ilusórios, que se apresentavam. Desvendam-nos, hoje, as modernas Psicologia, Psiquiatria e Parapsicologia. Muitos feiticeiros e bruxas se reduziam a mulheres histéricas, loucos de todo gênero, desequilibrados mentais, pessoas sensitivas ou demais sugestionáveis, etc. G. Henningsen adverte porém ser preciso cuidado ao recorrer ao diagnóstico psiquiátrico para explicar a bruxaria, porque a maioria dos que a esta se dedicavam eram pessoas perfeitamente normais, apenas sugestionadas pelo ambiente em que viviam (*op. cit.*, pág. 233). Haveria por certo também inúmeros espertalhões, que maliciosamente exploravam a ingenuidade das vítimas. Casos terão existido ainda (por que não?) de verdadeira possessão diabólica.

Tal possessão pode realmente ocorrer, como ensina a doutrina católica fundamentada nos Evangelhos, quando satanás toma posse de uma pessoa, transformando-a em instrumento para a prática do mal. O que a Igreja nega peremptoriamente é a possibilidade de intervenção diabólica ou de contato com as almas dos mortos ao arbítrio de um ser humano, sem permissão divina.

Tamanha desordem, produzida pela exploração de superstições, convenceu, primeiro, as autoridades civis de todos os países a intervirem com extrema energia, qualificando tais práticas como criminosas e castigando-as com severidade, até mesmo

---

pela tradução grega dos LXX). Na Tradição cristã, tal concepção esteve presente até o fim da Idade Média, como se vê; nunca foi dogma de fé, mas apenas tese comum. «Compreende-se que quem abraçasse tal pressuposto e admitisse a existência de íncubos e súcubos, reagisse energicamente contra tão grande mal. Os medievais o faziam de boa fé, dentro das categorias de pensamento que lhes eram familiares e de cuja validade não duvidavam. Os historiadores que hoje consideram esse passado, tendem a julgá-lo através das categorias de pensamento modernas, exigindo dos antigos o que eles não sabiam nem podiam dar; não levam em conta os textos que exprimem o ardente amor pela verdade, pela justiça e pelo bem que animava os Inquisidores de modo geral» (Estêvão Bettencourt O.S.B., em *Pergunte e Responderemos*, Rio, novembro de 1991, págs. 496-7).

com a pena capital, via de regra executada na fogueira. Sirvam de exemplo as Ordenações Filipinas (1603) de Portugal, cujo Livro V cuida, no Título III, *Dos feiticeiros*. Conforme as leis de antanho, o texto é demais prolixo e obscuro. Dele nos limitamos a extrair os seguinte excertos: «*Stabelecemos, que toda pessoa, de qualquer qualidade e condição que seja, que de Lugar Sagrado, ou não Sagrado tomar pedra de Ara ou Corporaes, ou parte de cada huma destas cousas, ou qualquer outra cousa Sagrada, para fazer com ella alguma feitiçaria morra morte natural. E isso mesmo, qualquer pessoa, que em circulo ou fóra delle, ou em encruzilhada invocar spiritos diabolicos, ou der a alguma pessoa a comer ou a beber qualquer cousa para querer bem, ou mal a outrem, ou outrem a elle, morra por isso morte natural [...]. Outrosi não seja alguma pessoa ousada que para adivinhar lance sorte, nem varas para achar thesouro, nem veja em agoa, crystal, spelho, spada, ou em outra qualquer cousa luzente nem em spadoa de carneiro, nem faça para adivinhar figuras, ou imagens algumas de metal, nem de qualquer outra cousa, nem trabalhe de adivinhar em cabeça de homem morto, ou de qualquer alimaria, nem traga consigo dente, nem baraço de enforcado, nem membro de homem morto, nem faça com cada huma das ditas cousas, nem com outra (postoque aqui não seja nomeada) specie alguma de feitiçaria ou para adivinhar, ou para fazer dano a alguma pessoa, ou fazenda, nem faça cousa, per que huma pessoa queira bem, ou mal a outra nem para legar homem nem mulher que não poderem haver ajunctamento carnal...*» E por aí segue impávido o legislador lusitano, cogitando, também para puni-las com rigor, outras variadas hipóteses.

 A Igreja, a sua vez, oscilou muito. No começo, considerando que tudo não passava de simples práticas supersticiosas, limitou-se a combatê-las pela palavra e a impor as penitências normais. Paulatinamente, no entanto, ela foi sentindo a necessidade de enrijecer sua reação. A magia e a bruxaria se apresentavam carregadas de perigos morais e abalavam a pureza da fé cristã. O binômio Deus-demônio interferindo no mundo sensível, como obsessiva oposição entre o bem e o mal, passou a desaguar na heresia cátara. Os tribunais eclesiásticos vieram assim a se ocupar do assunto e, para reforçá-los, recorreu-se depois à Inquisição. Em princípio, esta última deveria conhecer apenas dos casos em que se vislumbrassem conotações heréticas. O Papa Alexandre IV, em 1258, delineou essa competência inquisitorial e João XXII, a partir de 1320, baixou várias bulas ordenando que o Santo Ofício cuidasse das causas versando sobre encantamentos, pactos diabólicos e profanações de sacramentos.

Outros posteriores atos pontifícios também disciplinaram a interferência do Santo Ofício na matéria, mas, de modo geral, cabe dizer que a Igreja continuou indulgente, exceto nas conjunturas em que se apresentasse alguma perigosa heresia. A tendência mais frequente era considerar que os réus não passavam de indivíduos alucinados, cujas atividades daninhas deviam ser da alçada da Justiça leiga.

As soluções, em resumo, muito variaram no tempo e conforme o país. De modo geral, podemos consignar que confluíram, nesse campo, a jurisdição secular e a eclesiástica, esta às vezes com seus tribunais regulares, às vezes com o Santo Ofício; mas com o passar do tempo a atitude da Igreja, repetimos, foi no sentido de se ir alheando ao assunto, para deixá-lo somente a cargo da Justiça comum. Sobrevindo a Reforma protestante, nas regiões por ela dominadas reacendeu-se o rigor: Lutero proclamava ódio aos «possuídos pelo demônio», que, no seu entender, deviam ser lapidados antes de enviados à fogueira; e equivalente foi o pensamento calvinista.

No final do século XVI e durante o século XVII, a História ainda registra alguns casos em que os tribunais seculares sancionaram a magia e a bruxaria. Depois, tais práticas, em si, deixaram de ser consideradas delituosas, punindo-se tão só as infrações penais comuns que costumavam acompanhá-las.

É totalmente impossível saber quantos bruxos, quantos magos e feiticeiros foram submetidos à forca ou à fogueira, nos vários países e durante os séculos em que durou sua perseguição penal. Menos ainda será possível calcularmos quantos terão sofrido esse suplício por imposição da Igreja ou por responsabilidade exclusiva da Justiça estatal. A preferência dos escritores que querem, por esse caminho, atingir a Igreja é indicar quantidades elevadas. Já Voltaire falava em cem mil bruxas queimadas vivas, número que até hoje continua sendo repetido, embora totalmente arbitrário, sem nenhuma base séria. Outros, mais ousados, avançam até milhões. G. Henningsen, referindo alguns historiadores, admite que, na Europa, devem ter sido queimadas umas vinte mil pessoas (*op. cit.*, pág. 21).

Certo é, isto sim, que, dentro do intenso sentimento de religiosidade que a envolvia, a cristandade se deixou arrastar para enormes exageros. Imensa e geral era a preocupação com as intervenções diabólicas, como atestam as várias obras então escritas sobre *Demonologia*. O mais importante livro a respeito foi publicado na Alemanha em 1486 por dois inquisidores dominicanos, Heinrich Kramer e James Sprenger, com o título *Malleus Maleficarum* («O Martelo das Feiticeiras»), traduzido em vários países, inclusive no Brasil. Trata-se de trabalho que, a seu tempo, teve enorme difusão, porque serviu de guia não só para o Santo Ofício, mas sobretudo, durante alguns séculos mais, para os juízes seculares, nos processos de bruxaria. Teólogos modernos não endossariam hoje, entretanto, inúmeras das suas afirmações.

Sobre esse livro se faz grande atoarda, considerado, como é, prova do «atraso» em que vivia o catolicismo. Cumpre porém bem compreendê-lo, com serenidade, colocando-o dentro do clima, da cultura em que foi redigido e das necessidades que o motivaram. Partia-se destes dados certos, tradicionalmente aceitos pela Igreja: pode existir a infestação do demônio, quando este se apodera de alguém, para a realização de malefícios; o que, ressalva-se, não decorre nem da iniciativa do paciente, ou possesso, nem do poder de satã, mas de uma permissão divina; a maioria das obras atribuídas ao demônio são ilusórias, ao passo que outras são reais, chegando até à produção de enfermidades e à morte; o que leva a acreditar na efetiva existência da bruxaria. Por fim, consoante a Igreja, quem busca o demônio, a ele se devota e com ele pretende ter feito algum pacto, se torna herege, merecendo, por isso, punição. Essas e outras proposições equivalentes foram por exemplo aprovadas em 1398 pela Faculdade de Teologia da Universidade de Paris; assim como o livro ora referido foi aprovado pela Faculdade de Teologia da Universidade de Colônia.

Dando pois como certa a realidade da bruxaria, o grande problema dos juízes antigos consistia em identificá-la nas situações concretas. Muitos fatos, que a Parapsicologia hoje explica, aos olhos da época pareciam confirmar o fenômeno: pessoas que se põem a falar algum idioma estrangeiro, para elas totalmente desconhecido; que anteveem o futuro; que adivinham fatos ocultos da vida passada de outrem; casos de transmissão de pensamento; criaturas que se elevam nos ares, que resistem a forças físicas muito mais fortes do que as suas; que, apenas com o olhar, afetam objetos distantes, danificam plantas e animais, etc., etc. São fenômenos, todos, que levavam os demonólogos medievais a meditar, porque, com os conhecimentos de que dispunham, não tinham explicação natural.

Presas de forte misticismo, as inteiras populações viviam na constante persuasão da presença demoníaca, e isso forçosamente tinha de acarretar brutal proliferação de indivíduos que se qualificavam como magos, bruxos e bruxas; o que, escusa demonstrá-lo, gerava gravíssimas consequências para a ordem pública. Elucidativa é a verificação de que muitas vezes a Justiça eclesiástica absolvia ou só impunha leves penitências a acusados de bruxaria, mas o Estado, retomando a causa, aplicava a pena capital; ou então o povo, adiantando-se às providências oficiais, fazia justiça pelas próprias mãos, trucidando os suspeitos.

Em todos os recantos da Europa a bruxaria se disseminou, mas a sua maior expansão se deu na Alemanha, infestada de magos e bruxos. As preocupações que disso advinham são eloquentemente reveladas na bula através da qual Inocêncio VIII, em 9 de dezembro de 1484, nomeou os dois sobreditos inquisidores para atuarem nesse país e combaterem as monstruosidades que lá vinham ocorrendo. Estavam-se amiudando males muito grandes, não só religiosos mas também morais e sociais, de sorte que, nessa conjuntura, os papas e os defensores da boa ética em geral se viam no dever de enfrentar o problema com energia.

Nessa conformidade agiram pois os inquisidores Kramer e Sprenger, como dão conta em sua obra. Dividiram-na em três partes: na primeira, examinam o fenômeno da bruxaria, para o qual, dizem, são necessários, como condições, o diabo, a bruxa e a permissão de Deus; na segunda parte, explicam «os métodos pelos quais se infligem os malefícios e de que modo podem ser curados»; na terceira, tratam «das medidas judiciais no Tribunal Eclesiástico e no Civil a serem tomadas contra as bruxas e também contra os hereges».

O livro é minucioso, extenso e de árdua leitura, revelando com frequência intenso fanatismo dos seus autores. Muito investem contra as mulheres, no que se vê forte preconceito contra o sexo feminino; mas algumas das explicações que fornecem são plausíveis, enquanto outras manifestamente absurdas. Seja como for, partiam de um dado concreto, tirado da vida real, que buscavam entender: eram, em grande regra, as mulheres, não os homens, que se apresentavam como bruxas, ou era a elas que o povo geralmente atribuía essa qualidade. Motivos haverá para o fato. Por exemplo, assinalam F. Alexander e S. Selesnick, deve-se reconhecer «que as feiticeiras acusadas muitas vezes favoreciam os planos de seus perseguidores. Uma feiticeira aliviava sua culpa confessando suas fantasias sexuais em tribunal público; ao mesmo tempo, obtinha certa satisfação erótica demorando-se em todos os pormenores diante de seus acusadores do sexo masculino. Essas mulheres com graves perturbações emocionais eram particularmente suscetíveis à sugestão de que abrigavam demônios e diabos, e confessavam que coabitavam com o espírito mau, da mesma forma como hoje em dia indivíduos perturbados, influenciados pelas manchetes dos jornais, se imaginam assassinos procurados pela polícia» (*op. cit.*, pág. 105). Por acréscimo, digamos assim, a bruxaria é contagiosa, sobretudo para a alma feminina: quanto mais mulheres se proclamam bruxas, ou são disso acusadas, mais cresce o número das que as imitam.

Na terceira parte, o livro expõe as regras processuais a serem seguidas. São, *grosso modo*, os mesmos procedimentos vigorantes na época, com algumas peculiaridades. Nos casos de bruxaria, os juízes se enredavam em quase insuperáveis dificuldades probatórias, porque, supostamente, satanás dava assistência às acusadas, obstando à descoberta da verdade. Era preciso, assim, acautelar-se contra as artimanhas diabólicas. Notadamente, dizia-se, as bruxas possuem o dom da insensibilidade física e a incapacidade de chorar. Em razão disso, suportam, sem dor, torturas que, para as pessoas comuns, são intoleráveis. Daí se seguia então o seguinte paradoxo: nos processos em geral, a resistência à tortura era considerada uma prova da inocência do réu; quanto às bruxas, ao invés, era sinal de proteção diabólica. Sucede porém que elas podiam fingir que sentiam dor, do mesmo modo que a incapacidade de chorar podia ser dissimulada pelo demônio, que fazia sua protegida derramar lágrimas.

A resistência ao sofrimento físico tinha sua fonte numa marca de insensibilidade, que não vertia sangue, o *punctum diabolicum*, que era preciso descobrir, picando com uma agulha o corpo da acusada. Com o mesmo objetivo, podia haver ainda outras marcas e amuletos que as bruxas dissimulavam em suas vestes ou em alguma parte do corpo. Como a apuração disso representava uma prova importantíssima, os juízes deviam procurá-la com cuidado. Recomendam então Kramer e Sprenger que eles comecem seus trabalhos designando peritos, médicos ou cirurgiões-barbeiros, para despirem a ré e lhe rasparem todos os cabelos e pelos do inteiro corpo. A razão, explicam, é que as bruxas, «para conservarem o poder do silêncio, têm o hábito de esconder objetos supersticiosos nas roupas e nos cabelos, até mesmo nas partes mais secretas do corpo, cujo nome não nos atrevemos a mencionar». Há quem queira ver aí a perversão da mixoscopia (*voyeurismo*), de que estariam tomados os inquisidores. Eventualmente, quiçá, sim; mas em todos os tempos, até hoje, qualquer porteiro de cadeia sabe que as visitantes do sexo feminino têm o hábito de esconder, «até mesmo nas partes mais secretas do corpo, cujo nome não nos atrevemos a mencionar», as mais inverossímeis coisas: dinheiro, drogas, armas, gazuas, serras, etc. As bruxas não deviam agir diferentemente.

XV. A especial situação da Espanha

1. Invasão muçulmana

A península ibérica se encontra em posição geográfica muito singular, cercada, em quase toda a extensão das suas fronteiras, pelo Oceano Atlântico, pelo Mar Mediterrâneo e separada da restante Europa, a nordeste, pela formidável barreira dos Pireneus. Isso lhe acarreta natural isolamento, que muito se acentuava nos tempos antigos, com a consequente necessidade de união interna dos que nela viviam.

Para a Espanha, no transcurso dos séculos, vários povos foram afluindo (alanos, suevos, vândalos, visigodos, etc.) e aos poucos se entrosando, até que, por fim, o país se unificou sob a hegemonia visigótica, tendo a cidade de Toledo como capital. No ano de 711, entretanto, deu-se a invasão muçulmana através do estreito de Gibraltar, com exércitos compostos na sua maior parte por berberes (ou mouros), isto é, tribos da África setentrional que se haviam submetido aos árabes. O progresso dos invasores foi rápido e, em pouco tempo, o estandarte verde do Profeta Maomé tremulava no quase inteiro território espanhol, à exceção apenas de pequena porção das Astúrias, no norte. Por todo o sul, de férteis terras, se instalou solidamente o Islã, principalmente na Andaluzia, então uma das províncias mais ricas e mais povoadas da Europa. Nos primeiros decênios, o novo governo foi exercido por emires nomeados por Damasco, mas, a partir de 755, o Estado árabe da Espanha, ou seja, o emirado de Córdoba se tornou praticamente separado da nação árabe, com soberanos próprios que se designavam califas.

Estratificou-se assim a situação, em instável equilíbrio, com lutas esporádicas, mas todo o rico sul dominado e, no norte, montanhoso, rude e pobre, alguns Estados cristãos que se foram tornando aos poucos independentes: primeiro, o das Astúrias (que em 760 passou a chamar-se Oviedo e, a partir de 914, tomou o nome de reino de Leão), ao qual se seguiram Castela, Aragão, o condado de Barcelona (depois chamado de Catalunha) e Navarra.

2. Inquisição medieval

Um exame a voo de pássaro desses reinos cristãos da Espanha medieval, durante os séculos XIII a XV, mostra que, com algumas exceções, o Santo Ofício teve neles muito limitada atuação. Em Castela, jamais chegou a instalar-se a Inquisição papal, enquanto nos outros reinos, ocasionalmente, isso aconteceu. Em regra, os trabalhos de repressão a desvios religiosos ficaram a cargo do Poder secular e dos tribunais episcopais.

Houve razões que contribuíram para o predomínio das autoridades locais. O cristianismo estava fundamente enraizado e fraca era a presença de heresias. Os cátaros foram raros, mais se fizeram notar os valdenses e alguns *fraticelli*, cujo número todavia jamais despertou demasiada preocupação. O principal perigo provinha dos judeus e mouros lá radicados que, compelidos a se converterem, suscitavam depois suspeitas de apostasia. Entende-se também que as autoridades civis se empenhassem com ardor na tarefa saneadora porque, achando-se grande parte da nação ocupada, era indispensável manter a coesão do povo nos territórios livres e, sem dúvida, uma das forças que mais o cimentava era o fator religioso. Tornava-se pois incandescente a paixão pela pureza da fé, que alimentava o patriotismo, e toda heterodoxia que a pusesse em risco devia ser exterminada.

Aragão, por ser vizinho da França, se achou mais exposto à infiltração de hereges e, de fato, na medida em que a Inquisição gaulesa se foi tornando rigorosa, maior era o número de refugiados que se vinham ocultar em solo aragonês. A primeira perseguição contra eles movida que deixou traços foi determinada pelo arcebispo da Tarragona. Depois, como crescia o número desses refugiados, o rei Jaime I contra eles tomou várias medidas de 1220 em diante, inclusive chegando a solicitar ao papa o envio de inquisidores. Concomitantemente, em Castela, Fernando III infligia aos hereges a marca de ferro em brasa no rosto, exilava-os e lhes confiscava os bens. A mesma reação prosseguiu com seu filho Afonso X, o Sábio, que ordenou a captura de todos os hereges presentes no reino, para serem excluídos dos cargos públicos, atingidos por certas incapacidades, ter os bens confiscados e, às vezes, sofrer a pena de morte.

Nada disso, voltamos a assinalar, constituía ainda obra da Inquisição, mas trabalho dos Poderes públicos e das autoridades eclesiásticas do país. O Santo Ofício aparece realmente em Aragão no ano de 1242, organizado por São Raimundo de Peñaforte, embora com assaz escassa atividade. O Papa Gregório IX chegou então a escrever aos priores dominicano e franciscano, queixando-se do avanço das heresias por todo o reino, e os concitou a organizarem uma diligente ofensiva, mas os progressos inquisitoriais foram extremamente lentos. Em Navarra, medidas equivalentes se tomaram, até que a Inquisição local perdeu sua autonomia, sendo anexada à aragonesa.

No início do século XIV o vigor da perseguição aumenta um pouco, realizam-se autos-de-fé, numerosos hereges são entregues ao braço secular. A tarefa repressiva continua entretanto com um pano de fundo de natureza política, dela se ocupando as autoridades leigas em defesa da almejada unidade nacional.

Em resumo, a Inquisição medieval espanhola se mostrou quase sempre fraca, ocasional, e ficou muito longe da importância assumida por suas congêneres da Itália, França e Alemanha. Seu mais notável personagem foi o dominicano Nicolau Eymerich, a quem já aludimos. Nomeado, em 1357, Inquisidor Geral para a Catalunha, Aragão, Valência e Maiorca, após trinta anos de serviço caiu em desgraça e acabou exilado. Dotado de sólida erudição, escreveu vários trabalhos, dos quais apenas um foi impresso e alcançou notável prestígio, o *Directorium Inquisitorium*, um manual de orientação para os inquisidores.

3. A Reconquista

Os espanhóis jamais aceitaram a presença dos maometanos em seu solo, a coexistência foi sempre intranquila, com lutas que passavam por alternados períodos de recrudescência e de declínio, sem nunca cessarem por completo. Até princípios do século XI, os árabes conseguiram ainda manter com alguma tranquilidade seu domínio sobre o território usurpado, sofrendo tão só esparsas arremetidas cristãs. No começo, a população nativa recebeu até mesmo com alguma esperança os invasores, nos quais via um meio de se libertar do terrível jugo feudal a que até então estivera submetida. Logo, porém, todos percebem que a exploração imposta pelos novos senhores estrangeiros é muito mais dura, e revoltas se sucedem nas zonas ocupadas.

No curso do século XI, aumenta a pressão dos cristãos vindos do norte, que, em 1080, chegam a ultrapassar a serra Central e tomam Toledo; mas os árabes, com poderosos reforços chegados da África, terminam por rechaçá-los. Seguem-se, no século XII, combates esporádicos, conduzidos sobretudo pelo reino de Aragão. É dessa época a quase lendária figura do herói Cid Campeador. Depois, em 1212, aliam-se os Estados cristãos, graças ao que as vitórias crescem: o rei São Fernando, de Castela, atinge Córdoba em 1236, Sevilha em 1248; Jaime, de Aragão, toma as ilhas Baleares (1229-35), Valência (1238), chega até Múrcia. À medida que novas terras vão sendo libertadas, de imediato os espanhóis lhes impõem intensa colonização, ocupam todo o espaço, erguem aldeias, organizam as administrações seculares e eclesiásticas.

Paulatinamente, espalha-se assim o sucesso da retomada, como uma mancha de óleo que vai, passo a passo, descendo pelo mapa do país, de tal sorte que, ao findar o século XIII, restam em poder do inimigo apenas o Estado de Granada e algumas outras poucas áreas. Então, por longo tempo a situação se estabiliza, a Reconquista estaciona.

No terceiro quartel do século XV, a luta se reacende e caminha para o clímax. Em poder estrangeiro permanece ainda Granada, com toda a costa andaluza, até Gibraltar. Em 1469, casa-se Fernando com Isabel e, pouco depois, o primeiro se torna rei de Aragão, ao qual aderem Valência, Catalunha e, mais tarde, Navarra, enquanto Isabel, passando a rainha de Castela, agrega sob seu cetro o reino de Leão e mais alguns principados e ducados. São os «reis católicos», que dão vivo alento à Reconquista. Graças à força resultante da ampla e sólida união assim obtida, eles se preparam para a arremetida final e, em 1492, tomam Granada, fazendo cessar para sempre o domínio mouro na península.

A presença do Islã em solo hispânico se estendera pelo imenso tempo de quase oitocentos anos.

4. Unificação nacional

Tendo subido ao trono em 1474 (com respectivamente apenas 22 e 23 anos de idade) e completado a retomada da península em 1492, Fernando e Isabel encontram pela frente obra gigantesca a realizar, e é preciso agir rapidamente. As revoltas camponesas, tangidas pela miséria, se amiúdam, cada vez mais violentas, carecendo de ser resolvidas com energia. Resta ainda uma organização político-administrativa moura a desmantelar, substituindo-a por outra. Infiltrados nas velhas estruturas, frequentemente em altos postos, acham-se não só muitos judeus, mas também espanhóis que aderiram ao islamismo, os «moçárabes», às vezes sequer falando castelhano e que continuam fiéis aos seus irmãos da véspera. Trata-se de problema gravíssimo, porque, no fluir dos séculos, a cultura árabe florescera e fascinara inúmeros cristãos que nela viviam imersos, atraindo-os e os fazendo perder contato com suas raízes.

Variadas forças desagregadoras constituíam ademais obstáculos à plena unificação do país. A formação multirracial dos espanhóis representava fator natural de divisão, separando bascos, galegos, catalães, andaluzes, etc. A isso se somavam renitentes disputas dinásticas que vinham há muito gerando ódios, ressentimentos e lutas fratricidas. Reis, senhores feudais, nobres poderosos, temperados pela luta e ciosos das próprias prerrogativas, buscavam o poder e queriam conservar autonomia.

Estamos no ocaso da Idade Média e, com ela, do feudalismo. Nova concepção política se vem firmando no panorama europeu, com o conceito de «nação» e a centralização de poderes. Enquanto Itália e Alemanha se conservam ainda fraccionadas, apresentam-se os exemplos da França e da Inglaterra, que formam Estados soberanos integrados, e é esse modelo que a Espanha deve seguir. Ao longo da Reconquista, os espanhóis foram tomando consciência da própria identidade e do comum destino. Urge portanto aproveitar-se desse impulso, forjando o sentimento de «pátria», criando uma consciência «nacional» e fortalecendo o Poder soberano.

Mostrando descortino, os «reis católicos» agem com energia e buscam enfeixar em suas mãos o domínio absoluto. Suprimem vários privilégios da nobreza e de cidades; afastam nobres da direção de ordens militares; convocam, como conselheiros, juristas e homens letrados, para substituírem os fidalgos que tradicionalmente exerciam essas funções; nomeiam corregedores investidos de muita força, para vigiarem os centros de maior turbulência; abstêm-se de reunir as Cortes; castigam rigorosamente todos os que se rebelam contra suas determinações.

Extraindo-a das cinzas de uma ocupação que durara quase oito séculos, estava-se criando uma nação, que se queria poderosa, e isso foi conseguido, como demonstra com alta eloquência o fato de que poucos anos após, já no século seguinte, a Espanha se veio a tornar a maior potência mundial.

Em 1492, caiu Granada. Nesse mesmo ano, Cristóvão Colombo, em nome dos «reis de Espanha», tomou posse do «Novo Mundo».

5. Presença da religião na Reconquista

O país buscava pois sua identidade, queria crescer, afirmar-se, ir ao encontro do seu destino, sendo o fator religioso para tudo isso essencial. A unidade de fé constituía para ele o mais forte vínculo comunitário.

Na Espanha visigótica, a religião de início dominante foi o arianismo (heresia cristã iniciada em Alexandria por Ário, no século IV), até que, no ano de 587, o rei Recaredo se tornou católico e impôs a nova crença aos seus súditos. A contar daí, o cristianismo impregnou fundamente a alma espanhola e assumiu uma posição muito peculiar: dentro do espírito de intensa religiosidade popular, se estabeleceu estreita ligação entre a Igreja e o Estado. Tradicionalmente, na Espanha, a política dos governantes devia estar sempre orientada para o escopo de se adequar à fé católica, consolidá-la, assim servindo à causa da Igreja; e esta, em contrapartida, se imiscuía nos assuntos do governo temporal, para melhor adaptá-los àquela finalidade. Tal foi a marca característica, desde o reino visigótico. «À força de se ocupar de negócios políticos, essa Igreja da Espanha tinha a tendência de julgar politicamente os assuntos religiosos. Os chefes se consideravam quase tanto altos dignitários temporais quanto pastores do rebanho. Eles acabavam pensando espanhol antes de pensar católico; o que se observava em sua atitude para com Roma, à qual dirigiam periodicamente enfáticos testemunhos de respeito e fidelidade, mas à qual assinalavam também sua surpresa quando um papa se permitia interferir nos negócios do glorioso reino católico de Toledo» (Daniel-Rops, *L'Église des Temps Barbares,* cit., pág. 414).

Como fruto de tal formação, o clero espanhol sempre se apresentou como um corpo aguerrido, que facilmente aceitava o emprego da força em defesa da fé e da Igreja. Foi exatamente esse o espírito que marcou a Reconquista. A par de empreendimento libertador e de recolonização, a mesma assumiu as vestes de verdadeira guerra santa, sob a bandeira de Cristo. Em consequência, ela contou sempre com a participação central da Igreja, foi por esta apoiada, encorajada, abençoada. Inúmeras ordens militares, ou milícias de inspiração religiosa, se formaram, ostentando a cruz em suas vestes, para proteger os lugares de culto, a fé e o povo cristão.

O cristianismo se tornou assim a alma viva da Reconquista, de sorte que, na medida em que as tropas avançavam pelos territórios antes ocupados, de imediato florescia neles a Igreja, se restabeleciam bispados, fundavam-se mosteiros, a fé era reavivada. Para os governantes e para o povo, patriotismo e religião representavam duas ideias que se fundiam, formando um todo indissolúvel. Ser espanhol era ser católico.

Logo, nenhum motivo há para estranhar que, tão logo tomaram as rédeas do Poder e se sentiram fortes, um dos primeiros atos de Fernando e Isabel foi restabelecer a Inquisição. Se esta prosseguia existindo em outros países, com maioria de razões devia atuar também numa Espanha em vias de construir o seu destino.

A medida era perfeitamente normal para a cultura da época, que não concebia o pluralismo religioso dentro de um Estado e quando ainda vigia com toda sua força o princípio *«cujus regio, hujus religio»*. A Espanha achava-se repartida em três comunidades, a dos cristãos, a dos mouros e a dos judeus, cada qual com seus costumes, suas tradições, sua religião, seu idioma e seu sistema jurídico. Os mouros adotavam, inclusive, a poligamia. Tal situação, no momento da vitória final, se afigurava intolerável e era inconcebível que se perpetuasse. O povo espanhol, de temperamento tão impaciente, sofrera muito, durante séculos, com o orgulho e o *pundonor* feridos pela própria impotência diante do inimigo que o aviltava. Tratava-se agora de forjar uma pátria, que não podia deixar de ser católica e cujo mais sólido alicerce estava na religião. Pretender que os intrusos, afinal derrotados, devessem ter suas crenças respeitadas será divagar no reino da fantasia.

Para mais ainda complicar as coisas, nesse exato momento nova onda islâmica vinha rolando e crescendo ameaçadoramente pela Europa central, a justificar o temor de que outra vez poderia submergir a Espanha.

Quando Granada se rendeu em 1492, a primeira providência tomada foi o povo, em procissão, ocupar o Alhambra e nele substituir o «crescente» pelo estandarte com a cruz, que viera sendo conduzido à testa das tropas. Em seguida, o novo arcebispo nomeado para a cidade se dedicou, com abnegação e paciência, à tarefa de evangelizar os mouros que lá viviam. Aprendeu a língua árabe e na mesma fez imprimir manuais de catequese. O método era todavia lento demais e as autoridades civis não estavam dispostas a contemporizações: deixando-o de lado, impuseram aos muçulmanos a imediata escolha entre a conversão e o exílio.

6. Difícil posição da Igreja

Censura-se a Igreja de Roma por ter dado excessiva autonomia à Inquisição espanhola e porque não impediu muitos desmandos.

Quanto à tão decantada brutalidade, seguramente haverá forte exagero nas increpações. Igualmente nos demais países o

Santo Ofício esteve muito longe da brandura, mas atuou na conformidade dos severos costumes do tempo. Será bom lembrarmos também que a Inquisição espanhola se desenvolveu exatamente na época em que a Justiça Criminal comum europeia vivia em pleno auge do «período da vingança pública», que perdurou até o século XVIII e cujos extremados rigores já conhecemos. A isso se terão somado certas notas marcantes do homem espanhol, propenso a excessos: arrogante, belicoso, inflamado, ele facilmente se torna cruel e sanguinário. Expressiva demonstração de tais características encontramos na guerra civil de 1936-39, cuja ferocidade, entre irmãos, quase ultrapassa as raias do inacreditável. Um dos entretenimentos de maior prestígio popular, até hoje na Espanha, é a bárbara tourada.

Cumpre ponderar ainda que o problema da Inquisição espanhola colocou a Igreja em posição extremamente delicada. É importante compreendê-lo e, para isso, será útil fazermos ligeiro retrospecto histórico de algumas fases do cristianismo.

Começamos com um período de euforia. Três séculos apenas se haviam escoado desde que Cristo ordenara aos seus discípulos a evangelização de todos os povos da Terra, e o progresso alcançado estava sendo colossal. A Igreja, que vivera antes na clandestinidade, domina agora o extenso Império Romano e, com isso, a cruz resplandece no continente europeu, até às Gálias e a *Hispania*. Seu avanço assemelha-se a poderosa maré montante que empolga uma civilização inteira. Alastra-se para fora dos limites romanos, forma grandes centros de irradiação na Armênia, na Pérsia, na Etiópia; alcança a Arábia, a Síria, aos poucos vai cobrindo a Ásia Menor, com pontas de lança que penetram na Índia e no Cáucaso. Bizâncio se torna a «Roma do Oriente». Por todo o norte da África cresce a fé em Cristo, Alexandria e Cartago aparecem como dois grandes centros de cultura religiosa. Mesmo entre os povos pagãos, é impossível duvidar de que a vitória final será completa.

Súbita e surpreendentemente, no entanto, esse progresso territorial é contido e vem a sofrer forte recuo, a partir do século VII, quando, morto o Profeta Maomé (632), seus seguidores iniciam fanática guerra religiosa, buscando submeter o mundo pela violência e pela conquista. Primeiro, com os árabes, o sucesso obtido pelo Islã é espantosamente rápido e, por onde passa, sufoca e arreda o cristianismo. O movimento se espalha por todo o Oriente próximo, até mesmo a Terra Santa é por ele arrebatada. Também a inteira África setentrional agora integra o império árabe, Alexandria é devastada, sua riquíssima biblioteca queimada, a cidade do Cairo se torna a capital do Egito arabizado. O crescente muçulmano invade por fim a península ibérica (711) e lhe ocupa o quase inteiro território.

Depois, surgem os turcos, igualmente convertidos ao islamismo, que, no passar dos séculos, desenvolvem o poderoso império otomano. Eles se apoderam de quase todas as conquistas árabes e as ampliam, seja na Ásia, seja na África, e irrompem pela Europa adentro.

Voltando a postar-nos agora no século XV, sintamos a dramática visão panorâmica que se oferece à Igreja. Após intenso trabalho e muito sacrifício, resta-lhe quase só o Ocidente europeu, onde, obedecendo ao mandato de Cristo, ela firmara sólido monopólio religioso e conseguira já suprimir pelo menos as manifestações públicas das heresias mais importantes. Nessa parte do mundo, continua segura. Toda a civilização ali existente se pauta pelos seus ditames, a Igreja impõe a uniformidade de fé entre os povos, os reis a ela se submetem. Fora do Ocidente europeu, todavia, quase tudo perdeu, sua vocação expansionista se acha bloqueada por intransponíveis barreiras maometanas assentadas ao sul, na África; a leste, na Ásia Menor. Não bastasse isso, com o grande cisma do século XI (1054), boa porção da Europa Oriental, inclusive Grécia e Rússia, se conserva cristã, mas irremediavelmente separada de Roma, formando intransigentes Igrejas autônomas. Finalmente, no século XV, os turcos se põem a avançar com forças irresistíveis pela Europa. Assenhoreiam-se dos Bálcãs, instalam-se na Hungria, ultrapassam Belgrado, atingem os portos albaneses, de onde têm vistas para a Itália, dali tão próxima. Quando, em 1444, os príncipes cristãos da Polônia, da Hungria e da Valáquia tentam uma tardia defesa, são rechaçados com facilidade, sua derrota é total. Em 1453, dá-se a grande catástrofe: os turcos se apoderam de Constantinopla, transformam suas magníficas igrejas em mesquitas e riscam do mapa o império bizantino. Aos poucos, o mar Mediterrâneo, tão essencial para a subsistência da Europa, se vai tornando um lago muçulmano, onde as embarcações otomanas navegam com tranquilidade, investem sobre o sul da Itália e ousam passear pela laguna de Veneza. Uma expedição dos invasores consegue desembarcar em Otranto, cidade situada no calcanhar da bota italiana. O grande líder turco Maomé II anuncia com escárnio que muito em breve irá dar de comer aveia ao seu cavalo sobre o altar de São Pedro.

Por volta de 1480, parece que a quase inteira civilização católico-romana vai soçobrar. A situação se afigura tão preocupante, que, de um lado, com os muçulmanos ainda instalados no Sul da Espanha e, de outro lado, atingindo as portas da Itália, acredita-se que o que resta do Ocidente cristão será por eles dominado; mas, exatamente nesse momento, surge uma pausa, com feliz reviravolta. Primeiro, em 1481, morrendo Maomé II, seus filhos se envolvem em disputas, o que paralisa a invasão. Poucos anos depois, em 1492, com a queda de Granada, a Espanha dá um golpe muito importante no prestígio do Islã.

Nada entretanto é ainda seguro, porque o império otomano continua firme, poderoso, aguerrido, como prova o fato de que, passado aquele instante de dificuldades, ele recuperou suas forças. Durante os séculos XVI e XVII, os turcos levaram avante inúmeras conquistas na África, na Ásia e, também, na Europa, atingindo o apogeu do seu prestígio com Solimão, o Magnífico (1520-66).

Presente o quadro acima esboçado, reatemos o assunto da Reconquista. À medida que ela se completava, a Espanha ia readquirindo plena liberdade, mas a situação se apresentava ainda extremamente incerta. Em seu território viviam densas comunidades de mouros e muito plausível era o medo de que, para apoiá-los e vingá-los, tornassem a vir forças muçulmanas da África, reforçadas agora pelo poderio otomano já instalado na Europa, a fim de restabelecer-se a ocupação com renovado vigor. Esse país, grande defensor da fé, era demais importante para Roma, inconcebível seria a ideia de perdê-lo. Sua Igreja, seus governantes, seu povo se caracterizaram sempre pela indômita ortodoxia, pelo fervor religioso e pelo rigor moral, bem como pela notável vocação missionária. Idem Portugal. Tão grande era o papel representado por esses dois países na difusão do cristianismo que, pelo tratado de Tordesilhas (1494), o pontífice romano lhes reservou e dividiu, para efeitos de descobrimentos e colonização, todo o mundo que se sabia existir a oeste, após o oceano Atlântico.

Logo, quando, em 1478, os «reis católicos» pediram ao Papa Sixto IV o reavivamento da Inquisição, não havia por que deixar de atendê-los. O clima espanhol era de apaixonado entusiasmo, seu povo estava com o orgulho profundamente ferido e desejava ardentemente promover a glória da fé cristã, combatendo seus inimigos. Em várias outras nações o Santo Ofício já realizara trabalho profícuo, prosseguia atuando e triunfara. A religião se afigurava essencial para a buscada unidade espanhola. Se, nesse momento, Roma negasse o apoio requerido, ou lhe pusesse limitações, a Espanha certamente dela se separaria – como ameaçou várias vezes –, provocando um cisma de consequências imprevisíveis. Nas circunstâncias tão difíceis por que estava passando, a Igreja não podia correr risco de tamanha seriedade.

Assim teve início a moderna Inquisição espanhola. Pouco depois, novos fatos gravíssimos surgiram, para continuar tornando imperioso o apoio da Santa Sé: com a Reforma protestante do século XVI, a Igreja sofreu tremendos golpes, perdendo largas porções da Alemanha, Suíça, Países-Baixos, Escandinávia, Inglaterra, Escócia. A França era alvo de fortes investidas. A Espanha resistiu, formou inexpugnável barreira contra o protestantismo, de modo a lhe barrar a penetração em seu território, bem como no de Portugal, que lhe estava por detrás. Manteve viva a fé católica. Em conjunturas tais, não podia deixar de continuar a prestigiá-la a Santa Sé.

7. Nascimento da moderna Inquisição espanhola

O ato pontifício que instituiu essa nova Inquisição foi a bula *Exigit sincerae devotionis affectus*, de 1º de novembro de 1478, na qual Sixto IV autorizou os reis de Aragão e Castela «a designarem três ou ao menos dois bispos ou homens experientes, que sejam padres seculares, religiosos de ordem mendicante ou não mendicante, com a idade de pelo menos quarenta anos, de alta consciência e de vida exemplar, [...] que vós julgareis dignos de serem nomeados neste momento, em cada cidade ou diocese dos ditos reinos, segundo as necessidades [...]. Nós concedemos, a esses homens, com respeito a todos os acusados de crime contra a fé e a todos os que os ajudam e os favorecem, os direitos particulares e jurisdições tais que a lei e o costume atribuem aos Ordinários e aos Inquisidores de heresia».

Inaugura-se de tal modo a moderna Inquisição espanhola, que ficou nas mãos do Poder civil, ao qual foi atribuído o direito de designar seus dirigentes e seus juízes. Outros posteriores atos pontifícios reiteraram a mesma prerrogativa, inclusive renunciando Roma à possibilidade de opor vetos às escolhas que fossem feitas. Aí esteve a origem (ou, se se preferir, o erro) de uma posição de fraqueza em que se veio a encontrar subsequentemente a Santa Sé, porque a Inquisição espanhola escapou ao seu domínio e fiscalização, mantendo-se livre para praticar, como praticou, muitos e grandes abusos.

Os trabalhos inquisitoriais, em sua multissecular evolução histórica nos vários países, passaram por três sucessivas fases: a fase «episcopal», em que o encargo de lutar contra as heresias cabia aos tribunais eclesiásticos regulares locais; a «delegada», que foi a verdadeira Inquisição religiosa, executada por representantes

XV. A ESPECIAL SITUAÇÃO DA ESPANHA

ou delegados do papa, sob a direta supervisão deste; por derradeiro, a Inquisição «estatal», na Espanha (e, mais adiante, em Portugal), de natureza político-religiosa, confiada ao Governo laico e com, praticamente, quase total independência perante Roma.

Entendamos esse grande privilégio de que desfrutaram somente as duas nações ibéricas. Vigia àquele tempo em alguns países, e se manteve longamente, o sistema chamado «do padroado», consistente no direito, que se deferia aos governantes civis, de nomearem os sacerdotes e bispos para os cargos que se vagassem nos territórios sob sua jurisdição. Na Espanha foi sempre assim, desde a época visigótica, cabendo aos reis prover bispados e interferir nos concílios que lá se realizavam. Daí seguiu, marcando com especial força a Igreja espanhola, uma íntima fusão, ou confusão, entre as duas esferas de Poder, o secular e o eclesiástico, que se uniam para cuidar tanto das questões religiosas como das do Governo civil. Tradicionalmente, nesse país, existiu sempre estreita aliança entre o trono e o altar, o que ocasionava forçoso e natural distanciamento de Roma. A orgulhosa gente espanhola, cônscia da sua força e da sua ortodoxia, se considerava apta a resolver os próprios assuntos de fé.

Dentro dessa tradição, solidamente assentada, compreendemos que, quando se tratou do restabelecimento da Inquisição espanhola, nas circunstâncias especialíssimas em que isso ocorreu, a Santa Sé se tenha visto na contingência de lhe conceder um voto de confiança. O motivo principal que levara, nos demais países, a instituir uma Inquisição a cargo de enviados do papa foi exatamente a reconhecida incapacidade em que se encontravam os tribunais episcopais de realizarem eficiente combate às heresias. Na Espanha, ao revés, a firme ligação entre autoridades civis e eclesiásticas, empenhadas todas no saneamento religioso da pátria comum, tinha necessariamente de suscitar esperança na sua eficácia. Melhor do que sufocar tal anseio, com o risco de possível ruptura com Roma, seria estender a essa nova organização inquisitorial tratamento equivalente ao do antigo sistema do padroado. Se as Casas reinantes espanholas já tradicionalmente possuíam o direito de escolher bispos para as dioceses vagas, por que o mesmo não poderia ocorrer quanto à designação das autoridades inquisitoriais?

Situação semelhante, aliás, existira na Inquisição medieval desse país, que, como referimos no nº 2 supra, quase sempre prescindiu da intervenção pontifícia.

Em razão do exposto, a moderna Inquisição espanhola se distingue das suas congêneres estrangeiras por algumas peculiaridades muito importantes. O Estado deixa de ser mero executor das sentenças eclesiásticas, como «braço secular», mas se torna incentivador e coparticipante dos trabalhos inquisitoriais. Os juízes e demais autoridades são designados pelo rei, embora com teórica aprovação pontifícia. Por isso, esses juízes passam a ser escolhidos preferencialmente entre o clero secular (muitas vezes são bispos), mais ligados à Coroa, e não entre os membros das Ordens Dominicana e Franciscana, mais dependentes de Roma. O órgão superior que supervisiona, coordena a atuação das jurisdições regionais e atua em segunda instância não se acha em Roma, e sim na própria Espanha: é o Conselho da Suprema e Geral Inquisição, abreviadamente conhecido como a «Suprema» e integrado por seis membros, sob a presidência de um deles, que é o Grande Inquisidor.

Apresenta-se enfim essa Inquisição como uma Justiça que pertence tanto ao Estado como à Igreja do país. Seus objetivos centrais são integrar na comunidade cristã os mouros e os judeus, assim como combater as heresias em geral.

Alega-se que ela teve natureza política, o que é verdade, desde que entendamos a política como ciência e arte de bem conduzir os negócios de um povo. Cuidava-se de fundir a nação num todo coeso, com sua própria identidade. Para isso e para o bem geral, acreditava-se imprescindível a uniformidade religiosa, dentro do cristianismo. Logo, aqueles que se queriam manter dissidentes tinham de ser convencidos ou, se necessário, expelidos.

XVI. A moderna Inquisição espanhola (I)
Primeiros movimentos

1. Início da atividade inquisitorial

Aliaram-se a Coroa e a Igreja de Espanha para, em esforço conjugado, enfrentar os adversários. Os trabalhos foram bifrontes, pois, ao mesmo tempo que desempenhavam missão apostólica, tornavam-se também instrumento político para a subjugação de poderosas forças dispersivas, que resistiam à uniformização e à consolidação do país.

Fermentavam ainda surdas oposições ao domínio de um Poder unificador. Muitos nobres turbulentos, não querendo abdicar das suas prerrogativas, alimentavam a discórdia. Cidades e regiões viam com desagrado a intromissão de autoridades, vindas de fora, dispostas a violar tradicionais privilégios inscritos em seus *fueros*[1].

---

(1) Os *fueros*, na Espanha, bem como os forais portugueses, eram antigos documentos outorgados por algum rei ou entidade senhorial a certa região, cidade ou coletividade de pessoas, firmando um pacto de direitos e obrigações, com a promessa de respeito a costumes, privilégios e autonomia locais.

O passo inicial foi dado em Sevilha, centro de intensa atividade judaizante, quando dois frades dominicanos ali instalam, em 1480, o primeiro tribunal. Os «conversos», que até então não haviam tomado a sério as ameaças de perseguição e mantêm às ocultas suas velhas crenças, tornam-se presas de pânico, indo acoitar-se nos domínios de alguns senhores. Diante disso, em 2 de janeiro de 1481, os inquisidores emitem proclamas ordenando a entrega dos fugitivos e o sequestro dos seus bens, sob pena daqueles que os protegem serem excomungados e perderem os direitos de vassalagem. Dando-se então conta da seriedade da situação, os interessados cedem, com o que os cárceres inquisitoriais se enchem rapidamente de prisioneiros e vários destes são levados à fogueira.

O povo sevilhano todavia, surpreendido por tamanha violência, se revolta. Os judeus preparam mesmo uma conspiração, que inclui entre seus planos assassinar os dois inquisidores, mas as autoridades, advertidas a tempo, a fazem abortar. O momento (quando se prepara o ataque final a Granada) não é para contemplações: doze insurrectos, seis homens e seis mulheres, são queimados vivos e a ofensiva recrudesce, com tal força que o Conselho Superior, isto é, a «Suprema» resolve intervir e, para amainar os ânimos, destitui um dos inquisidores.

Pari passu, novos tribunais se vão organizando em outras cidades: Saragoça, Córdoba, Toledo, Barcelona, Valência, etc., mas sofrendo sempre a oposição dos interesses locais, contrariados por essa intromissão «estrangeira» em seus domínios. Várias cidades invocam as antigas autonomias de que gozam. Em Saragoça, os judeus «conversos» promovem o assassínio de um inquisidor no recinto da própria catedral.

Diante da onda de protestos que lhe chegam aos ouvidos, Roma se inquieta e, sabedor dos acontecimentos ocorridos em Sevilha, o Papa Sixto IV protesta, em janeiro de 1482, ameaçando cassar aos «reis católicos» o direito de nomearem inquisidores. Fernando e Isabel não se impressionam contudo, e ampliam o combate. Em abril de 1482, aquele pontífice lhes envia nova bula, nomeando oito inquisidores seus para Castela. Determina também que os tribunais ajam sempre de comum acordo com os bispos das dioceses em que estejam localizados; exige que os nomes das testemunhas e suas declarações sejam transmitidos aos acusados; proíbe se criem embaraços para a interposição de recursos à Santa Sé contra sentenças condenatórias, etc.

Ao receberem essas ordens, os soberanos reagem com ardor, dizem-se caluniados por detratores e chegam a ameaçar a convocação de um concílio cismático. Receando uma ruptura definitiva, naquele momento tão conturbado pelo qual, como vimos, passava a cristandade, Sixto IV recua e volta a conceder independência à Inquisição espanhola. Graças a isso, doravante esta vai tomar as rédeas dos seus trabalhos, lutando sempre para livrar-se de toda fiscalização papal. Suprime inclusive o direito de recursos a Roma. Em 1485 e 1486, o novo pontífice, Inocêncio VIII, debalde reclama ainda contra excessos de severidade, não sendo porém atendido.

Logo após, os acontecimentos se precipitam: em 1492, cai Granada, o último reduto mouro, e nesse mesmo ano impõe-se aos judeus uma solução definitiva, com o ultimato de escolherem entre o batismo e o exílio. A engrenagem inquisitorial, livre de peias, põe-se em movimento com firmeza, esmagando as resistências.

2. Torquemada

É nessa fase inicial que atua a mais famosa figura da inteira Inquisição: Torquemada, o homem erigido em odiado símbolo de feroz fanatismo. Até mesmo o seu nome soa rebarbativo, inspira temor e favorece a má fama. Em verdade, chamava-se frei Tomás, entretanto, por ter nascido na pequenina cidade de Torquemada, de acordo com os costumes do tempo adicionou-se-lhe ao nome a indicação dessa proveniência: frei Tomás, de Torquemada.

Era um frade dominicano que levava modesta existência como prior do convento de Santa Cruz, em Segóvia. Devido ao prestígio que adquirira, tornou-se confessor de Fernando e, depois, também de Isabel. Em 1483, por designação de ambos, sancionada por Sixto IV, foi nomeado primeiro Inquisidor Geral para a Espanha, função que exerceu durante cerca de treze anos, até 1496, quando se retirou para o convento de São Tomás de Aquino, em Ávila, onde veio a morrer, já octogenário, em 1498.

Dele H. Maisonneuve traça o seguinte quadro: «Torquemada é o símbolo de todos os terrores inquisitoriais. O que devemos disso pensar? Torquemada, alto e seco, fisionomia fechada, olhos negros e penetrantes, asceta muito austero, enérgico e duro para consigo próprio como para com os outros, apaixonado pelo triunfo da religião e pela grandeza da Espanha, faz da Inquisição o instrumento ao mesmo tempo do absolutismo religioso e do absolutismo real, praticamente confundidos. Muito inteligente, muito culto, teólogo, canonista, ele se interessa pela literatura e pelas belas-artes, mas parece desprovido de todo calor humano. Recomenda todavia em suas cartas a justiça e a misericórdia, mesmo a piedade»; mas ressalva Maisonneuve: «Entre a inclinação da Santa Sé à indulgência e a inclinação dos reis católicos à severidade, ele não hesitava» (*op. cit.*, págs. 128-9).

Tudo somado, parece válida a conclusão de que a sua má fama se deve menos à efetiva crueldade do que ao fato de ter sido ele quem modelou a nascente Inquisição espanhola e à eficiência com que o fez. Os críticos necessitavam de um modelo de prepotência e nesse frade o encontraram, denegrindo-lhe a imagem com muito exagero. As Instruções que Torquemada redigiu, para orientar a atuação inquisitorial, são claras e precisas, nelas se manifestam as preocupações de moderação e de justiça. Suas numerosas cartas, que por largo tempo permaneceram ocultas e só tardiamente foram descobertas, revelam espírito enérgico, mas caritativo. Velou sempre pela honesta execução das atividades inquisitoriais, reprimindo os abusos. Ampliou a competência dos seus tribunais, para se ocuparem não só das heresias, mas também de outros variados fatos graves: por exemplo, padres que se amancebavam, que seduziam mulheres e as incitavam a não confessar seus pecados; fabricantes de filtros de amor; carcereiros que violentavam as prisioneiras; falsos santos e falsos místicos, ou, de modo geral, todos aqueles que especulavam com a credulidade popular. Graças outrossim aos seus cuidados, os presídios eclesiásticos receberam grandes melhoramentos humanizadores.

3. O problema dos infiéis

Essa nascente Inquisição espanhola moderna teve como alvos principais os judeus e os muçulmanos, o que suscitava graves problemas jurídicos e religiosos. Convinha fossem tais pessoas alcançadas, mas, na sua qualidade de «infiéis», elas não podiam ser compelidas, pela força, a abraçar a fé cristã; nem podiam ser submetidas aos juízes inquisitoriais, para receberem castigo, pelo mero fato de serem infiéis.

Será correto dizer que a Igreja possui «jurisdição» sobre todos os homens da Terra, tão só no sentido de que o encargo, por ela recebido de Cristo, foi o de transmitir a Boa-Nova à inteira humanidade. É a doutrina da destinação de todos os homens à Igreja. A adesão todavia não se impõe, mas a conquista há de fazer-se pela persuasão, através da palavra e do bom exemplo.

«Pagão» e «infiel» são figuras que se confundem, mas que indicam dois aspectos de uma mesma situação. Habitualmente, utilizamos o primeiro termo para designar o não batizado; o segundo, para referir uma pessoa sem fé cristã, o não cristão. O homem é admitido na comunidade dos fiéis, vale dizer, passa a pertencer à Igreja, apenas e no instante em que recebe o sacramento do batismo. Com este, ele fica marcado com um «selo indelével», que jamais desaparecerá, e assim irá ingressar na eternidade. A opção pelo batismo é definitiva, irreversível, não admite recuo. O compromisso de conservar a fé, de ser membro da Igreja e da cristandade até à morte, pode ser no entanto atraiçoado através da apostasia ou da heresia. O apóstata abdica da inteira fé, retira-se do corpo de crentes, repudia a Igreja. O herege quer permanecer cristão, mas rejeita, obstinadamente, algum ponto essencial do Magistério, que, pelo batismo, se obrigara a aceitar. Ambos, porém, permanecem sujeitos à disciplina eclesial, por força do batismo, de sorte que, ao se tornarem faltosos, podem receber as sanções canônicas. A infração que o herege comete decorre precisamente do fato de que o católico não possui «direito à escolha», isto é, à heresia; a qual é sempre uma escolha. A ortodoxia necessita de uma comunidade em que o liame esteja constituído pela adesão de cada um dos participantes à inteira fé comum. Portanto, o membro que «escolhe» incide numa ruptura perante o grupo a que pertence e, *ipso facto*, justifica a reação.

Os pagãos, os infiéis, ao inverso, não estão adstritos a nenhum dever, mas serão unicamente objeto de busca, cabendo atraí-los suasoriamente. O Santo Ofício, como órgão disciplinador *interna corporis*, nada tinha a fazer com eles. Agiu pois corretamente a Inquisição medieval dos vários países quando deixou de lado os não crentes, ao mesmo tempo que se ocupava dos hereges e dos apóstatas. Note-se que os hereges medievais reivindicavam sempre a sua condição de cristãos, proclamavam-se mesmo «bons cristãos». De igual correto modo procederam as autoridades espanholas, civis e religiosas, com os nativos pagãos das colônias de além-mar, exatamente no tempo ora em exame (fins do século XV, século XVI): não os constrangeram à religião, mas aliciaram-nos por via da catequese[2].

---

(2) Aí se abriga outra difícil questão, exaustivamente examinada pelos doutrinadores, desde a era medieval. Bem se admite que a Igreja disponha de poderes disciplinadores contra os integrantes do seu rebanho, vinculados a uma obrigação de obediência. As dificuldades concernem aos não-cristãos. Quanto àqueles que viviam em suas próprias terras, imersos no paganismo, nenhuma medida punitiva era, em princípio, cabível, mas diferente se apresentava o caso dos infiéis que habitavam país cristão. Destes últimos cabia exigir respeito à Igreja e à fé por ela

Como proceder com os numerosíssimos infiéis que viviam na metrópole e não se queriam converter? Esse foi o grande embaraço com que se defrontou o Santo Ofício ibérico. A Igreja não possuía jurisdição sobre eles, mas era imperioso e urgente obter a uniformização religiosa no país. O que então se passou não poderá ser entendido dentro da pureza da doutrina cristã, mas somente como autêntica operação de guerra, em que se arredam formalismos à vista da importância do bem objetivado. A Espanha queria ser unida, forte, por inteiro católica, e aqueles que a isso se opunham se tornavam os inimigos que cumpria vencer. Observe-se que também os ciganos não eram cristãos, adotavam misteriosa religião própria e, sem embargo, a Inquisição não os molestou, porque sua importância, no contexto nacional, se apresentava insignificante. Para lhes atalhar as malfeitorias, bastava a Justiça comum. Os mouros e os judeus, diversamente, formavam fortes comunidades, de relevante importância social e econômica. Por isso, deviam ser submetidos. Como fazê-lo, porém, diante da sua tenaz recalcitrância?

O nó górdio foi cortado por uma medida de força, qual prolongamento do caloroso espírito de luta da Reconquista.

---

pregada, justificando-se então responsabilizá-los por atos hostis, eventualidade em que até mesmo a Inquisição podia alcançá-los.

Louis Sala-Moulins, na sua Introdução à *História da Inquisição Medieval* de H.-C. Lea, insere um trabalho de Nicolau Eymerich (escrito entre 1370 e 1387), sob o título *Curto Tratado sobre a Jurisdição dos Inquisidores contra os Infiéis que se Opõem à Fé Cristã*. Com amparo em abundante citação de textos pontifícios e de doutores, o autor mostra que os judeus, os sarracenos, os infiéis em geral, enquanto guardam as próprias crenças no íntimo das suas vidas, não podem ser por isso punidos. Poderão sê-lo, agora sim, quando exteriorizam atitudes ofensivas à fé católica, à Igreja ou aos membros desta. Por exemplo, explica Eymerich, quando os infiéis se tornam benfeitores, defensores ou protetores dos hereges; quando procuram apagar a fé de pessoas cristãs e atraí-las para os seus erros, etc.

Essa colocação doutrinária, ressalvemos, deve ser recebida *cum grano salis* no caso da Espanha, porque o problema ali se punha dentro de um contexto em que estavam unidos Igreja e Estado em defesa da pátria e da religião. Na vida real, as distinções teóricas com frequência se diluíam e o Poder civil, de concerto com a Igreja, alargou a perseguição aos infiéis, por motivos de conveniência política.

Quem quisesse integrar a pátria comum tinha de a ela aderir plenamente, e a indispensável prova de que o fazia era tornar-se cristão, pelo batismo. Caso contrário, revelava-se um inimigo indesejado, que deveria ser destruído ou ir-se embora. O dilema foi duro, convencendo inúmeros infiéis a submeter-se, mas é óbvio que muitos o fizeram através de simulada conversão. No momento entretanto em que se deixavam batizar, caíam em poderosa armadilha porque, tornando-se cristãos, ingressavam, *de jure*, na alçada inquisitorial; e, daí por diante, se quisessem retroceder, poderiam ser punidos como hereges ou apóstatas. A violência cometida é inegável e só pode ser compreendida, repetimos, dentro de um clima de guerra, com vistas à tão acalentada reconstrução nacional.

Essa maneira de proceder hoje repugna, mas é preciso lembrar que falamos de uma Espanha dos séculos XV e XVI, presa aos costumes da época, que estava saindo, profundamente apaixonada e humilhada, de uma ocupação multissecular e de lutas sangrentas. Para aferir a solução adotada, nada melhor do que figurar a hipótese contrária. Seria acaso admissível, ou exigível, que, nas circunstâncias dadas, a Espanha devesse respeitar o adversário, permitindo que continuasse em seu solo a formar imensos quistos estranhos, com hábitos próprios, sem irmanar-se com o povo e repudiando a religião nacional?

Grave dificuldade todavia se apresentava, porque o batismo, por definição, é ato de fé, produto de livre-arbítrio. Tratando-se de uma criança, a Igreja por ela responde, fundada na convicção da manifesta conveniência do sacramento, o que se torna ainda mais aceitável quando há consentimento dos pais. Já no caso de um adulto, na posse das suas faculdades mentais, torna-se imprescindível a efetiva anuência ao ato. Não se pode impô-lo a quem o recusa, desde que essa negativa seja claramente manifestada, por atitudes ou palavras. Se, ao contrário, alguém se deixa batizar sem oposição, aparentando concordância, inútil será alegar depois que o fez com reservas mentais, porque isso não obsta a que continue sendo considerado válido o sacramento.

Essa a doutrina, maliciosamente contornada pelas autoridades espanholas, através de grosseiro «faz de conta»: apresentada ao infiel a alternativa «conversão ou exílio», a coação moral era evidente, mas fingia-se que não era. Afinal, ponderava-se, o interessado podia escolher entre as duas soluções e, portanto, ao optar pelo batismo, exercia um ato voluntário...

4. Judeus e *marranos*

Os judeus e a Inquisição espanhola, eis tema bastante delicado. Esse povo não perdoa e parece que jamais esquecerá o que com seus antepassados fizeram aquele país, aquela Inquisição, e o modo como os expulsaram em 1492. Ainda há pouco, por motivo do quinto centenário de tal medida, inflamadas manifestações hostis contra ela se levantaram ao redor de todo o mundo.

O que se passou nesse final do século XV não constitui entretanto fenômeno isolado, e sim o desenlace de um estado de forte tensão que veio fermentando durante longo tempo.

Para a formação do povo espanhol concorreram várias etnias, que se foram aos poucos amalgamando ao encontro de uma uniformidade, inclusive religiosa, mas nele permaneceu obstinadamente arredia a numerosa colônia hebraica. A presença de judeus na península ibérica é muito antiga, parece ter existido já antes da era cristã. Foi todavia como efeito da diáspora, do século I, que começou a sua efetiva chegada em crescentes quantidades. Primeiro, eles apareceram na esteira das tropas e dos colonizadores romanos, depois novas vagas surgiram através do estreito de Gibraltar, fugindo de perseguições sofridas no norte da África. Assim, pouco a pouco, esses imigrantes se instalaram nas férteis terras da Andaluzia e avançaram rumo ao interior da península. Granada e Tarragona tornaram-se conhecidas como «cidades judias».

O mal-estar entre eles e os cristãos logo se tornou inevitável, desavenças e opressões começaram a surgir. Bem o demonstra um decreto resultante de concílio convocado pelo bispo de Córdoba, no ano 306 (bem antes portanto de o cristianismo se tornar religião oficial), ordenando várias medidas de segregação dos judeus e proibindo todo e qualquer relacionamento com os cristãos. Nem mesmo à mesa de refeições podiam sentar-se juntos.

Após a ruína do Império Romano, quando os visigodos aderem à heresia ariana, a convivência passa a ser tranquila; mas, tão pronto o reino visigótico oficializa o catolicismo (587), a luta se reacende. «O rei Recaredo I promulgou éditos muito duros contra os judeus (589). O objetivo dessas medidas consistia em suprimir todo contato entre judeus e cristãos, que antes viviam como bons vizinhos. Temia-se que os primeiros desviassem os segundos da Igreja. O rei visigodo Sisebuto apresentou aos judeus a alternativa de abraçar o cristianismo ou abandonar o país (612). Muitos emigraram para outros Estados, mas não poucos se viram obrigados a converter-se, embora no fundo continuassem sendo hebreus. Alguns dos soberanos posteriores anularam ou atenuaram as cruéis humilhações, mas constituíram minoria. A maioria dos reis visigodos de Espanha reuniam em si a barbárie e o fanatismo religioso. Excitados pelo clero católico, aspiravam extirpar os judeus ou então transformá-los em cristãos.

«Distinguiram-se especialmente, por sua crueldade, os reis Rescevinto (652), Ervígio (680) e Egica (687). Perseguiram sobretudo os judeus que no princípio haviam abraçado o cristianismo, obrigados pela necessidade, e que logo voltaram à sua antiga fé. No tempo de Egica esses judeus se sentiram tão desesperados que resolveram organizar uma conjuração e derrubar a dinastia visigoda. Concertaram um acordo com seus irmãos da África do Norte, que viviam felizes sob o domínio dos árabes, e com sua ajuda quiseram levar a cabo a insurreição. A conspiração foi porém descoberta e todos os judeus espanhóis receberam horrível castigo» (Simon Dubnow, *op. cit.*, págs. 373-4).

A Espanha dessa antiga fase, como estamos vendo, não constituiu exceção ao clima de forte hostilidade que, por quase toda parte, envolvia os judeus, conforme expusemos no capítulo VI. A despeito de se acharem há várias gerações radicados em algum país, eles se recusavam a abdicar da sua nacionalidade, da sua religião, dos costumes ancestrais, não fazendo causa comum nem se diluindo no povo hospedeiro, por isso acabavam repudiados. Na antiga Espanha cristã não foi diferente, de sorte que ali as mesmas desditas se repetiram: conversão ou exílio; batismo forçado; crianças arrebatadas da família a fim de serem educadas na religião nacional; castigos severos aos adultos que se fingiam convertidos mas que mantinham às ocultas sua antiga fé, etc., etc.

Assim seguem as coisas até o ano 711, quando tem início a ocupação árabe. Os judeus a encorajaram e chegaram mesmo a fornecer contingentes para as tropas invasoras. Em razão desse apoio, anota Werner Keller, quando a península ibérica cai em mãos muçulmanas, «para os judeus de Espanha se inicia uma nova era» (*op. cit.*, pág. 157).

De fato, os novos senhores veem neles seus aliados, os quais desta sorte podem então agir com desenvoltura. Engenhosos, afeiçoados ao comércio e aos negócios, os judeus estão em toda parte, tanto nas terras mouras como nas cristãs. Os maometanos, ocupados com a própria vida, sendo minoria no país, mostram-se tolerantes, via de regra não forçam o proselitismo religioso. Assim, em seus domínios, a gente hebraica conserva satisfatória liberdade e atinge, desde o século X, o que se considera sua «Idade de Ouro», com extraordinárias mostras de desenvolvimento intelectual, notadamente nos campos da filosofia, poesia, ciências em geral, sobretudo a Medicina. Inúmeros judeus amealham grandes fortunas. Vários deles ocupam postos de relevo na Administração moura, principalmente aqueles ligados às finanças e à diplomacia.

Os dominadores, é certo, lhes impõem regras restritivas: proibido é aumentar ou reformar as sinagogas, os homens dessa raça não podem ter como cônjuge, subordinado ou escravo um muçulmano, nem procurar atrair alguém para o judaísmo, etc. Na prática, todavia, as interdições são facilmente contornadas, de modo que a convivência se acomoda[3].

Também nos domínios cristãos a atitude para com os judeus, pelo menos por parte dos governantes, tendeu à complacência, muitas vezes sendo-lhes confiados importantes cargos públicos. Afonso VI, de Castela (1063-1109), chegou até a incluí-los como soldados em suas tropas. Durante muito tempo, nesses territórios, os judeus se puderam dedicar tranquilamente a atividades agrícolas e industriais. As obras dos seus sábios foram recebidas com grande interesse e influenciaram a cultura cristã. Fernando III, quando ocupou Córdoba (1236) e Sevilha (1248), perseguiu os hereges, mas deixou liberdade religiosa aos mouros e aos hebreus, respeitando o princípio de que, tratando-se de infiéis, não podiam ser penalmente responsabilizados por manterem suas crenças.

---

(3) Revoltas contra os israelitas no entanto ocorreram nos domínios árabes, revelando latente aversão popular. Em Granada, um judeu foi guindado ao alto cargo de vizir, mas, desgostoso com o seu comportamento, o povo muçulmano montou uma conspiração, tomou de assalto seu palácio, matou-o e pendurou o cadáver na porta da cidade, para que todos o vissem. Estimulada então por esse fato, a multidão se pôs a perseguir os judeus da cidade, e se diz que, nesse dia, mais de mil e quinhentas famílias deles foram massacradas. A perseguição se estendeu a seguir por todo o reino, compelindo milhares de judeus a abandoná-lo.

Pior ainda aconteceu quando, para deter o avanço da Reconquista, os mouros convocaram reforços da África. Quem os acudiu foram os almorávidas, que formavam uma seita muçulmana extremada. Graças à sua força, estes acabaram assumindo o controle de extensas regiões, em 1147 ocuparam Sevilha, depois Córdoba, Málaga e outras cidades, e passaram a pressionar os judeus que nelas viviam, impondo-lhes, sob ameaça de morte, a adesão ao Islã. Muitos judeus fingiram aceitar a exigência, mas a maioria preferiu escapar, abandonando seus lares, e extensas colunas de apavorados fugitivos se puseram a caminhar rumo ao norte, onde foram acolhidos nos reinos cristãos. Com isso, por largo tempo, o sul muçulmano se tornou um cemitério hebreu, os membros desse povo que ali restaram não ousavam professar sua fé, sinagogas e escolas lhes foram confiscadas.

Com o avanço da Reconquista crescem entretanto os sentimentos de hostilidade. À medida que vão ocupando cidades, os reis espanhóis outorgam *fueros* em que se contêm especificações concernentes aos mouros e aos judeus, a fim de melhor fiscalizá-los. Os mouros optam de preferência por viver nos campos. A maioria dos judeus, ao invés, permanece nas cidades, designando-se-lhes então áreas em que se devem manter segregados (as *judearías*), ou essas áreas se formam espontaneamente em torno das sinagogas, das escolas talmúdicas ou de outros estabelecimentos públicos hebraicos.

Sob a superfície das sempre contudo o rancor popular, que se avoluma durante os séculos XIV e XV. Dois concílios, realizados em Zamora (1313) e em Valladolid (1322), investem contra os judeus (e também contra os mouros). Começa assim a aumentar o fosso que separa os cristãos dos membros dessas duas comunidades, cresce o sentimento antissemítico, sucedem-se morticínios e pilhagens. Ganham vigor as velhíssimas acusações de assassínios rituais, de sacrilégio, de profanação da hóstia. Quando, em meados do século XIV, a devastadora «peste negra» chega à Espanha, de pronto a atribuem aos judeus, que, segundo se acredita, haviam envenenado as fontes de água para destruir os cristãos. Depois, a tensão acumulada explode com ferocidade em Sevilha, no ano de 1391, quando uma multidão superexcitada se lança contra os judeus, matando cerca de quatro mil deles. O movimento agressivo se comunica a outras cidades (Valência, Toledo, Barcelona, etc.). Muitos judeus, diante disso, para escapar à fúria popular, aderem em massa ao cristianismo. São os «cristãos-novos», chamados de «conversos» ou, pejorativamente, de «marranos»[4]. Algumas dessas conversões

---

(4) São duvidosos o sentido e a origem dessa expressão, que se adotou na península ibérica. Parece ter sido usada somente para designar os falsos, mas não os autênticos convertidos. Predomina o entendimento de que a palavra deriva de porco, cuja carne os judeus não comiam, mas tinham de fazê-lo ao se figirem cristãos.

eram autênticas, vários dos que as fizeram chegaram mesmo a se tornar grandes dignitários da Igreja, mas está claro que a grande maioria dos conversos agia insinceramente.

Toma então vulto o problema dos falsos convertidos ou judeus clandestinos. Enquanto muitos judeus conservam aberta e corajosamente a própria fé, outros inúmeros descobrem as vantagens da fraude; isto é, percebem que, apresentando-se exteriormente como cristãos, ganham a paz e se lhes tornam acessíveis posições atraentes na vida pública e privilégios no mundo negocial. Aceitando o batismo, certas portas, até então cerradas, se lhes abrem, notadamente a dos matrimônios mistos. Desse modo, através de casamentos com cristãs, muitos judeus se infiltram na nobreza, em tradicionais famílias espanholas e têm mais fácil acesso ao poder e à fortuna.

Isso tudo gera profundo mal-estar, o povo se revolta e é portanto contra os marranos (não contra os judeus ostensivos) que, no século XV, recai de preferência a ira geral. Reclama-se sejam eles destituídos dos cargos que ocupam, expulsam-nos das corporações profissionais e novos *pogroms* se seguem. Em Toledo, no ano de 1449, ocorreu o mais importante destes, dirigido contra os marranos que lá residiam.

Constitui simplista reducionismo do problema pretender, como fazem alguns historiadores, que tamanho rancor popular foi artificialmente provocado por um clero fanático. Sem dúvida houve tal contribuição, mas as raízes do fenômeno são muito mais complexas. Nem aliás conseguiria a Igreja desencadear artificialmente tanta inimizade, sem que para ela estivesse predisposto o povo. Fontes de variada natureza alimentavam o azedume. A Espanha passava por um período difícil da sua História e todos os males que a afligiam eram atribuídos aos judeus: pestes, fomes, miséria, dissensões políticas, guerras fratricidas, etc., etc. Para explicar o antissemitismo ao longo da História universal, observa-se que os judeus foram sempre colocados como «bodes expiatórios» ante todos os infortúnios. Sim, mas resta saber por que tal aconteceu. No capítulo VI examinamos o assunto, mostrando a constante e geral animosidade contra eles, nos mais variados países.

Na Espanha não foi diferente, somando-se os mesmos fatores religiosos, sociais e econômicos, geradores de repulsa popular, de inveja, e propiciadores da *vendetta*. Muitos hebreus enriqueciam com facilidade, ao passo que o povo passava por dificuldades econômicas; através da usura e dos negócios em geral, exploravam os cristãos; ostentavam depois sua fortuna, apresentando-se pelas ruas, para repetir palavras de Dom João II de Portugal, «*com lobas e capuzes finos, com jubões de seda, espadas douradas, toucas rebuçadas, jaezes e garnimentos*», assim humilhando as pessoas. Assenhoreavam-se de altas e rendosas posições oficiais; com frequência, se tornavam conselheiros dos governantes, orientando-os no sentido de extorquir sempre mais tributos; ou pior ainda, desempenhavam a função de coletores de impostos, privilégio que lhes era outorgado geralmente para desse modo se ressarcirem de empréstimos usurários que haviam feito ao erário público. Não aderiam à fé comum, mas exteriorizavam desprezo pelo cristianismo, preferindo seus misteriosos e estranhos cultos. Por acréscimo, os espanhóis tinham presente o fato de que os judeus se haviam aliado aos invasores mouros, não nutriam o sentimento de patriotismo e deviam ser sempre encarados como inimigos potenciais. A proliferação de falsos convertidos, usufruindo benesses, criava forte clima de insegurança, que levava o povo a desconfiar de todo os cristãos-novos[5].

Consideremos também que nesses tempos começava a engatinhar na Europa a revolução comercial, em que a medida de riqueza deixava de ser a terra, como no feudalismo, para tornar-se

---

(5) Tal estado de espírito é bem ilustrado por Cervantes, neste desabafo de Sancho Pança: «*Y cuando otra cosa no tuviese sino el creer, como siempre creo, firme y verdaderamente, en Dios y en todo aquello que tiene y cree la santa Iglesia Católica Romana, y el ser enemigo mortal, como lo soy, de los judíos, debian los historiadores tener misericordia de mi y tratarme bien en sus escritos*» (*Don Quijote*, Parte II, cap. VIII).

a do dinheiro, que tudo podia comprar. Também entre os espanhóis formava-se uma classe média que queria participar dessa nova economia; mas encontrava à sua frente os judeus, que se haviam adiantado, ocupando todos os espaços.

Como fatalmente tinha de acontecer, enfim, o antissemitismo crescia; e, dentro dele, a posição da Igreja se tornava assaz difícil. Durante mui prolongado tempo ela exercera sua atividade evangelizadora, tentando atrair os judeus. Falhando os métodos suasórios, recorreu aos debates públicos entre representantes das duas crenças, e aos sermões obrigatórios, a que os judeus deviam comparecer. É impressionante o denodo com que a Igreja os procurou atrair, mas sempre em vão. Quando um catecúmeno dava mostras de conversão e se deixava batizar, com frequência verificava-se ao depois, desoladoramente, que tudo era fingido, que à sorrelfa ele mantinha intacta sua antiga fé. Recorreu-se à violência dos batismos compulsórios, a pretexto desta melancólica esperança: «Embora os batizados à força não cheguem a ser bons cristãos, talvez venham a sê-lo seus filhos». Os resultados obtidos foram sempre magérrimos, os judeus estavam presos a uma cultura multimilenar profundamente arraigada em suas almas e integravam uma comunidade fortemente coesa, que os coagia à fidelidade, e, quando algum deles se tornava cristão, lidava por convencê-lo a apostatar.

Desde o começo do seu reinado (1474), Fernando e Isabel mostraram intensa preocupação pelo problema. Tomaram contra os israelitas várias medidas discriminatórias e os baniram de algumas regiões. Instalada a nova Inquisição espanhola (1478), ocupou-se ela dos marranos, que, por haverem recebido o batismo, passavam a poder ser tratados como hereges; e perseguiu também os judeus que queriam constranger os autênticos cristãos-novos à apostasia. Nesse mister, as autoridades se viram porém a braços com dificuldades quase insolúveis.

Torna-se curioso verificar que, de modo geral, os mouros foram enfrentados com mais paciência, embora tivessem sido eles os invasores e os ocupantes do país. Isso mostra que, realmente, a comunidade hebraica representava, na vida espanhola, o embaraço mais agudo. Numa população que se estima em cerca de seis milhões de almas, nela permanecia infiltrada importante massa de algumas centenas de milhares de judeus, que não se deixavam absorver.

Assim, em 1492, tão logo ocuparam Granada e se sentiram mais fortes, os «reis católicos» decidiram dar um «basta» no impasse que se eternizava e que constituía grave empecilho à paz e à unificação nacional. Os judeus foram intimados a, no prazo de quatro meses, resolver, em definitivo e com autenticidade, se aderiam ou não, se se convertiam ou não. Na hipótese negativa, tornavam-se indesejados, devendo deixar o país. Saindo, podiam levar seus bens, exceto ouro, prata e outros objetos preciosos, cuja retirada do território espanhol estava proibida. Os cálculos, como sempre no que concerne àqueles tempos, são extremamente precários e variáveis, mas acredita-se que uns 200 a 250.000 judeus aceitaram o batismo, enquanto uns 150 a 200.000 optaram pelo exílio. Mais um prazo foi dado para que os retirantes ultimassem seus negócios e, afinal, em 2 de agosto de 1492, consumou-se a expulsão. Muitos partiram para a Itália, Turquia e norte da África, boa parte se dirigiu a Portugal.

H. Maisonneuve (*op. cit.*, pág. 134) reproduz escrito de um cronista da época, que assim descreve o êxodo: «Eles seguiam pelos caminhos e campos com muitos sofrimentos, caindo, se levantando, morrendo ou nascendo nas estradas, contraindo todas as doenças. Inexiste um cristão que, à sua vista, não se haja apiedado nem lhes tenha suplicado que pedissem o batismo. Alguns, por exaustão, se convertiam e permaneciam, mas muito poucos dentre eles. Os rabinos procuravam encorajar seus grupos, faziam as mulheres e os jovens cantar e brandir insígnias de agrupamento, para lhes dar alegria. Foi assim que saíram de Castela».

Essa página da História ibérica transformou-se numa das mais poderosas e frequentes armas utilizadas no combate à

Igreja católica. Racismo, intolerância, ganância, crueldade... Inegavelmente, para a formação mental hodierna o acontecido horroriza e se afigura indesculpável; mas, no contexto da época, os fatos perdem muito do colorido que agora lhes emprestamos. As perseguições, os massacres dirigidos contra os judeus foram práticas podemos dizer corriqueiras na Europa, durante vários séculos. Por toda parte, inúmeras vezes, eles foram espoliados e escorraçados. Importantes e dramáticas expulsões em massa já haviam ocorrido na Inglaterra, na França, na Alemanha, e o mesmo fez depois a Espanha. A diferença está apenas em que, tão só neste último país, a violência teve a direta colaboração da Igreja (local, não a de Roma), o que se torna excelente argumento para os seus adversários.

Os judeus desterrados tiveram muitos dos seus bens apreendidos pelo Governo e se viram assim reduzidos à miséria. Quanto a isso, cumpre lembrar que, no Direito comum de então, a confiscação de bens era medida larguissimamente utilizada. A Justiça Criminal e os Estados dela se serviam com frequência, como meio de prover de recursos os cofres públicos, e a impunham não só contra os delinquentes mas também contra os adversários políticos. Em todos os países, a expulsão de judeus foi invariavelmente acompanhada dessa providência. Quanto a eles, de resto, sempre se acrescentava a consideração de que suas riquezas tinham origem reprovável, porque oriundas da usura e da exploração dos cristãos. Logo, nenhum problema de consciência poderia ter, na época, o Governo espanhol, por haver feito o que fez; nem a Igreja, por apoiá-lo[6].

---

(6) A Espanha do século XV, pretende-se, deveria ter permitido que os judeus lá permanecessem tranquilos, respeitando-os e lhes garantindo o direito à própria identidade. Estará acaso o mundo de hoje, após tanto progresso da civilização, em condições de fazer tal censura sem resvalar para a hipocrisia? Não é preciso rememorar as inúmeras barbaridades cometidas contra populações indefesas, neste nosso século, sempre a pretexto de defender valores. Basta pensar nas violências que amiúde se cometem na Europa, para obter a chamada «limpeza étnica»; na profunda animosidade existente em alguns países (Alemanha, Suíça, França, Grã-

5. Mouros e mouriscos

A situação dos mouros na Espanha apresentava características distintas da dos judeus. Estes, cabe dizer, mantinham postura mais agressiva, no sentido de que queriam participar amplamente do mundo cristão, nele interferir, dele tirar proveito, sem contudo se deixarem assimilar. Os mouros, ao invés, formavam comunidade muito mais numerosa, que, vencida afinal na guerra, pretendia apenas levar vida própria, apartada da população cristã. Enquanto os primeiros possuíam vocação citadina, estes, os mouros, se localizavam de preferência na área rural ou se aglomeravam na periferia das cidades, *extramuros*.

Tiveram, de começo, a ilusão de que lhes seria permitido preservar seus costumes e sua fé; o que, todavia, dentro da perspectiva da Espanha católica daqueles tempos, era algo inadmissível. Numa Espanha embevecida pela posse da verdade divina, que rompia os mares plena de ardor missionário, para catequizar povos distantes; que buscava sua unidade e sua força, tornava-se à evidência inaceitável que o inimigo derrotado mantivesse o país dividido em duas nações estanques.

É verdade que, em seguida à queda de Granada, o tratamento a eles dado foi benevolente: o Governo lhes garantiu as propriedades que possuíam, bem como a conservação do seu modo de vida, inclusive idioma, sistema jurídico e religião. O primeiro arcebispo designado para atuar na região foi Fernando de Talavera, que procurou atrair os mouros pela brandura, dedicou-se a aprender o árabe, estimulou as conversões através da persuasão e da caridade. O processo mostrava-se todavia

---

-Bretanha, etc.) contra modestos imigrantes cuja entrada foi permitida para realizarem trabalhos servis que os nacionais não aceitam, mas que se tornam depois indesejados. Mais não os acossam e os expulsam porque a imprensa e a opinião pública mundiais se mantêm vigilantes. Eis a ameaça de um Prefeito (socialista) de cidade francesa, recentemente publicada pela imprensa do seu país: os muçulmanos lá radicados, disse ele, têm de aceitar as regras de vida francesas, isto é, «devem integrar-se ou partir» («*doivent s'intégrer ou s'en aller*»).

lento demais e, por influência do cardeal Cisneros, os «reis católicos» se impacientaram, optando por uma política mais dura, e compeliram os muçulmanos (ou «mudéjares», como eram chamados) a conversões em massa. Revoltas passaram então a suceder-se e a mais séria delas, em princípios de 1500, durou três meses, sendo afinal dominada com dificuldade. Diante disso, Cisneros concluiu que devia cessar toda e qualquer complacência, resolveu que se haviam tornado sem eficácia as concessões feitas quando da queda de Granada e que os muçulmanos que ali viviam tinham de aceitar o batismo ou sofrer o exílio. Igual rigor se foi aos poucos estendendo a outras regiões: Castela, em 1502; Aragão, em 1525; demais reinos, em 1526. Cresceu enormemente assim o número de conversos, aos quais se dava o nome de «mouriscos» e que, tendo deixado de ser «infiéis» podiam agora cair sob o domínio do poder inquisitorial.

Às autoridades espanholas, tanto civis como religiosas, faltou empatia, não compreenderam o quanto era ao adversário difícil ceder. Os mouros dos territórios recém-libertados haviam sido até pouco antes os senhores da terra, imersos num ambiente muçulmano, administrado por seus irmãos de sangue, e subitamente se lhes exigia total capitulação. O islamismo constituía força muito poderosa, fundamente gravada na formação daqueles homens. Repudiá-lo, para aderir à Igreja, significava romper com o inteiro universo a que eles pertenciam. Não só, mas bem perceberam as autoridades que a submissão ao cristianismo devia ser acompanhada de várias mudanças de hábitos que representavam obstáculos à plena integração dos mouros na comunidade nacional. Ao Estado e ao povo repugnava a ideia de uma sociedade pluralista, o que bem se compreende à vista da mentalidade da época e das peculiares condições por que passava o país. O Corão e a tradição muçulmana contêm muitas regras que não possuem natureza propriamente religiosa, que se reduzem a meros estilos de vida, mas que mantinham os seus seguidores como grupo diferenciado. Entendeu-se pois que as mesmas, assim como certos costumes tradicionais deviam ser abandonados; o que, entretanto, levava os mouros à dolorosa perda da sua identidade. *Verbi gratia,* proibido se lhes tornou o uso das características vestimentas e dos adereços árabes; deviam mudar seus regimes alimentares, de higiene corporal e, está claro, não mais podiam fazer o jejum do Ramadã; vedada lhes passou a ser a circuncisão; idem quanto aos ritos que acompanhavam o sacrifício de animais destinados ao consumo; não podiam tocar suas músicas e cantar seus velhos hinos. Encarava-se como muito suspeito o fato de alguém não beber vinho nem comer carne de porco; o povo espanhol muito antipatizava também com os mouros porque cozinhavam seus alimentos em azeite, enquanto os cristãos o faziam com banha ou manteiga. Era mal vista até mesmo a maneira que tinham de sentar-se, sempre no solo, jamais em cadeiras. No ano de 1538, consigna H. Kamen, um mourisco de Toledo foi preso pela Inquisição, acusado de «tocar música à noite, dançar a zambra (tradicional dança moura) e de comer cuscuz» (*op. cit.*, pág. 148).

Tiveram de submeter-se ao sistema jurídico cristão, para eles muito estranho, notadamente no capítulo do Direito de Família. Suprimiu-se o emprego do idioma árabe, que lhes era tão caro, por ser o dos seus antepassados e porque nele fora redigido o Corão. Tão radicais mudanças foram exigidas de pessoas que, no entanto, continuavam vivendo em meio ao seu povo de origem, que as atraía e compelia a se manterem submissas aos próprios mores. Em circunstâncias tais, convenhamos em que era quase impossível um cristão-novo deixar de enternecer-se e arrepender-se quando, dentro da sua comunidade, ouvia o muezim, do alto do minarete, conclamar os muçulmanos à oração, voltados para Meca... Há que se considerar por acréscimo que esse povo acalentava a plausível esperança de que logo seria socorrido pelo império otomano, já tão próximo da Espanha, quando então ele voltaria a dominar e o islamismo de novo se imporia na península ibérica. Bem se compreende portanto que (do mesmo modo que sucedera com os judeus) as conversões dos mouros eram em regra fingidas.

O certo é que as autoridades espanholas, presas do ingênuo triunfalismo que se seguiu à Reconquista, subestimaram as tremendas dificuldades do empreendimento em que se haviam lançado. A partir de 1526, a religião muçulmana não mais existia oficialmente no país. Por uma ficção, deixara de haver mudéjares, porque todos se haviam tornado mouriscos. Na prática, porém, a realidade era bem outra.

A presença moura variava bastante conforme as regiões, em algumas delas era muito densa, chegando, no reino de Granada, a mais de cinquenta por cento da população total. Era gente que se fechava em agrupamentos coesos e solidários, em cujo interior mantinha tenazmente a própria cultura, língua (a «algaravia») e religião. O emprego da força contra isso mostrava-se inviável. Consoante ponderavam seus líderes, de nada valia rotular os mouros de cristãos, porque não era possível, como num golpe de mágica, extirpar a crença religiosa em que se haviam formado e mudar de imediato hábitos profundamente arraigados. Fora-lhes, sim, imposto o batismo, mas, para se tornarem verdadeiros cristãos, cumpria agora instruí-los na nova fé e lhes dar meios para praticá-la. A Igreja, entretanto, não dispunha de recursos para tanto. Escasso era o número de sacerdotes em condições de levar avante tão grandiosa tarefa, inclusive devendo servir-se da língua árabe, que era a única conhecida pela maior parte dos mouriscos. Acresce que não havia, de modo geral, nenhuma boa vontade no aprendizado religioso e a população moura mantinha postura hostil, de resistência passiva (às vezes até resistência armada) a uma intromissão que considerava odiosa. Quando compelidos a participar dos serviços religiosos, muitos cristãos-novos o faziam com ostensiva indiferença, ou até mesmo zombavam do que ali se passava.

Diante de tão sérias dificuldades, a Igreja acabou optando por se dedicar de preferência à educação das crianças e, ao mesmo tempo que lhes transmitia o catecismo, aproveitava para lhes moldar novos hábitos e ensinar o castelhano. Várias escolas foram organizadas com esse objetivo, visando a subtrair os catecúmenos à influência familiar. Verificava-se desoladoramente, todavia, que, quando retornavam às suas casas, esses jovens de novo se integravam no ambiente maometano e seus pais os industriavam na *taqiyya*, isto é, na arte da dissimulação.

Também muitos senhores cristãos embaraçavam o progresso da Igreja, porque os mouros que trabalhavam em suas terras constituíam mão de obra assaz abundante e barata, não convindo assim que evoluíssem social e culturalmente.

Desse modo avançou penosamente o século XVI, numa luta encarniçada do povo islâmico contra a assimilação e insistindo em manter as suas tradições, vivendo à margem da sociedade espanhola. Desde o momento em que a Igreja optara pela política de atacar as bases do problema, mediante um processo apropriado de conversões, com ênfase no programa educativo em vez do repressivo, a Inquisição pouco teve a fazer. Sua atuação contra os mouriscos manteve-se escassa, somente começando a aumentar por volta da metade desse século: primeiro em Castela, depois Granada, a seguir em Aragão, Valência, etc.

Para os mouros, as coisas estavam mais ou menos acomodadas, de sorte que esse recrudescimento da força repressiva foi recebido com ódio e revolta. Sobre a Inquisição se cristalizou todo o rancor contra as opressões sofridas. Os historiadores assinalam que a obra de maior envergadura contra aquele povo foi realizada pelos reis, pela nobreza, pelo clero comum e também pelos cristãos-velhos em geral. Os tribunais do Santo Ofício perseguiram muito menos mouriscos do que as Justiças reais e senhoriais. Mostraram-se também menos rigorosos contra eles do que contra os marranos, ou seja, os cristãos-novos de raça judaica. Apesar disso, a Inquisição se tornou um símbolo, porque representava a ponta de lança ofensiva e atingia o próprio coração do adversário. Ela investia de modo reto sobre os alicerces, o fundamento da consciência mourisca, buscando extirpar pela força o amor à fé muçulmana que cada homem ocultava no recesso do seu coração. Por acréscimo, ao se apresentar diante de uma comunidade, a Inquisição destroçava os sentimentos de solidariedade e de confiança que a uniam, obrigando seus membros a se delatarem mutuamente. «Por onde ela passa a comunidade explode, as elites são arruinadas, a atmosfera definitivamente envenenada: quem denunciou quem? Será meu vizinho, será meu irmão que vendeu meu pai para salvar sua pele?» (J.-P. Dedieu e B. Vincent, *in* L. Cardaillac, *Les Morisques*, etc., cit., págs. 81-2).

Na segunda metade do século XVI, as tensões passaram a aumentar aceleradamente. O povo espanhol mostrava profunda hostilidade contra os mouros; e estes, a sua vez, se queixavam contra o ambiente opressivo em que viviam, os impostos especiais que os sufocavam, as frequentes confiscações de bens que os afligiam.

Gravíssima revolta moura por fim se desencadeia em Granada no dia 24 de dezembro de 1568, dando vazão às pressões acumuladas. Muito preocupante foi o fato de que esse levante contou com a ajuda de uma expedição otomana, chamada a socorrer seus irmãos de fé. Travou-se então uma luta selvagem, que ocupou todo o ano de 1569, com atrocidades de lado a lado, na qual milhares de mouros pereceram e mais de oitenta mil foram expulsos para Castela. «Em uma semana, 50.000 pessoas foram reunidas e dirigidas para Sevilha, Córdoba, Albacete e Toledo, a pé, em longas colunas sob escolta militar. A neve, o mau abastecimento, o tifo, o esgotamento de numerosos deportados, muito jovens ou muito velhos para suportar essa prova, os dizimaram: um em cinco, talvez, morreu no caminho» (L. Cardaillac, *Les Morisques*, etc., cit., pág. 23). Outras deportações se seguiram. Dessa forma, porém, não se solucionou, mas apenas se transferiu o problema, porque Castela, que contava apenas uns vinte mil mouros, viu esse número crescer subitamente para cerca de cem mil pessoas de língua árabe e cultura muçulmana, gente miserável, revoltada, que tudo havia perdido, que não entendia o castelhano e que, embora tendo recebido o batismo, se conservava completamente alheia à fé cristã. Tamanho desastre apavorou os habitantes de Castela, que se viram às voltas com autêntica convulsão social.

O confronto entre as civilizações cristã e islâmica evoluía rapidamente para o seu clímax. Amiudavam-se as incursões turcas pelas costas meridionais da península. Bandos armados de mouros percorriam os campos, assaltando, pilhando, matando os espanhóis. Em represália, as autoridades aumentaram as medidas repressivas e a Inquisição se foi tornando cada vez mais ativa. Verificou-se outrossim que os mouriscos aragoneses estavam mantendo entendimentos secretos com os líderes protestantes da França e, por acréscimo, foram descobertas conspirações, em Sevilha no ano de 1580, em Valência no ano de 1602, destinadas a trazer forças combatentes do norte da África.

Tudo isso produziu, nos cristãos, muito medo e decepcionado azedume. À evidência era impossível a sonhada uniformização. Convencidos ficaram de que estavam lidando com multidão de pessoas não assimiladas e não assimiláveis, que representavam seríssimo perigo para a paz e a unidade nacionais. A Igreja, após tanto trabalho, sentia-se derrotada diante do pauperismo dos resultados colhidos. Verificava-se também que o número dos prolíficos mouros aumentava assustadoramente, temendo-se que em muitas regiões acabasse logo suplantando o dos cristãos. Para evitá-lo, houve até mesmo quem sugerisse fossem castrados os homens dessa raça.

Começou a crescer então a ideia de expulsá-los do inteiro território nacional. O assunto se arrastou lentamente, oscilando entre prós e contras. À Igreja era penoso ver assim perdido todo o seu esforço de catequese, com o envio de mouriscos batizados, inclusive crianças, para se perderem nas nações islâmicas. Muitos nobres também se opunham a uma medida que os privaria de poderosa força de trabalho.

Por fim, aos 4 de abril de 1609, a expulsão veio a ser decretada, concretizando-se paulatinamente até 1614. Calcula-se que sofreram a medida uns trezentos mil mouriscos, o que acarretou gravíssimos prejuízos para a economia espanhola, com queda da produção agrícola e do recolhimento de impostos.

«A Inquisição não tomou parte ativa na decisão de expulsão, que foi acertada exclusivamente por um pequeno grupo de políticos de Madri» (H. Kamen, *op. cit.*, pág. 156). Seja como for, a Igreja não a impediu e desse modo, em pouco mais de um século, a Espanha liquidou duas das três grandes culturas que lá conviviam.

6. Observações complementares

Verifica-se que a Espanha, durante longo tempo, pouco conheceu a figura de autênticos «hereges», ou seja, de cristãos rebeldes que pretendessem provocar indevidas mudanças dentro do cristianismo; tanto que, como vimos, a Inquisição medieval teve ali escassa atuação, sequer chegando a existir em Castela. Isso se explica em boa parte pelo fato de que a coexistência de três fortes culturas em permanente estado de conflito, cada qual apegada à sua fé, acarretava exacerbação de ânimos e gerava em seus membros especial fidelidade aos respectivos credos. Compreende-se pois que no seio da cristandade escasso tenha sido o surgimento de heterodoxias a exigirem a interferência inquisitorial, ao contrário do que sucedia em outros países tais como França, Alemanha e Itália.

A mais grave preocupação estava representada pelos neoconversos acusados de hipocrisia, porque retornavam às suas crenças de origem e passavam por isso a ser qualificados como apóstatas. Quando da expulsão dos judeus, em 1492, muitos deles preferiram permanecer no território espanhol, jurando absoluta submissão à Igreja; outros, tendo partido para o exílio, não suportaram os maus-tratos recebidos lá fora, preferindo regressar (o que só foi possível até 1499, quando essa volta se tornou proibida). Diminuído assim o número de cristãos-novos de origem hebraica, o campo se circunscreveu e a Inquisição pôde exercer sobre eles mais estreita vigilância. Fenômeno semelhante ocorreu depois com os mouros que restaram na Espanha no século XVII.

Paulatinamente, as dificuldades foram sendo aplainadas, a quantidade de judeus e mouros passou a diminuir, pela fuga, pela morte, pelos casamentos mistos, etc., e os seus descendentes acabaram absorvidos na população nacional. A integração não se fez todavia sem dificuldades, porque os cristãos tradicionais, de boa origem, viam com maus olhos esses advertícios, que se infiltravam em todas as camadas sociais e, por acréscimo, buscavam dominar as atividades mercantis e financeiras. Muito cresceu então o antigo conceito de «*limpieza de sangre*». O apego aos ideais cavalheirescos, a honra e o orgulho herdados da Reconquista, o despeito por se verem suplantados em vários domínios, levavam os cristãos-velhos a discriminar os cristãos-novos. Obstava-se, ou pelo menos dificultava-se o seu ingresso nas Universidades, nas Ordens militares e religiosas, procurava-se impedi-los de aceder a altos postos administrativos. O fenômeno não foi religioso, mas social, com ele pouco teve a ver a Igreja e não parece merecer a importância que alguns lhe querem atribuir. Até hoje, em vários países, existem preconceitos e medidas discriminatórias contra minorias religiosas e raciais.

Alega-se que a expulsão dos judeus gerou, a longo prazo, a pobreza e a decadência da Espanha, enquanto outros povos, que os acolheram, graças a isso se tornaram ricos e poderosos. Através de tortuoso raciocínio, imputa-se assim à Inquisição um grande mal. O assunto é extremamente complexo, apresenta múltiplos aspectos e, à evidência, não cabe nos estreitos limites deste livro. Basta-nos frisar que a doutrina católica, com suas ressalvas ao lucro, mantendo aversão pela usura e pela cobrança de juros; com os conceitos de fraternidade e de caridade; que considera os homens essencialmente iguais, desde os mais poderosos até os mais pobres e pequeninos, porque todos feitos à imagem e semelhança de Deus, etc., etc., – realmente constituiu sempre um embaraço ao florescimento das atividades negociais e à acumulação de riquezas. Precisamente no século XVI o mundo começou a ingressar na chamada «revolução comercial», e a Espanha católica não estava preparada para enfrentá-la. Nela perdurava ainda muito do pensamento feudal, em que a medida da riqueza era a terra. Seus grandiosos empreendimentos colonizadores (bem como os portugueses) se faziam centralmente *ad majorem Dei gloriam* e com a ideia de que o prestígio e a força econômica derivariam naturalmente da maior extensão territorial possuída.

Foi com o protestantismo, sobretudo em seu ramo calvinista, que nasceu a grande mola propulsora do capitalismo, com o apetite de lucro, o apoio ao comércio e aos negócios em geral, favorecendo a ganância, com o pensamento de que a melhor maneira de ser agradável a Deus é acumulando bens materiais. Os protestantes, muitas vezes de mãos dadas com os judeus, constituíram poderoso fator de enriquecimento das nações por eles dominadas. Alega-se que a expulsão dos judeus acarretou, mais tarde, o empobrecimento da Espanha; mas é bom lembrar que, após 1492, ainda ali restou um número muito grande de judeus, o que não impediu a alegada «decadência».

7. Regras processuais e medidas repressivas

As regras de atuação da moderna Inquisição espanhola foram em linhas gerais as mesmas da Inquisição medieval, começando com o «Tempo de Graça» até, no final, o «auto-de-fé» e a entrega do réu ao braço secular, na hipótese de merecer a pena de morte. A tortura continuou admitida, cercando-se entretanto de maiores cautelas. Em seus aditamentos ao *Directorium* de Eymerich, Francisco Peña faz a respeito várias recomendações, inclusive a de que, «se se pode apurar o fato de outro modo que não pela tortura, não se deve torturar, pois a tortura não serve para remediar a falta de provas». Nega aos juízes o direito de criar novas formas de suplícios e adverte que o inquisidor precisa ter «sempre presente em seu espírito esta sentença do legislador: o acusado será torturado de maneira que permaneça são para a liberação ou para a execução» (*op. cit.*, págs. 208-10). Mostra H. Kamen, com dados estatísticos nas mãos, que insignificante foi o número de réus efetivamente torturados pelo Santo Ofício espanhol (*op. cit.*, pág. 230 e segs.).

Houve muitos aperfeiçoamentos humanitários que se deveram, em grande parte, às sucessivas «Instruções» baixadas pelo Inquisidor Geral Torquemada (as quais se acham, em seus pontos mais importantes, transcritas no livro de Villanueva e Bonet, *op. cit.*, I, pág. 310 e segs.). Para a boa regularidade dos trabalhos e honesta aplicação do Direito, aconselhava-se que a «Suprema» exercesse atenta fiscalização sobre os vários tribunais. Reconhecendo que a demora nos processos era injusta para com os acusados, determinaram-se medidas para obter maior celeridade. O réu devia tomar conhecimento do teor das acusações. Incentivou-se a presença de advogados defensores, inclusive pagando-os para os réus pobres. Em caso de heresia oculta, em que não se presumia o perigo de ser descoberta pelo povo, a absolvição podia ser concedida pelo confessor, no sacramento da Penitência. Ordenou-se fossem tratados com benignidade aqueles que, mesmo após o «Tempo de Graça», mas antes de oferecida denúncia, revelassem suas faltas. Os jovens, até vinte anos completos, só estavam sujeitos a ligeiras penitências.

As penas deviam ser ajustadas à gravidade dos crimes. Abolidas foram as cruzes infamantes cosidas na roupa, mas se aplicou com largueza o *sambenito*, consistente num hábito sem mangas, geralmente de cor amarela, ou negra para os condenados à morte, com figuras diabólicas desenhadas. Havia também multas, incapacidades, flagelação, peregrinações, o envio às galeras na marinha real. A confiscação de bens foi amplamente utilizada, em favor da Coroa, que a seu turno subvencionava os gastos inquisitoriais.

As prisões receberam notáveis melhorias. Suprimiu-se o «muro estreito» medieval, em que o preso era encerrado em sinistra e minúscula cela escura. Agora, ao contrário, recomendava Torquemada que os cárceres tivessem celas amplas, «bem arejadas e com número suficiente de janelas para que o sol nelas possa penetrar». Incentivava-se o trabalho dos detentos, como medida terapêutica e a fim de proverem ao próprio sustento. Conforme lembra H.-C. Lea, devemos ter em conta os horrores das prisões seculares da mesma época; e acrescenta que, «em comparação, as da Inquisição eram menos indignas do que as de outras jurisdições» (*Historia de la Inquisición Española*, II, pág. 407). Ou, como anota H. Kamen, «é inegável que seus calabouços não eram antros de horror. Dava-se de comer regularmente e de modo adequado aos presos, às expensas destes, [...] e os gastos dos pobres eram pagos pelo próprio tribunal» (*op. cit.*, págs. 228-9). Quando se multiplicaram as medidas privativas da liberdade e não havendo presídios em número suficiente, adotou-se, como substitutivos, o seu cumprimento na casa do condenado (a prisão domiciliar que se apresenta hoje como notável progresso) ou a liberdade vigiada. Esses substitutivos acabaram prevalecendo e facilmente se convertiam em liberdade plena. Preocupou-se também o legislador com os dependentes dos condenados à morte ou à prisão, que deviam receber assistência.

Vista em seu conjunto, conclui Bartolomé Bennassar (considerado uma das maiores autoridades atuais no assunto), a Inquisição espanhola manteve uma Justiça superior e mais eficiente do que a estatal, mais exata, mais escrupulosa, que efetua um exame muito cuidadoso dos depoimentos, que aceita sem mesquinhez as recusas dos acusados a testemunhas suspeitas, uma Justiça que tortura muito pouco e respeita as normas legais, ao contrário do que faziam as Justiças civis, e que, após um quarto de século de atroz rigor, quase mais não condena à pena capital e distribui com prudência o terrível castigo das galeras. Uma Justiça preocupada em educar, explicar ao acusado por que ele errou, que repreende e aconselha, cujas condenações definitivas não atingem senão os reincidentes (*op. cit.*, págs. 377-8).

A despeito de tudo, não nos iludamos. Excessos houve e inegavelmente (para os padrões atuais) ela foi duríssima. Como toda Inquisição, com a sua rede de informantes anônimos e obrigando as pessoas à delação, semeou o terror; mas forçoso será reconhecer que, pelos seus responsáveis, se infiltrou forte dose de honesta boa vontade[7].

---

(7) Conforme assinalamos no Capítulo X, a péssima fama da Inquisição espanhola muito decorre da formidável campanha propagandística contra ela desenvolvida desde o século XVI até o presente. Curiosa, nesse sentido, a observação de J. Bernard: quando resolveu estudar a fundo a História da Inquisição, fortíssimo era o seu preconceito contra a da Espanha, tanto mal sobre ela lhe fora transmitido. Examinando de perto porém o seu comportamento, sentiu inesperado alívio. «Passados os primeiros anos da fundação, o tribunal procedia segundo estatutos rigorosos, que exigiam imparcialidade e justiça» (*op. cit.*, págs. 38-9).

XVII. A moderna Inquisição espanhola (II)
Novos problemas

1. Anseios de liberdade

No século XVI, o chamado «século de ouro», a Espanha atinge a culminância da sua riqueza e do seu poder. Sob os reinados de Carlos I (1516-56) e de seu filho Felipe II (1556-98), ela forma colossal império, que engloba, na Europa, os Países-Baixos, o Franco-Condado, possessões na Itália do Sul, Sicília, Sardenha. Carlos I, sob o título de Carlos V, se torna imperador da Alemanha e dizem, com justa razão, que o sol nunca se põe em seus domínios. Extensas são as colônias nas Américas e na África; do México e do Peru fluem, para a metrópole, riquezas de estonteante valor. Os navios espanhóis singram todos os oceanos, avançam pelas rotas do Oriente, atraídos por novas fortunas. Em 1580, Portugal, com suas colônias, é também absorvido. Após tanto esplendor, principia, com Felipe III (1598-1621), a decadência.

Intercalam-se, por toda essa fase, períodos de forte turbulência, com fundas mudanças socioeconômicas, e nova mentalidade vai sendo construída. De permeio, com a Renascença, a secularização avança, muitos homens começam a olhar menos para o céu e mais para o mundo tangível. A imprensa se desenvolve, com livros e panfletos difundindo novas ideias, de sorte que a Igreja vê diluir-se o seu monopólio da cultura. Paulatinamente vai aumentando o número das pessoas que anseiam por maior liberdade e não mais aceitam pacificamente a tutela clerical.

A despeito de tudo, a Inquisição se mantém viva e reage. Dentro de um regime político absolutista e de profunda religiosidade dos seus reis, que a manipulam, ela prossegue na implacável luta contra os adversários. Por largo tempo continua ainda a perseguição aos clássicos delitos de judaísmo e de maometanismo, reveladores de não assimilação das minorias na sociedade dominante. Pouco a pouco, todavia, declinam essas preocupações e a mira do Santo Ofício se transfere para outro alvo: os cristãos tradicionais, de velha cepa. É entre eles que passam agora a aumentar os focos de infecção. Surgem desejos de viver à margem da Igreja, seja com uma religião livre de peias, seja através de frio racionalismo que põe a fé em xeque. A Reforma protestante ronda, atenta ao menor sinal de fraqueza. Há que fiscalizar o rebanho, impedindo atitudes de irreligiosidade, de mau comportamento moral, que o modernismo favorece. Brotam e se desenvolvem novas concepções de vida, que examinam criticamente a doutrina cristã, teorias de início circunscritas a pessoas de uma casta intelectualizada, mas que ameaçam vazar para as camadas culturalmente inferiores. São heterodoxias mais cultas, mais refinadas, que muito se distanciam das geralmente toscas heresias medievais. Devagarinho, se foi então exaurindo o Poder inquisitorial, em combate insolúvel contra um mundo que lhe queria escapar das mãos; mas, apoiado pela Igreja e pelo Estado espanhóis, esse Poder custou a morrer.

2. Erasmo de Roterdam

Desde logo, graves preocupações teve a Inquisição com certas correntes de pensamento que se desenvolveram junto ao humanismo renascentista, entre as quais o «erasmismo», o «intimismo» e o «luteranismo», todos os três assinalados por este traço comum: a valorização da interioridade, da imediata união da alma com Deus.

Na época carolíngia, o pensador humanista Erasmo de Roterdam (1469-1536) desfrutou de imenso prestígio na Espanha. Carlos I, aliás, quando jovem o tivera como conselheiro pessoal. Suas teses receberam acolhida semioficial na Corte, penetraram nas escolas e nos mosteiros, a elas aderiram altos dignitários da Igreja, inquisidores inclusive. Encantavam os ideais humanísticos que Erasmo pregava, de renovação intelectual, cosmopolitismo, paz entre os cristãos, purificação religiosa e teologia extraída diretamente das Escrituras, com retorno à simplicidade evangélica original. Todas as pessoas cultas se vangloriavam de ter lido o *Enchiridion* e de absorver seus ensinamentos.

Aos poucos, todavia, insinua-se a dúvida sobre a ortodoxia dessa obra, que desemboca no intimismo. Conforme nela está escrito, «a filosofia celeste de Cristo não se deve manchar com obras de homens». O conselho de entregar o texto sagrado às mãos do povo levaria à insegurança, quiçá à anarquia religiosa. O recurso apenas às Escrituras como fonte de fé significa rejeitar a Igreja como intermediária entre o homem e Deus, torna dispensáveis os ritos e as instituições eclesiais. Para Erasmo, todas as cerimônias religiosas apenas servem para as crianças, o perfeito é o invisível, a religião do coração, o homem espiritual não mais necessita do exterior. Mais ainda, verifica-se, na prática, que como maus frutos desse movimento aumenta o número de visionários, expande-se o fenômeno do falso misticismo; e o Santo Ofício, diante de tantos perigos, resolve arregaçar as mangas.

3. Misticismo

A História da Igreja desfila ante nossos olhos extenso rol de místicos, mencionados com muito orgulho, vários dos quais galgaram o grau de santidade. A península ibérica foi nesse campo particularmente rica: São Pedro de Alcântara, Frei Luís de Leão, Santa Teresa de Ávila, São João da Cruz e muitos outros. Seres privilegiados que alcançam a contemplação infusa, entram em perfeita comunhão com Deus, gozam de revelações do universo invisível, entregam-se a ardentes sentimentos de amor. Todo místico corre, porém – se não for realmente santo e humilde –, um risco porque, deslumbrado pela experiência espiritual, pode cair na tentação de se sentir libertado da vida terrena, dos preceitos eclesiásticos e até mesmo de exigências morais, passando a prescindir da Igreja.

Na Espanha, o fenômeno dos (chamemos assim) maus místicos, tanto leigos como eclesiásticos, entrou a crescer assustadoramente, com toda sorte de excessos, convencendo as autoridades a enfrentá-los. Pululavam os «iluminados» (*alumbrados*), que se diziam ofuscados por uma luz interior, que os eximia de qualquer dever de obediência, e os «quietistas» (*dejados*), que se perdiam estáticos na contemplação divina, desprezando as obras exteriores, em completa inatividade da inteligência e da vontade. Eram pessoas que pretendiam pairar num mundo superior, imunes ao mal, não mais precisando preocupar-se com atos de virtude, de resistência às tentações e aos pecados. Na esteira desse movimento, surgiram também as «beatas», mulheres que viviam de esmolas, proclamando-se possuidoras de dons espirituais e poderes proféticos.

Tais indivíduos faziam escola, arregimentavam seguidores, alimentavam superstições e afastavam fiéis da Igreja, considerando inúteis suas prescrições, o sacramento da Confissão, as indulgências, as obras de caridade. Alguns adquiriam fama de santidade e à clientela, que os venerava, ofereciam conselhos não só sobre assuntos espirituais, mas também temporais. A impostura foi aumentando, num clima de desordem que precisava ser coibida. Inúmeros desses maus místicos não passavam de pessoas desequilibradas, de mulheres histéricas; outros resvalavam para o terreno da fraude, explorando o povo simples; surgiram também os abusos sexuais[1]. São Tomás de Aquino aliás já advertira que os transes podem vir de Deus, sendo então benéficos, ou do demônio ou de afecções do corpo.

Foi com o aparecimento do protestantismo na península que a Inquisição melhor sentiu o perigo representado por essa gente, que facilmente poderia ser atraída, com seus seguidores, para engrossar as hostes reformadoras, sob o comum denominador de rejeição à hierarquia eclesiástica. Em 1578, publicou-se longa lista de erros iluministas, concitando os fiéis a denunciarem pessoas que, por exemplo, afirmavam ser suficiente a oração interna e supérfluas as boas obras e o culto público. As penas mais aplicadas foram a de flagelação e de aprisionamento. Os religiosos eram suspensos de ordens e obrigados a cumprir penitências num convento.

Entre os jesuítas inclusive o mal chegou a penetrar, descobrindo-se na Extremadura numerosos *alumbrados* que um membro dessa Ordem dirigia, sendo todos submetidos a um auto-de-fé no ano de 1579. Na cidade de Sevilha, em 1623, apanhou-se numeroso grupo de seguidores de certo sacerdote iluminado, Fernando Méndez, que adquirira extraordinária fama e cujos acompanhantes se entregavam a toda espécie de deboches. Quando a Inquisição interveio neste caso, centenas de penitentes se apresentaram voluntariamente para confessar as próprias faltas, muitos deles ligados à alta sociedade. Diante da crescente gravidade da situação, as autoridades inquisitoriais optaram por maior rigor e em 1630, ainda em Sevilha, entregaram

---

(1) Curioso é o caso de um simplório monge contemplativo que pretendia ter recebido de Deus a missão de gerar um filho, que se tornaria profeta e reformaria o mundo. Em sua ingenuidade, escreveu a prestigiosa freira, convidando-a a com ele realizar o plano divino.

vários acusados ao Poder secular, dos quais oito foram conduzidos à fogueira e seis queimados em efígie. Entre 1640 e 1643, também o Tribunal de Toledo tomou medida semelhante contra um grupo dirigido por Eugênia de la Torre, uma beata acusada de promover orgias libidinosas.

Durante todo o século XVII prosseguiu a luta do Santo Ofício, mas sua atitude acabou tendendo, nos casos corriqueiros, mais para a brandura, sob a consideração de que os pretendidos poderes espirituais acima do normal eram com frequência simples desvios mentais e não autênticas heresias. O problema continuou todavia existindo, e a História registra inúmeros iluminados de grande prestígio, que se tornaram célebres. Ainda no século XVIII encontramos duas famosas beatas, Isabel Maria Herraiz e outra de nome Dolores. A primeira, dizendo-se transformada no corpo e no sangue de Cristo, se fazia acompanhar por populares em procissão pelas ruas, carregada sobre um andor, com círios acesos e nuvens de incenso. Apanhada pelos inquisidores de Toledo, foi condenada à prisão, onde acabou falecendo. Dolores, de Sevilha, alegava que se casara com Jesus Cristo, na presença de São José e de Santo Agostinho, mas, a despeito disso, levava vida dissoluta. Relaxada ao braço secular, este lhe impôs a pena de morte na fogueira, em 1781. No último momento, a acusada se mostrou arrependida, recebeu o sacramento da Confissão e, por benignidade, o carrasco foi autorizado a estrangulá-la, somente se queimando então seu cadáver.

Estamos focalizando situações extremas, portanto fáceis de discernir. Inúmeras vezes, no entanto, as autoridades religiosas hesitavam perplexas, sem saber se se achavam, ou não, diante de efetiva santidade. Nem sempre era fácil separar as boas das más ovelhas. Muitos místicos estavam possuídos de sincera piedade, eram puros de coração, fiéis submissos à Igreja, a ninguém faziam mal, apenas suas visões se estimavam ilusórias, quiçá provocadas pelo demônio, concluindo-se que mais precisavam de assistência espiritual do que de punição.

Até mesmo dois grandes santos, Inácio de Loyola (1491--1556) e Teresa de Ávila (1515-82), se viram ameaçados pela Inquisição, sob a suspeita de desvios iluministas. Em 1526, aos 34 anos de idade, o futuro fundador da Companhia de Jesus instalou-se em Alcalá, para continuar seu aprendizado na Universidade local. A cidade constituía importante centro de erasmismo, que atraía muitos religiosos. Verificando que Inácio possuía um circulo de companheiros e dava orientação espiritual sem ter autoridade para fazê-lo, os inquisidores se preocuparam, conduzindo-o diante do arcebispo de Toledo. Instaurado um inquérito, o suspeito foi encerrado na prisão episcopal, onde entretanto lhe concederam muitas regalias, inclusive para prosseguir comentando seus *Exercícios Espirituais*. Novos inquéritos se seguiram, em Toledo e depois em Salamanca, mas, apurado sempre que nada havia a reprovar na doutrina e na atividade de Inácio, este terminou liberado. Unicamente foram feitas restrições quanto ao modo de trajar do grupo, a fim de deixar claro que não formava nenhuma comunidade no sentido canônico, e aos seus membros foi proibido pregar antes de terminarem os estudos.

Diferente é o sucedido com Teresa, a reformadora do Carmelo, a «santa do êxtase». Prestigiando as monjas de orientação tradicional, chamadas «carmelitas descalças», ela caiu numa rede de intrigas, que acabou por conduzi-la perante o tribunal da Inquisição. Afinal, em 1580, após muitas investigações, o Inquisidor Geral Gaspar de Quiroga lhe transmite a conclusão absolutória: «Vosso livro foi apresentado à Inquisição. Sua doutrina foi examinada com grande rigor. Eu o li por inteiro e sustento que essa doutrina é muito segura, muito verdadeira, muito aproveitável».

4. Magia e bruxaria

Misticismo, de um lado, magia e bruxaria de outro, são práticas que não se confundem, mas que apresentam algumas pontas de contato. Já deste tema nos ocupamos no capítulo XIV, bastando apenas aqui acrescentar que o fenômeno não teve, na Espanha, a mesma importância apresentada em outros países, destacadamente a Alemanha. A feitiçaria mais se expandiu no País Basco e em Navarra, regiões pobres e mais sujeitas a superstições.

5. A Reforma protestante

A Reforma jamais conseguiu se expandir na Espanha. Sem estabelecer distinções entre as várias correntes que o formavam, o movimento era ali apenas designado por «luteranismo» e sua atração entre os espanhóis praticamente se restringiu uma pequena elite intelectualizada. «Na Corte, nas universidades, em certos mosteiros, mesmo entre artesãos, homens e mulheres, intelectuais brilhantes ou semiletrados, mas todos relativamente educados, ficam à escuta das novidades vindas do norte. Lutero, como Erasmo, suscita curiosidade» (J.-P. Dedieu, *in* B. Bennassar, *op. cit.*, pág. 264). O povo em geral, a grande massa, se mantém alheio às inovações, com elas até mesmo se apavora, considerando-as como «invenção do demônio», e hostiliza seus fautores.

Esse afastamento popular do protestantismo foi habilmente conseguido, com ajuda da Inquisição, pela inteira Igreja espanhola, através de intensa propaganda, acompanhada de medidas intimidativas e, nos casos de rebeldia, exemplar punição. O cisma, que dividia fundamente a alma da cristandade, dilacerando-a, constituiu forte sinal de alerta, convencendo a hierarquia espanhola a se lançar em amplo programa educativo, que alcançou o próprio clero. Não se tratou, como pretendem alguns, de mero combate contra moinhos de vento, isto é, contra ameaça ilusória. Ao contrário, efetivo perigo rondava as fronteiras do país, de modo profundamente inquietante. Impressiona verificar, nos mapas europeus dos séculos XVI/XVII, o rápido e amplo triunfo das novas concepções, em detrimento da Igreja católica: a Alemanha, os Países-Baixos, a Suíça, em grande parte dominados; a Inglaterra, a Escócia, os Estados nórdicos, inteiramente perdidos; a França, duramente ameaçada, com as guerras de religião que, de 1562 a 1598, assolaram seu território. Algumas poucas nações católicas se salvaram; e, dentre estas, se destacam as da península ibérica, que se conseguiram manter imunes ao «contágio herético».

Será bom ademais ter presente que tais sucessos transcorreram em período histórico muito conturbado, política e economicamente; quando a Inglaterra anglicana e a Holanda luterana disputavam a hegemonia com a Espanha, querendo arrebatar-lhe o domínio mundial. Lidavam por minar sua força, começando pela via religiosa, e, derrotados os protestantes nessa empreitada, eles montaram, como já assinalamos antes, tremenda ofensiva propagandística destinada a desmoralizar o adversário. O conflito, em tais condições, mais do que dogmático, logo se transformou numa luta de nacionalismos, de modo que a coesão religiosa, para a Espanha, se converteu em instrumento conservador da sua unidade e do seu poder.

Grande esforço para conseguir o domínio protestante realizou-se através de livros e panfletos impressos em castelhano no exterior e que chegavam clandestinamente por terra e pelo mar. Em 1535, a Inquisição desmantelou amplíssima rede distribuidora dessas obras, que se armazenavam em Barcelona e de lá eram espalhadas por todo o território nacional.

Também eram encarados com muita suspeita os mercadores estrangeiros e os marinheiros ingleses e holandeses que desembarcavam no país. Entre eles havia agentes encapuçados do inimigo, com material de propaganda nas algibeiras; ou, pelo menos, tratava-se de homens que ostentavam posturas desrespeitosas para com as coisas da religião católica, escandalizando o povo. Isso deu origem a um complexo problema diplomático, porque, para a Inquisição, toda pessoa que pertencesse à fé reformada era um herege e, como tal, merecia castigo. Para pôr termo às dificuldades, firmou-se em Londres um tratado, em 1604, segundo o qual os súditos do rei da Inglaterra não poderiam ser molestados por motivo de consciência, nos domínios espanhóis, desde que não provocassem escândalo público; mas as dificuldades prosseguiram existindo, por ser difícil interpretar essa última ressalva. Por exemplo, indagava-se, estaria ou não compreendida na ideia de «escândalo público» o fato de um marinheiro deixar de fazer a genuflexão quando via passar pelas ruas o Santíssimo? Outros tratados semelhantes foram depois firmados com a Dinamarca (1641) e com a Holanda (1648).

Em verdade, até meados do século XVI não se deu grande importância ao problema protestante, contra ele existindo tão só esporádicas reações[2]. Demonstra-o o fato de que, em 1553, os inquisidores de Toledo, ao exporem as linhas mestras das suas preocupações, mencionaram os judeus marranos, os mouriscos, os blasfemadores e os místicos, mas nenhuma referência fazem aos luteranos.

Temerosa todavia devido ao rápido desenvolvimento da Reforma em vários países, a Santa Sé muito exortou o Governo espanhol para que se acautelasse. Inicia-se então o esforço para erradicar o mal, quando foram descobertos importantes ninhos de hereges em algumas cidades. Uma delas é Valladolid, onde, aos 26 de maio de 1559, se impuseram trinta condenações, metade das quais à fogueira; e, em outubro, com mais vinte e oito aplicações da mesma pena. Bem se conscientizando agora do perigo, os inquisidores quiseram impressionar o povo, montando grandiosos autos-de-fé. Àquele de outubro de 1559, compareceu pessoalmente o imperador Felipe II, o que atraiu grande massa humana, estimada em cerca de duzentas mil pessoas. Contemporaneamente, outros desses espetáculos se realizaram em Sevilha, com vários protestantes entregues ao braço

---

(2) Assim mesmo, já em 1540 surge a primeira vítima nacional da perseguição, Francisco de San Román, que aderira à Reforma ao visitar a Alemanha e os Países-Baixos. Preso, foi extraditado para a Espanha e, naquele ano, enviado à fogueira.

secular para a execução capital, e logo após o mesmo sucedeu em Toledo, nos anos de 1560, 1561, 1563 e 1565.

Muitos casos houve de sacerdotes atraídos para a fé reformada. O mais escandaloso e estranho dentre eles foi o de Frei Bartolomeu de Carranza y Miranda, homem de imenso prestígio, arcebispo de Toledo, primaz de Espanha e pregador do rei. Num dos seus escritos, foram encontradas certas proposições suscetíveis de interpretação luterana. Como esse prelado possuía inúmeros desafetos, tanto bastou para que o fizessem aprisionar pela Inquisição. Os ânimos se inflamam, a Santa Sé intercede, mas Felipe II dá mão forte aos seus juízes e, nesse impasse, a questão se arrasta por muitos anos. Afinal, para lhe pôr termo, opta-se pela transferência do acusado a Roma, para onde ele é conduzido em 1567. Como seus adversários, o rei inclusive, continuam a atacá-lo, Pio V, em resposta, destitui o Grande Inquisidor e ameaça Felipe II. Falecendo entretanto esse pontífice, Gregório XIII, que o sucede, buscando acomodar-se com a Corte espanhola, impõe a Carranza uma pena simbólica: faz com que ele repudie as doutrinas heréticas e cumpra algumas suaves penitências. Encerrado então num mosteiro romano, Carranza ali vem a morrer, em 1576.

O sucedido mostra, com alta eloquência, o quanto se tornara poderosa a Inquisição espanhola, com apoio do Poder civil, a ponto de perseguir um personagem colocado no topo da hierarquia eclesiástica nacional e enfrentando depois o sumo pontífice; mas, de outro lado, revela também como, contra ela, a Santa Sé afirmava sua suprema autoridade.

Em conclusão, diremos que a Reforma, apesar do zelo proselitista, realmente não alcançou nenhum sucesso em terras ibéricas. Restringiu-se quase exclusivamente a alguns poucos intelectuais e a estrangeiros ali radicados. Graças à pronta reação das autoridades, às medidas policialescas tomadas, à feroz repressão e ao eficiente programa educativo desenvolvido, o povo não se aproximou da nova fé, mas, ao inverso, logo a rejeitou. Inúmeros casos houve de populares que denunciaram a presença de suspeitos e mesmo os trucidaram quando detidos. Para tornar mais eficaz seu trabalho, os inquisidores, tão logo sentiram a ameaça protestante, publicaram um *Edicto de Delaciones*, ensinando às pessoas quais os indícios reveladores da heresia.

Desse modo, a chama reformadora foi sufocada em seu nascedouro. Os raros bolsões luteranos que se formaram tiveram seus membros destruídos fisicamente, aprisionados, exilados, até o último, de tal sorte que, já nos primeiros anos do século XVII, nada mais restava do movimento. Daí por diante, as autoridades puderam então mostrar-se cordatas: os estrangeiros, que antes tinham de viver sua religião clandestinamente, passaram a ser tolerados, com a só condição de se manterem discretos, não buscando atrair adeptos.

6. Crescimento da censura

Toda religião organizada desempenha, inevitavelmente, uma atividade censória, que a leva a cercear a liberdade dos seus adeptos, traçando-lhes pautas indicativas do que podem ou não podem fazer, acreditar, ler, escrever, ensinar, etc., à luz de princípios de fé e de moral. Assim procedeu sempre a Igreja católica, mas, chegando o século XVI, o problema começou a assumir extraordinário vulto, devido à conjugação de alguns poderosos fatores que se entrelaçavam. Destacadamente, o enorme e rápido desenvolvimento da imprensa, gerando grande massa de livros, panfletos, etc., que disseminavam novas ideias por número cada vez maior de pessoas[3]; a necessidade de enfrentar o assédio da Reforma; a crescente secularização, que levava os homens a olhar mais para as coisas terrenas, em detrimento das divinas; os ideais libertários, que repudiavam as tutelas culturais e ideológicas.

---

(3) Observa-se que Genebra, grande centro de irradiação do calvinismo, já no século XVI publicava cerca de 300.000 exemplares de livros por ano.

Com isso tudo, a Igreja via escapar-lhe das mãos o domínio cultural que antes mantivera, e a ela, Mãe e Mestra, guardiã da verdade divina, muita aflição tinha de causar esse progressivo afastamento de Cristo. É natural pois que se exasperasse a sua reação, buscando opor um freio à «desordem», através de cerrada e ampla censura. A tal mister se dedicou, com denodo, a inteira Igreja, em todos os países, mas, como não podia deixar de ser, a luta foi mais forte na Espanha, aos cuidados da Inquisição.

Rigorosíssimo policiamento envolveu os escritos religiosos, filosóficos, científicos, literários, etc., para arredar os que destoassem da ortodoxia, ou se revelassem ofensivos à Igreja; ou, ainda, os que fossem moralmente reprováveis. O objetivo era imunizar o povo contra obras reputadas de caráter subversivo, aptas a enfraquecer os sentimentos religiosos e os bons costumes. Para alcançá-lo, publicaram-se sucessivas listas de livros e de autores condenáveis, cuja difusão e leitura se tornavam vedadas. Era o *Index Auctorum et Librorum Prohibitorum*. Por vezes, o veto se fazia *in totum*, incidindo sobre um livro determinado, ou recaía sobre a inteira produção de certo escritor; ou podia ser parcial, quando as autoridades se contentavam em exigir o expurgo de alguma passagem inconveniente, com o que ficaria liberada a obra. A Santa Sé publicou vários de tais índices, o mais importante dos quais emanou do concílio de Trento, em 1564, válido para todas as nações católicas.

Muitos países, regiões e até cidades vieram também a possuir outros catálogos próprios. Na Espanha, a primeira firme manifestação nesse sentido foi a «Sanção Pragmática», que a infanta Joana promulgou em 1558, em nome de Felipe II. Vinha ali minuciosamente explicado o procedimento a ser seguido para a censura, que se devia exercer antes e depois da impressão de algum texto. As livrarias ficavam obrigadas a expor a relação das obras proibidas, e a venda ou a posse destas poderia importar até mesmo na pena capital. A tal decreto se seguiram, século após século, inúmeros *Index*. O inicial, ainda muito incompleto, apareceu em 1559. Outros foram depois surgindo, entre os quais, com grande destaque e após longa preparação, dois grossos volumes publicados sob a supervisão do Inquisidor Geral Gaspar de Quiroga, o primeiro contendo a lista de livros proibidos (1583), o segundo a dos livros expurgados (1584).

Havia dois tipos de censura: uma, a cargo do Estado e dos bispos, era prévia, apondo-se o *Imprimatur* nos escritos autorizados; outra, exercida pela Inquisição, era repressiva e se fazia *a posteriori*, visando a impedir a presença de trabalhos nocivos.

Dentre os autores proibidos, figuraram Erasmo, Savonarola, Maquiavel, Boccacio, Gil Vicente, Rabelais, Tomás Moro e, mais adiante, os enciclopedistas franceses. Outros, como Dante e Cervantes, tiveram tão só amputadas algumas passagens das suas obras.

Igualmente as pinturas, esculturas e outras manifestações artísticas (por exemplo, as tampas desenhadas das caixinhas de rapé) passaram a ser severamente censuradas, para expurgar as que se mostrassem obscenas. Idem quanto a ilustrações pornográficas de livros. É assaz conhecido o pitoresco fato ocorrido com Francisco Goya que, criticado pelo quadro *La Maja Desnuda*, vingou-se pintando outro, *La Maja Vestida*, que era entretanto ainda mais lascivo do que o anterior.

A fiscalização, por toda a Espanha, foi desenvolvida com extremo denodo pelos inquisidores, atingindo tanto as produções nacionais como as estrangeiras. Montou-se autêntico cordão sanitário à volta do país, a fim de nele impedir o ingresso de obras perniciosas. Nos portos, nos postos fronteiriços, nos navios que chegavam, os comissários inquisitoriais procediam a minuciosa busca, examinando as bagagens dos viajantes, os carregamentos dos mercadores. As impressoras, as livrarias, as bibliotecas, tanto públicas como particulares, eram periodicamente vistoriadas.

Todas as pessoas que tomassem conhecimento de algum livro contendo «doutrinas falsas, más ou suspeitas» ficavam obrigadas a apontá-lo, sob ameaça de excomunhão. Isso tudo, como forçosamente tinha de acontecer, levou a muitos excessos. Inquisidores exaltados atuaram com extremos de rigor, bastando dizer, para mostrar o auge do absurdo, que chegaram a ser proibidos os *Exercícios Espirituais* de Santo Inácio de Loyola. Imposto o dever de denúncia, vieram à tona malquerenças, invejas, vinganças, gerando acusações descabidas. Qualquer originalidade, em assuntos religiosos, desencadeava forte reação, e, com isso, muitos pensadores foram injustamente perseguidos. Foi o que sucedeu, por exemplo, com o sábio Frei Luís de León, professor na Universidade de Salamanca que, acusado de adotar posições heréticas, acabou sendo preso e, após quase cinco anos de cárcere (1572-1576), ao ser reabilitado e reassumir a cátedra, retomou suas antigas ideias assim iniciando a primeira aula: «Como dizíamos ontem...»

Nada tinha porém de fácil a tarefa assumida pelo Santo Ofício. O contrabando em grandes proporções de obras oriundas do exterior mostrava-se invencível. A censura, por ele sempre exercida *a posteriori*, costumava ser demais demorada, em média ocorria uns cinco anos após a publicação de certo livro. Isso gerava profunda intranquilidade entre os impressores, os livreiros e os leitores, que ficavam sem saber se o material possuído era ou não aceitável. Em se tratando de escritos de lenta difusão, o controle ainda podia ter alguma eficácia. Inviável se tornava, ao contrário, quanto aos escritos menores, destinados a rápida leitura; ou, pior ainda, quando principiou a desenvolver-se o jornalismo cotidiano, na segunda metade do século XVIII.

A fiscalização de livros nocivos atingia tão só pequena camada social, isto é, as pessoas mais cultas. Daí passou a Inquisição a se ocupar também dos comportamentos imorais, sobretudo os ligados à sexualidade, com o que o inteiro povo se viu sob sua mira. As simples relações carnais fora do casamento e mesmo a mancebia não pertenciam à alçada inquisitorial, mas aos comuns tribunais de penitência. O que caía sob sua competência era o fato de alguém defender essas práticas ou considerá-las pecados de escassa importância. A bigamia se rotulava como ato herético, porque significava desprezo pelo sacramento do Matrimônio. Os desvios sexuais em geral (bestialidade, necrofilia, etc.) constituíam «pecados abomináveis» e, por isso, eram severamente reprimidos. Contra a sodomia, o homossexualismo, tanto a Justiça comum como a inquisitorial do século XVI impunham a fogueira. Depois, a punição abrandou-se para cem a duzentas chibatadas e o envio às galeras, por três a cinco anos. Também o clero passou a ser severamente disciplinado, concitando-se os fiéis a denunciarem os sacerdotes que, durante a confissão, tomassem atitudes impróprias.

Tão cerrada censura, realizada através da coação e da violência, para os padrões atuais repugna. De fato, ante os moldes a que estamos hoje habituados, ela é, nos termos em que se realizou, inaceitável; mas, naqueles tempos, excetuado pequeno punhado de intelectuais rebeldes que se sentiam sufocados, a atitude da Igreja foi recebida como algo normal, honesto e indispensável, que também em outras nações (católicas e protestantes) atuava com semelhante rigor. Conforme adverte H. Kamen, «seria errôneo pensar que os espanhóis se sentissem oprimidos por esses sistemas, pois a censura sobre material impresso existia em todos os países europeus e havia sido sempre aceita na Espanha» (*op. cit.*, pág. 124). Melhor ainda, ela devia tranquilizar e dar segurança à população, porque, unidos Estado e Igreja, amalgamavam-se religião e moral católicas, para formarem indispensável sustentáculo da ordem e da paz públicas.

O debate a seu respeito prossegue todavia sempre acalorado e, ao que parece, insolúvel. A censura, alega-se, sufocou o desenvolvimento intelectual do país, contribuindo para a sua estagnação e posterior decadência. Em resposta, objeta-se que o apogeu literário castelhano, sua «era áurea», correspondeu precisamente ao período crucial da Inquisição. Para comprová--lo, enfileiram-se poetas, ensaístas, historiadores, romancistas do melhor quilate. De fato, basta lembrar, entre muitos outros, Cervantes (1547-1616), Góngora (1561-1627), Lope de Vega (1580-1635), Quevedo (1580-1645), Tirso de Molina (1583-1648), Calderón de la Barca (1600-81); na música, Victoria (1548-1611); na pintura, o esplendor de El Greco (1541-1614), Zurbaran (1598-1664), Velasquez (1599-1660), Murillo (1618-82). Foi a hora também dos grandes místicos Santa Teresa (1515-82) e São João da Cruz (1542-91). Livros foram então publicados num ritmo que ultrapassou o da generalidade dos países, a filosofia e a ciência prosperaram, o castelhano se tornou idioma universal. As grandes Universidades de Salamanca e Alcalá de Henares se destacaram como prestigiosos centros de cultura e de pesquisa, atingindo o maior florescimento, tanto em número de estudantes quanto em vitalidade criadora.

Tudo isso é verdade, mas, por tal via, contorna-se o ponto central da questão. À evidência, a censura inquisitorial espanhola não impediu, nem podia fazê-lo, toda e qualquer manifestação de talento. O grave problema está em que ela impossibilitou aberturas fora de estreitos limites e proibiu pensamentos originais, apenas porque pareciam contrários à ortodoxia. Como fruto bom, dir-se-á que graças a ela a Espanha ficou preservada para o catolicismo, mas é inegável que houve também consequências negativas. Para admiti-lo, basta raciocinar às avessas: ninguém, em sã consciência, poderá pretender que censura tão rígida, como a que lá existiu, tenha servido para incentivar a investigação científica, o progresso cultural, nem que haja imprimido salutar dinamismo à doutrina católica.

7. Correntes liberais

Prosseguindo, empregaremos aqui o termo «liberalismo» apenas para agrupar um conjunto de orientações filosófico-políticas, de variados conteúdos e matizes, que se vieram desenvolvendo no continente europeu e nas quais, em maior ou menor grau, se abrigava o anseio de libertação do jugo dogmático das religiões institucionalizadas.

Já com Dante Alighieri (1265-1321), no seu tratado sobre a Monarquia, apresentam-se candentes reivindicações em favor da liberdade individual e da igualdade entre todos os homens. Belos ideais, sem dúvida, que, em subsequentes pensadores, desaguaram fatalmente na defesa da liberdade de consciência mesmo em matéria religiosa, com repúdio à intolerância e a toda violência externa no terreno da fé. O princípio da igualdade, com marcante objetivo político destinado a arredar excessivos privilégios usufruídos por alguns grupos sociais, acabou também aninhando em seu bojo a defesa do devido respeito a opiniões divergentes e a rejeição de tudo quanto se possa rotular de autoritarismo intelectual.

Com Rabelais (1483 ou 1494-1553), toma vulto a atitude da incredulidade; com Montaigne (1533-92), a do ceticismo. Avança o processo de secularização do pensamento, luta-se por colocar à margem da teologia o chamado «sistema natural das ciências do espírito». As ciências em geral não devem depender de postulados apriorísticos nem de imposições religiosas, mas necessitam firmar-se sobre as bases da observação empírica e do cálculo matemático. Partindo de René Descartes (1596-1650), desencadeia-se verdadeira revolução cultural em proveito de um racionalismo supercrítico.

Essas e outras correntes, em seu desenvolvimento e trabalhadas pelos seus continuadores, abalaram a fé no sobrenatural, nos dogmas, na Revelação, na tradição, nos milagres e serviram de alicerce à defesa da liberdade de pensamento e de crença.

Orientações todas ademais, bem se vê, incompatíveis com a existência de uma Inquisição. Tais novas tendências vão depois encontrar formidável caixa de ressonância no «iluminismo» anticlerical do século XVIII e, apoiadas pela Revolução Francesa, se expandem pelo mundo. A Espanha tenta manter-se a salvo, fecha-se em suas fronteiras, enrijece a censura, o Santo Ofício por muito tempo ainda prossegue ali atuante, mas impossível é impedir que surjam e se alarguem frinchas em suas muralhas. Por mais que se queira ignorá-las e sufocá-las, essas inovações culturais pairam no ar e são tangidas para toda parte pelos ventos. O século XIX entregou-se ao triunfo do liberalismo, alcançando o Estado espanhol.

Acresce que, em fins do século XVIII, encerra-se na Justiça Criminal comum a longa fase de empirismo e crueldades. O Direito Penal ingressa numa era de intensa humanização e, a partir do século XIX, graças ao trabalho de uma série de juristas que formaram a depois rotulada «Escola Clássica», galga o posto de autêntica ciência jurídica, com uma trama de princípios lúcidos, moderados e justos, asseguradores das garantias individuais.

8. O longo caminho do ocaso

Apesar do acima exposto, a agonia da Inquisição espanhola foi lenta, ela muito tardou a morrer. Na verdade, desde meados do século XVIII pouco trabalho lhe restava, nenhum veneno herético ameaçava seriamente a unidade religiosa do país, de sorte que as jurisdições eclesiásticas ordinárias seriam suficientes. Sucede entretanto que, para a orgulhosa gente hispânica, o Santo Ofício se tornara um símbolo da sua fidelidade à Igreja católica. Tanto o povo em geral como as classes cultas, em sua maioria, o apoiavam e a ideia de suprimi-lo soava como uma afronta à identidade nacional.

Por longos anos, durante a primeira metade do século XIX, se arrastaram os debates entre conservadores e as forças liberais, mas fracassaram todas as tentativas abolicionistas. A Inquisição continuou sempre atuando, ainda que de forma espasmódica. Quando da invasão francesa, em 1808, já em dezembro desse ano Napoleão Bonaparte, em pessoa, a revogou formalmente. Em 1813, os liberais, conseguindo maioria nas Cortes, decidiram que ela era incompatível com a Constituição de 1812. Outra arremetida ocorreu com a revolução de 1820. Tudo inútil, a Inquisição se manteve viva e só foi efetivamente desaparecer aos 15 de julho de 1834, desaparecimento que se tornou irreversível em 1869, mediante o acolhimento do princípio constitucional da tolerância religiosa.

O último condenado a quem ela impôs a pena capital foi o mestre-escola Caetano Ripoll, enforcado em 26 de julho de 1826 sob acusação de ser herege contumaz.

XVIII. A Inquisição em Portugal

1. Período medieval

Ao contrário da sua congênere espanhola, a Inquisição portuguesa se acha deficientemente estudada. Ainda engatinham as tentativas de colocar em ordem e analisar a massa dos seus documentos guardados no Arquivo Nacional da Torre do Tombo.

Do mesmo modo que em Castela, inexistiu nesse país uma Inquisição medieval, mesmo porque, protegido atrás da Espanha, Portugal permanecia imune a reais movimentos heréticos. Para os casos isolados dos crimes de natureza religiosa que lá surgiam, bastavam os tribunais episcopais e os da Justiça comum.

Nos primeiros tempos da Reconquista, até o século XII, os muçulmanos capturados foram sendo reduzidos à servidão, mas, à medida que os libertadores lusitanos desciam rumo a terras mais densamente povoadas por gente dessa crença, tal sistema se revelou inconveniente e as autoridades passaram a adotar política protecionista. Já em 1170 D. Afonso Henriques outorgou aos mouros forros uma *Carta de fidelidade* (vale dizer, de amizade) *e segurança*. Nela se lhes assegurava a liberdade, era garantido que nenhum dano sofreriam e que a nenhum cristão seria reconhecido o direito de os maltratar. Desse modo, os muçulmanos puderam conservar seu idioma, costumes e religião, seus trajos e adereços, pagando à Coroa, em troca, alguns tributos especiais. Em Lisboa ficaram fora da jurisdição da cidade, como protegidos e tributários do rei. Nessa e em algumas outras cidades maiores, levavam vida apartada nas «mourarias», sob a proteção de um alcaide por eles escolhido (o «alcaide dos mouros» ou «alcaide do arrabalde»), inclusive com Justiça própria.

Quanto aos judeus, o tratamento oficial foi similar ao dos mouros livres. Tinham também o direito de organizar comunidades, construir sinagogas e exercer livremente a religião. Por muito tempo, dispensados ficaram de trazer sinais distintivos nas roupas, ao contrário do que determinara o IV Concílio de Latrão (1215). Isolavam-se em seus bairros (as «judiarias»), onde desfrutavam de autonomia jurídica e administrativa. Mantendo-se assim à margem da estrutura municipal, regiam-se pelos seus «direitos e usos, em todos os feitos, casos e contendas». Cada comuna possuía seus «arrabis», com competência para julgar as causas civis e criminais com base no Direito talmúdico; e, supervisionando todas essas comunidades, havia o «arrabi-mor de Portugal». Estavam entretanto submetidos a regime fiscal mais oneroso do que o dos nacionais, instituído por lei de D. Afonso IV em 1352. Nessa lei constava a proibição imposta a todo judeu de sair do Reino portando mais de quinhentas libras, sem autorização régia, sob pena de confisco dos bens e de ficar à mercê do rei.

Enfim, como assinala Alexandre Herculano, «talvez, em parte nenhuma da Europa, durante a Idade Média, o poder público, manifestado quer nas leis, quer nos atos administrativos, favoreceu tanto a raça hebreia como em Portugal, embora nessas leis e nesses atos se mantivessem sempre, com maior ou menor rigor, as distinções que assinalavam a inferioridade deles como sectários de uma religião, posto que verdadeira, abolida pelo cristianismo» (*op. cit.*, I, pág. 109). Também o rabino Meyer Kayserling, em toda a primeira parte da sua clássica *História dos Judeus em Portugal*, mostra extensamente como, durante séculos, eles manipularam os interesses do país, dos seus reis e dos poderosos em geral, controlando as finanças públicas, os tributos, monopolizando o comércio, com o que sempre obtiveram e ostentaram imensos privilégios. Isso tudo foi calando na alma popular, que não podia ver com bons olhos tal situação, e algum dia teria forçosamente de explodir em atos agressivos.

2. Ainda e sempre, os judeus

Na realidade, convinha ao Governo a presença dos judeus, pelos capitais que possuíam, pelo apoio econômico que deles procurava obter e pelos seus conhecimentos em vários setores técnicos e científicos, em especial os direta ou indiretamente ligados à navegação marítima; mas, entre o povo, fermentava e crescia o rancor, levando as autoridades a um tratamento oscilante do problema. Os motivos da revolta eram, repetitivamente, os mesmos surgidos em outros países: os judeus eram acusados de explorar os cristãos e de exercer a usura; dominando as atividades lucrativas, pavoneavam depois ofensiva opulência; não se deixavam absorver, mas teimavam em conservar sua identidade, não se convertiam à religião nacional, desprezavam os cristãos, zombavam das coisas sagradas. Por acréscimo, manipulavam o Tesouro público, assenhoreando-se dos seus postos diretivos, e, mais ainda, desempenhavam as odiosas funções de perceptores de impostos. De acordo com o sistema da época, arremaravam a cobrança de tributos e com isso exploravam os contribuintes. Será bom termos presente que a população lusa, em sua grande maioria, era formada por homens simples, incultos, dedicados principalmente às lides agrícolas, que de nenhum modo se podiam ombrear com os judeus, atilados, experientes, sofridos, hábeis em atrair riquezas.

O mal-estar, que se avolumava, passou a refletir-se em atos oficiais, que ora o procuravam coibir, ora o amparavam. Nas Cortes de Elvas, em 1361, formularam-se queixas de que em certos lugares os hebreus (e também os mouros) viviam misturados com o povo, fazendo *algumas cousas desordenadas de que os cristãos recebem escândalo e nojo.* Em resposta, D. Pedro I reforçou a ordem para que os membros dessas duas raças permanecessem confinados em suas comunidades. Igual determinação se reiterou em 1400, no reinado de D. João I, e nas Cortes de 1481-82.

Concomitantemente, procurava-se evitar os maus-tratos contra os judeus, o que prova aliás que esses maus-tratos existiam. As Ordenações Afonsinas (que consolidaram o Direito preexistente e que, após longa preparação, foram promulgadas por D. Afonso V em 1446) contiveram várias dessas medidas protetoras. No seu Livro II, Título 94, acha-se transcrita uma lei de 1392 que cominava pena de excomunhão para o cristão que praticasse determinados atos contra os judeus: *verbi gratia*, constrangendo-os ao batismo, perturbando-lhes as festas com armas, paus ou pedras, etc., e, inclusive, proibia-se «danificar ou usurpar terra dos cemitérios judeus, ou cavar neles ou desenterrar os corpos, a pretexto de procurar ouro, prata ou dinheiro».

Outras leis, ao inverso, protegiam os cristãos contra abusos dos judeus, a estes proibindo notadamente de «*seer ovençal*», isto é, coletor de impostos, «nem receber função por cujo exercício possa vexar cristãos»; o que, todavia, não foi cumprido, «pois nos reinados seguintes encontram-se judeus no exercício de cargos relacionados com o tesouro ou com a cobrança de impostos» (Marcello Caetano, *op. cit.*, pág. 195). Dispuseram esses antigos textos, outrossim, que o judeu ou mouro convertido ao cristianismo não poderia voltar à antiga crença, «sob pena de ser decapitado, caso depois de admoestado não se emendar».

A revolta contra a minoria hebraica continuou a crescer. Em 1449, populares exaltados tomaram de assalto a principal judiaria de Lisboa e, aos brados de «*matallos e rouballos*», massacraram vários dos que lá moravam. Em 1490, refletindo a exacerbação de ânimos, a Assembleia de representantes das cidades e vilas apresentou um rol de amargas recriminações contra aquela comunidade. Para envenenar ainda mais o ambiente, começaram a surgir judeus foragidos da Inquisição espanhola; os quais, além de indesejados, eram ainda acusados de terem trazido a peste que, nessa época, grassava em Portugal.

As agitações prosseguiram e, quando se achavam já em muito maus termos, a Espanha expulsou os seus judeus (1492). Muitos destes adotaram a solução mais simples, rumando para oeste, de tal modo que todos os caminhos que conduziam a Portugal se viram subitamente escurecidos por intermináveis colunas de refugiados. O pequenino Portugal, cuja população andava por volta de um milhão de almas, não podia suportar tamanha sobrecarga, e os acontecimentos tumultuários se aproximaram de limites insuportáveis. Somando os judeus que já antes lá viviam aos que foram chegando da Espanha, António José Saraiva calcula que, em 1497, eles se aproximassem de uma décima parte da população total (*op. cit.*, pág. 216).

O Governo muito hesitou quanto à solução a adotar. Nessa precisa época, ele se estava lançando em gigantesco empreendimento: a conquista e consolidação de um império colonial, que já se estendia desde Angola até a Indonésia, e para isso muito necessitava do auxílio judaico. Em contrapartida, pesavam as considerações religiosas e o ódio popular. Muitos dos fugitivos espanhóis, que se desgarravam nos campos, eram trucidados pelo povo. Diante disso tudo, o rei D. João II optou por uma atitude conciliatória, autorizando o ingresso dos refugiados, mas dando-lhes o prazo de oito meses para deixarem o território nacional, rumo a outras paragens.

O problema se foi todavia arrastando, as autoridades não forneceram, em número suficiente, os navios de transporte que haviam prometido, e os judeus espanhóis acabaram permanecendo. Morto D. João II em 1495, subiu ao trono D. Manuel I, quando o desenlace começou a precipitar-se. Esse ambicioso monarca concebeu o plano de casar-se com a princesa Isabel, filha primogênita dos «reis católicos», almejando assim unir depois em sua cabeça as duas coroas da península. A proposta foi aceita, mas no contrato nupcial figurou a cláusula que obrigava a expulsar todos os membros da raça hebraica que, condenados pela Inquisição espanhola, em Portugal haviam encontrado asilo.

Houve muitos debates quanto à conveniência e amplitude da medida, prevalecendo afinal a opção mais rigorosa. Pressionado ao mesmo tempo pela Espanha, pelo clero e pela opinião pública portuguesa, D. Manuel, em 25 de dezembro de 1496, promulgou o édito de expulsão, dentro do prazo de dez meses, de todos os judeus não convertidos (alcançando pois não só os recém-chegados, mas também os que de longa data já viviam no país). A própria dureza da decisão tornou difícil o seu cumprimento, provocando avanços e recuos, surgiram dificuldades práticas, resistências, súplicas, e, por fim, o rei condescendeu, autorizando a permanência de todos os judeus que se deixassem batizar. O claro propósito de D. Manuel, mais do que a expulsão, era apaziguar e atrair a comunidade hebraica. O resultado mostrou-se no entanto decepcionante, porque raros foram os que aceitaram, ainda que fingidamente, tornar-se cristãos. Perdendo então a paciência, o soberano determinou fossem batizados pela força os menores, até vinte anos de idade, e, mais adiante, igual medida aplicou também a todos os judeus adultos que tinham permanecido em solo lusitano. Desse modo, a partir de 1498 não mais havia em

Portugal nenhum judeu que abertamente se declarasse adepto da lei mosaica[1].

Oficialmente, apenas passaram a existir os chamados «cristãos-novos», que se proclamavam convertidos mas que, em grande maioria, mantinham às ocultas sua antiga crença, de modo que os abusos continuaram a ocorrer, alimentando a ira popular. Pouco antes, em 1497, D. Manuel, num gesto de boa vontade, proibira que, pelo prazo de vinte anos, fosse fiscalizado o comportamento religioso dos cristãos-novos, na esperança de que estes se acostumassem à nova fé. Escoado tal prazo, os que judaizassem seriam submetidos a processo. Assim, fácil é perceber, começava a ser preparado o caminho para uma futura Inquisição. A despeito porém daquele gesto conciliador, muitos judeus recalcitraram e, temerosos do que lhes pudesse acontecer mais tarde, começaram a fugir para o exterior, levando clandestinamente suas fortunas. O prejuízo para a economia nacional foi-se tornando grande, o que convenceu o Governo, em 1499, a proibir esse êxodo.

Resolvido o assunto teoricamente, restava todavia conseguir a efetiva diluição da minoria judaica na maioria católica. Na prática, isso se revelou quase impossível, porque os cristãos-novos persistiam fechando-se num mundo apartado, unidos em suas tradicionais características; *ab imo pectore*, no fundo do coração, eram apóstatas, e os cristãos-velhos não os aceitavam nem neles confiavam. Os judeus prosseguiram na ostensiva exploração econômica. Em 1504, ocorreram levantamentos sangrentos em Lisboa contra eles. Em 1505, os habitantes de Évora

---

(1) Corre a lenda de que os cristãos-novos portugueses, para se distinguirem, criaram sobrenomes extraídos de plantas: Figueiredo, Pereira, Amora, Nogueira, Pinheiro, etc., de sorte que as pessoas que hoje os portam teriam ascendência hebraica. A ideia é considerada falsa, mesmo porque tais sobrenomes sempre existiram em Portugal. Mais propriamente, acredita-se que inúmeros marranos, ao receberem o batismo, adotaram os apelidos dos seus padrinhos cristãos; o que, diga-se de passagem, facilitou mais tarde que fosse ignorada a sua origem judaica, levando-os a mais facilmente diluir-se na população portuguesa e, também, na brasileira.

arrasaram sua sinagoga. E, em 1506, outra vez na cidade de Lisboa, realizou-se imenso massacre, calculando-se que o povo desaçaimado haja trucidado entre dois e quatro mil judeus[2].

3. Estabelecimento da Inquisição

No acintoso depoimento de Meyer Kayserling, «os judeus batizados que permaneceram em Portugal eram cristãos apenas na aparência; suas almas não estavam manchadas pelo batismo, e, com uma tenacidade que os dignificava, continuaram fiéis ao Judaísmo e suas leis, como cristãos aparentes ou novos (marranos)» (*op. cit.*, pág. 120). O povo, a Igreja e a Casa reinante portugueses não podiam todavia aceitar tão afrontoso

---

[2] Os representantes dessa raça repetem sempre até hoje, em termos pungentes, a descrição das desditas por que passaram na península ibérica, e por elas responsabilizam a Igreja católica. Além do que já observamos no capítulo VI, acrescentemos este esclarecedor episódio narrado por Werner Keller, grande defensor da causa hebraica (*op. cit.*, pág. 404 e segs.). Desde fins da Idade Média, formou-se no norte da Alemanha a Liga Hanseática, integrada por várias cidades, com Hamburgo à testa, dedicada ao livre exercício do comércio. Sobrevindo a Reforma, firmou-se ali, como religião dominante, o luteranismo. Pois bem, pouco antes de 1600, lá apareceu um grupo de mercadores portando nomes portugueses, que se supuseram católicos e que, tendo sido muito bem recebidos, logo deram enorme impulso aos negócios. Muito hábeis, eles rapidamente progrediram e exibiam com grande alarde sua opulência; dedicaram-se a manobras econômicas e foram ocupando cargos públicos ligados ao Erário. A certa altura, descobriu-se que não eram católicos, mas judeus escapados da Inquisição portuguesa, e o povo, indignando-se, passou a exigir fossem de imediato expulsos. Seguiu-se longo impasse, porque ao Senado local parecia conveniente a permanência daqueles estrangeiros, que eram valiosos sobretudo pelo grande desenvolvimento que vinham imprimindo às atividades bancárias e às transações internacionais, com apreciáveis vantagens para a Hansa. Acrescente-se que, tratando-se de uma Liga cuja razão de ser era o livre exercício do comércio, tornava-se uma contradição perseguir justamente pessoas que para isso contribuíam tão eficazmente. Pressionadas entretanto pela opinião pública, as autoridades foram adotando medidas restritivas cada vez mais fortes contra os judeus, até que, em fins do século XVII, a maioria deles, desesperando-se, preferiu trasladar-se para Amsterdão.

fingimento, de sorte que começou a nascer a ideia de seguir o exemplo espanhol, fundando uma Inquisição.

O assunto se arrastou lentamente, pleno de peripécias, devido à tenaz resistência de Roma, temerosa dos excessos que pudessem vir a ocorrer. O primeiro pedido em tal sentido partiu de D. Manuel, em 1515, mas, apresentado sem muita convicção, não chegou a ser considerado. Morto esse rei em 1521, sucedeu-lhe seu filho D. João III, que, em 1531, voltou à carga com firmeza, desencadeando longa e apaixonada luta. O alvo central eram os judeus, cristãos-novos, que a seu turno procuravam por todos os meios obstar ao plano. O povo e o clero lusitanos, fortemente antissemitas, apoiavam e pressionavam o soberano, e a Espanha a este deu mão forte. Armou-se assim aberto confronto entre Lisboa e Roma, com pressões políticas, manobras diplomáticas, atritos, intrigas, acusações de corrupção, ameaças de cisma. O obsessivo desejo de D. João III era criar uma Inquisição dócil à sua vontade, com membros por ele livremente escolhidos e controlados, como valioso instrumento de poder; o que Roma não queria aceitar.

Precisamente nessa época, recordamos (Capítulo XV, n. 6), a Santa Sé enfrentava dificuldades muito sérias, com as conquistas muçulmanas e o progresso da Reforma, não podendo desgostar a Espanha nem arriscar-se a perder Portugal e suas colônias. Tratava-se de duas grandes potências mundiais, entranhadamente católicas. Aproveitando-se desse embaraço, D. João inventou que seu reino fora invadido pela heresia luterana, urgindo tomar medidas enérgicas. Diante disso, o Papa Clemente VII condescendeu, nomeando em dezembro de 1531 um Inquisidor-mor para Portugal; mas, pouco tempo após, em 1533, mais bem informado sobre os abusos cometidos, anulou as condenações proferidas e, atento ao fato de que os cristãos-novos haviam sido batizados pela força, a todos concedeu perdão. Ofendido, o rei passou a alegar que o pontífice fora peitado pelos judeus e ameaçou separar-se de Roma, mas esta não cedeu, com o que as ameaças se tornaram mais veementes. Um conselheiro de Corte instou para que se rompesse com o papa, pois, se este «deixava de fazer o que devia, melhor do que Henrique VIII da Inglaterra, el-rei podia desobedecer. [...] Em consideração desta sugestão de rebelião, de outros conselhos apaixonados dados ao rei, da ameaça de ruptura já pronunciada e do caráter voluntarioso e indomável de Dom João III, concluímos com espanto que era real o perigo de que Portugal e com ele o Brasil fossem arrancados à Igreja católica, tornando-se cismáticos, como a Inglaterra. D. João III deu logo um passo que pode ser interpretado como o início da ruptura, pedindo ao papa retirasse o núncio de Lisboa, *"pois não era cá necessário às consciências dos fiéis"*. O papa não retirou o núncio» (J. Bernard, *op. cit.*, pág. 50).

Subindo ao trono em 1534 um novo chefe da Igreja (Paulo III), as pressões do monarca português e de Carlos V da Espanha se reacenderam com redobrada força, obtendo por fim esta magra concessão: em 1536, autorizou-se fosse instalado um tribunal do Santo Ofício em Lisboa, com três inquisidores designados pelo papa e apenas um outro, o quarto, da escolha do rei. Não era solução que satisfizesse e, portanto, a luta prosseguiu. Logo começaram a chegar a Roma notícias de que os excessos continuavam, em aberta desobediência às recomendações de prudência e moderação. O papa exigiu esclarecimentos, ameaçando de novo suspender o tribunal. Em vez de acomodar-se porém, D. João III negou as acusações, alegando que haviam sido forjadas pelo núncio em Portugal, corrompido pelos judeus; e insistiu na ideia de uma Inquisição composta unicamente por pessoas que ele nomeasse.

Pior ainda, em clara provocação, esse rei, em 1539, investiu seu irmão, o infante D. Henrique, no posto de Inquisidor-mor. O núncio papal rebelou-se e Paulo III repeliu a nomeação. Como resposta, o núncio foi expulso do país e, nas negociações que se seguiram, o embaixador português junto à Santa Sé afrontou grosseiramente o papa. Carlos V mais uma vez interferiu, com todo o peso da sua influência, mostrando a

XVIII. A INQUISIÇÃO EM PORTUGAL

necessidade de que em Portugal fosse formada uma Inquisição muito severa, que desse apoio à sua vizinha espanhola. As advertências de cisma foram reiteradas e, em 1542, D. João III impediu a entrada em Portugal do novo núncio designado por Paulo III. Sentindo-se então obrigada a transigir, a Santa Sé aceitou o infante D. Henrique, sob promessas de comedimento.

Os judeus continuavam porém alertas, pressionando Roma e criando, para usar expressão de J.-P. Dedieu, incidentes «rocambolescos». Obtiveram uma bula que suspendia até nova ordem a execução das sentenças inquisitoriais. Surpreendido pela medida, mais uma vez D. João III ameaçou romper com a Igreja. Por fim, o papa cedeu e, em 1547, autorizou em definitivo fosse constituída a Inquisição portuguesa. Antes, outorgou amplíssima anistia a várias categorias de cristãos-novos, de maneira a lhes ensejar tranquila convivência com a cristandade. Três tribunais se instalaram, em Lisboa, Évora e Coimbra, sendo que o primeiro estendia sua jurisdição ao Brasil e Angola. Seus sucessivos Regimentos (de 1552, 1613 e 1640) tomaram como modelos os de Espanha. Como órgão fiscalizador e tribunal de segunda instância, criou-se também em Lisboa um Conselho Geral[3].

---

[3] Como deixa entrever o apertadíssimo resumo acima, foram longos e tormentosos os trâmites que precederam o estabelecimento da Inquisição portuguesa. Para descrevê-los *in extenso*, Alexandre Herculano, na edição do seu livro sobre o assunto de que nos servimos, cobre quase mil páginas. Para o impasse muito concorreram de um lado, sem dúvida, questões domésticas relacionadas com a aversão da Corte, do clero e do povo lusitanos contra a comunidade hebraica. De outro lado, na Santa Sé penetrara já o espírito humanista, de sorte que a muitas autoridades religiosas parecia inaceitável a abertura de nova frente inquisitorial; pior ainda, com a autonomia pretendida por D. João III. A Inquisição espanhola já vinha causando intensas preocupações em Roma, e provavelmente o mesmo iria acontecer com a que se criasse em Portugal.

Isso tudo não explica nem justifica, porém, que o problema se haja arrastado, com tantas paixões, por mais de trinta anos. Há uma face oculta do mesmo, que talvez nunca venha a ser efetivamente desvendada: a dos fortes interesses políticos e econômicos em jogo. No século XVI, Portugal, assim como a Espanha, dominava os mares, avançava sobre novas terras, tanto para os lados do Ocidente como do

4. Os trabalhos inquisitoriais

Posto afinal em marcha, o maquinismo inquisitorial se dirigiu principalmente contra os cristãos-novos de origem hebraica. Com base nas ainda incipientes pesquisas feitas, acredita-se que três quartas partes das medidas repressivas recaíram sobre suas cabeças.

Conforme assinala Maria José P. F. Tavares, «com o batismo em massa, a vaga antissemita que vinha crescendo desde a segunda metade do século XV e aumentara com a chegada dos judeus castelhanos não se estancou; pelo contrário, aumentou de volume, agudizando a instabilidade social de quinhentos. De fato, a concessão de privilégios à minoria, na globalidade, ou a indivíduos dela, o exercício de cargos e ofícios, a detenção da riqueza monetária e a ocupação mercantil-bancária, além da privança com a Corte, fizeram cindir a sociedade cristã em dois blocos». De um lado, os homens bons e merecedores de confiança (cristãos-velhos), de outro, os maus (cristãos-novos) (*Judaísmo e Inquisição*, cit., pág. 96).

Assim, os mesmos fenômenos que vinham ocorrendo na Espanha se repetiram, *mutatis mutandis*, em Portugal. Tendo-se tornado oficialmente «cristãos», os judeus logo quiseram daí tirar todas as vantagens possíveis: frequentavam a Corte, reivindicavam títulos de nobreza, obtinham os cargos públicos mais rendosos, penetravam, pelo casamento, nas famílias tradicionais. Tantos avanços geraram no povo a sensação de medo,

---

Oriente, e, ao sul, na África. Eram imensas as perspectivas de riquezas e de comércio. Os protestantes em geral, a Inglaterra e a Holanda em particular, não iriam medir esforços para tirarem proveito (como afinal tiraram) dessas conquistas, e os judeus se alvoroçavam. Havia enorme conveniência em minar a vitalidade das duas nações ibéricas, que se viram na contingência de defender-se, inclusive pela via inquisitorial. A Santa Sé encontrou-se assim envolvida em poderosa trama diplomática e corruptora. Há também suspeitas de que o império otomano e o Islã, que tinham a península ibérica em mira, estavam sendo favorecidos com o fornecimento clandestino de armas e outras mercadorias defesas.

a insegurança, que buscava na Inquisição a força compulsiva destinada a enquadrar aquela minoria perigosa nos moldes da maioria tradicional, instando pela uniformização de mentalidades e de costumes. Uma sociedade assentada na economia agrária, que obtinha seu sustento através de labor duro e honesto, via com profundo desagrado os conversos enveredarem pelo novo regime do capitalismo comercial, que produzia melhores frutos. A mudança parecia reprovável, obra não de Deus, mas do demônio.

Os judeus, considerados sempre um povo à parte, eram tradicionalmente designados em Portugal como *«gente da nação» (hebréa)*, ou *«homens de negócios»*.

A reação não tardou a produzir-se, através de medidas discriminatórias. A «limpeza de sangue» passou a ser exigida para a obtenção de postos de relevo na Administração Pública, civil e militar, bem como no mundo universitário e no âmbito eclesiástico. Várias disposições da legislação civil assim dispunham, embora na prática nem sempre fossem obedecidas. A proibição apresentou-se também como pena acessória, transpessoal, decorrente das condenações impostas pelo Santo Ofício. Consoante seu Regimento de 1640, o filho e o neto de um condenado pela Inquisição ficavam impedidos de serem juiz, meirinho, notário, escrivão, procurador, feitor, almoxarife, médico, boticário, etc., etc.

Outra medida discriminatória foram os sinais apostos nas vestes para identificar os membros das minorias religiosas. Durante muito tempo tal exigência permanecera letra morta, embora a impusessem documentos oficiais, e por fim desapareceu dos textos legislativos. Instituída porém a Inquisição, ela ressurgiu com vigor e veio a figurar nas Ordenações Filipinas (1603), Título XCIV: «*Os Mouros e Judeus, que em nossos Reinos andarem com nossa licença, assi livres, como captivos, trarão sinal, per que sejam conhecidos, convem a saber, os Judeus carapuça, ou chapeu amarello, e os Mouros huma lua de panno vermelho de quatro dedos, cosida no hombro direito, na capa e no pelote. E o que o não trouxer, ou o trouxer coberto, seja preso, e pague pola primeira vez mil reis da cadea: E pola segunda dous mil reis para o Meirinho, que o prender. E pola terceira, seja confiscado, ora seja captivo, ora livre».* A medida parecia mais necessária devido à frequência cada vez maior com que mercadores hebreus e mouros, vindos do exterior, transitavam pelo reino em busca de negócios. Eles precisavam ser facilmente identificados e fiscalizados, notadamente para impedir que se comunicassem com os cristãos-novos radicados no país, atraindo-os de volta à antiga religião.

Consigna António José Saraiva (*op. cit.*, pág. 127 e segs.) o curioso fenômeno de que, na Espanha, foi com o passar dos anos sensivelmente diminuindo o número de judeus apanhados pela Inquisição, enquanto em Portugal esse número crescia e se compunha principalmente de pessoas abonadas. Diante disso, Saraiva fala em «fábrica de judeus», como se as autoridades religiosas portuguesas forjassem acusações contra réus daquela qualidade, a fim de lhes confiscar os bens. A tese é demais ousada e carece de um mínimo de comprovação. Se for certo que havia maior atividade judaizante às voltas com a Inquisição em Portugal do que no país vizinho, existirá para o fato a seguinte explicação mais plausível. Na Espanha, foi dada aos judeus a escolha entre o batismo e o exílio, de sorte que muitos dentre os mais fortes e apegados à própria fé preferiram partir; ao passo que grande porcentagem dos que lá permaneceram, mesmo com uma falsa conversão, seriam judeus mais dóceis, menos firmes na antiga religião. Em Portugal não houve igual alternativa, mas desde 1499 dominou com muito rigor a proibição dos judeus emigrarem, seguindo-se, para todos (aí incluídos pois aqueles mais tenazes refugiados da Espanha), uma conversão em bloco. Desse modo, se viu apanhada e obrigada a ficar grande massa de hebreus firmes, profundamente fiéis à lei de Moisés, que continuavam a cultuar sua crença e que, por acréscimo, exerciam forte influência sobre os membros mais vacilantes da comunidade. Cumpre também consignar que essa população judaica era possuidora de um nível cultural médio bastante elevado e, outra vez ao contrário do que sucedeu na Espanha, em Portugal minguados foram os esforços no sentido de instruir os cristãos-novos na doutrina católica.

Somando-se aos judeus, que constituíam maioria, outras várias categorias de pessoas caíram nas malhas inquisitoriais, por adesão a crenças heréticas, por feitiçaria, por depravação de costumes, etc. Também a partir de meados do século XVI começaram a ser instaurados processos contra os protestantes, geralmente estrangeiros oriundos da França, Alemanha ou Inglaterra. Em 1570, surgiu o primeiro português acusado de luteranismo, Manuel Travassos, que, após longo processo, foi relaxado ao braço secular em 11 de março de 1571. Os mouros deram reduzido trabalho à Inquisição, porque, desde antes de ser esta criada, eles tiveram o direito de emigrar, caso desejassem conservar-se muçulmanos.

O procedimento, os métodos de trabalho, as medidas repressivas da Inquisição portuguesa foram, *grosso modo*, os mesmos adotados na Espanha. Também ali os julgamentos se concluíam com portentosos autos-de-fé, plenos de teatralidade. «Os preparativos iniciavam-se com várias semanas de antecedência, mas o anúncio público fazia-se quinze dias antes, a tempo de construir o cadafalso e o anfiteatro, de confeccionar os sambenitos, espécie de hábitos com que sairiam os condenados. No auto-de-fé de 18 de novembro de 1646, em Lisboa, gastaram-se 165 côvados de pano vermelho e amarelo, ou seja, cerca de 87 metros para 86 penitentes e relaxados. Sobre o pano deviam ir pintadas as insígnias correspondentes às penas. No que respeita aos condenados à morte, o pintor chamado à sede da Inquisição devia observar os réus sem ser visto por eles, para lhes tirar o retrato a óleo, que figuraria no sambenito com meio corpo metido nas chamas» (António José Saraiva, *op. cit.*, págs. 103-4).

Acusa-se a Inquisição portuguesa de ter sido muito severa, mas não se pode afirmar que, sob esse aspecto, ela haja ultrapassado as de outros países. A par disso, cabe observar que a Justiça criminal comum lusitana se mostrava extremamente dura. Tão grande era o rigor das Ordenações Filipinas de 1603, escreve Basileu Garcia, «com tanta facilidade elas cominavam a pena de morte, que se conta haver Luís XIV interpelado, ironicamente, o embaixador português em Paris, querendo saber se, após o advento de tais leis, alguém havia escapado com vida» (*op. cit.*, pág. 116).

5. Oscilações no relacionamento com o Estado

O desenvolvimento da Inquisição em Portugal foi muito variável. Inicialmente, durante perto de um século, vigorou ali o figurino espanhol, mantendo-se Estado e Inquisição solidamente unidos. Esta era, para aquele, um instrumento destinado a manter a ordem, a presença do cristianismo, a reforçar o poder real, a garantir a identidade e a unidade da pátria. Procurava-se subtraí-la o mais possível à interferência da Santa Sé, fazendo-se ouvidos moucos aos seus apelos de moderação. Tão estreita dependência perante o Poder secular ficou nítida com o fato de que o cargo de Inquisidor Geral foi desempenhado, durante muito tempo, pelo cardeal D. Henrique, irmão de D. João III. D. Henrique somente deixou esse posto quando, em 1578, após a morte do seu sobrinho-neto D. Sebastião, veio a ser aclamado rei. O mesmo sistema prosseguiu depois vigorando pelo tempo que Portugal esteve sob o domínio espanhol (1580-1640), quando o cargo de Inquisidor Geral passou a ser ocupado pelo cardeal-arquiduque Alberto de Áustria, irmão de Felipe II.

No curso de toda uma longa primeira fase, portanto, Estado e Santo Ofício se mantiveram solidários no combate aos judeus, e daí queriam tirar a própria força. O mundo, porém, dá voltas... A partir de 1578, desditas principiaram a encadear-se. Com a catastrófica derrota perante os mouros em Alcácer-

-Quibir, desaparece o jovem rei D. Sebastião, destroça-se muito do que de melhor havia entre as forças vivas de Portugal, evapora-se em grande parte o «sonho africano». O curto, hesitante e fraco reinado do cardeal D. Henrique, que se segue, leva o país a cair sob o jugo espanhol, e os portugueses passam a enfrentar dificuldades tremendas. Os protestantes da Inglaterra, Holanda e França não dão tréguas às duas nações católicas da península ibérica. No doloroso depoimento de João Ameal, «desde então, submetidos à conveniência e ao egoísmo alheios, com o tesouro exaurido, a agricultura em declínio, a marinha incapaz de assegurar e proteger o comércio – os nossos domínios tornam-se campo aberto a todas as cobiças e usurpações. Onde quer que se encontrem navios portugueses tomam-nos, saqueiam-nos, apresam-nos» (*op. cit.*, pág. 350). Submetido Portugal à Espanha, os inimigos desta também dele se tornam adversários. A ação dos corsários (os famosos *sea dogs*) ingleses, holandeses e franceses, interceptando o transporte de riquezas, pilhando as colônias, nelas tentando estabelecer-se, acarretam forte hemorragia nas finanças lusitanas. Dinheiro potável, como se dizia então, quase nenhum havia. Afinal, em 1º de dezembro de 1640, Portugal se liberta do domínio castelhano, mas dele sai com as forças esgotadas. Não bastasse isso, muito se teme nova ofensiva da Espanha, contra a qual torna-se imperioso ficar preparado.

Perante tamanha crise, a saída será buscar recursos junto ao capitalismo internacional. Dá-se, então, curiosa mudança de posições. As perseguições e discriminações impostas aos judeus na península ibérica, longe de os enfraquecerem, muito contribuíram para o seu progresso econômico. Mantendo-se como seres estranhos dentro do corpo social, temendo sempre ser espoliados, eles se lançaram nas atividades negociais e financeiras. Costuma-se alegar que a isso foram tangidos pela segregação que sofriam, o que os impossibilitava de exercer várias ocupações. A história não parece bem contada, por ser evidente que a grande maioria da comunidade hebraica se há de ter mantido entregue às lides comuns e aos pequenos negócios. Apenas alguns, os mais atilados, terão conseguido triunfar no grande mundo mercantil, onde encontraram sua forte vocação e rapidamente souberam concentrar em suas mãos a riqueza móvel, em detrimento das casas senhoriais castelhanas e portuguesas. A isso se acrescentaram dois fenômenos, tornados muito característicos dessa página da História hebraica. Primeiro, a qualquer país que um judeu fosse, nele encontrava acolhedora comunidade de gente da sua raça, que lhe proporcionava as mesmas condições básicas de vida, o mesmo idioma, o mesmo ambiente a que ele estava habituado, ensejando-lhe recompor seus negócios. Segundo, ao fugirem da península ibérica, muitas famílias israelitas tiveram seus membros dispersados por diferentes países e se radicaram em pontos vitais do comércio mundial, o que muito facilitou montassem depois densa e poderosa rede internacional. Assenhorearam-se das atividades bancárias, creditícias, do tráfico de valores. Investiram sobre o Oriente, em prejuízo dos portugueses. Até mesmo boa parte do comércio oriundo do Brasil passou ao domínio dos cristãos-novos.

Conseguintemente, no momento em que, empobrecido, Portugal necessitou desesperadamente de auxílio financeiro, foi aos «homens da nação» que teve de recorrer. Bem perceberam estes então que chegara a hora da desforra, e impuseram, como condição, a liberdade para os seus irmãos judeus portugueses. Iniciou-se assim encarniçada luta entre a Coroa, tornada agora protetora dos judeus, e a Inquisição, que a todo custo queria conservar-se livre e poderosa. O confronto foi apaixonado, com longa duração. Roma muito oscilou entre os contendores, porque lhe desagradavam os exageros do Santo Ofício lusitano e o que a preocupava então não eram os judeus, mas o avanço protestante em vários países. As manobras diplomáticas se amiudaram, nelas exerceu papel destacado o Pe. António Vieira, que se colocara contra a Inquisição, que ele muito atacava em seus sermões. O Poder inquisitorial não estava entretanto disposto a ceder, arregimentando em seu favor grande porção do clero e da nobreza, ao mesmo tempo que mobilizava os sentimentos populares, entranhadamente antissemitas. Tumultos violentos contra os judeus ocorreram em várias cidades. Em 1656, desaparece o rei D. João IV e, como prova de força, a Inquisição o excomunga *post mortem*. Continua assim evoluindo um clima de muita tensão. O papa chega a avocar os processos a cargo do Santo Ofício e, por fim, a situação passa a acomodar-se, até que, em 1681, os litigantes se põem de acordo e os tribunais da fé recuperam sua força.

6. Período Pombalino

Ingressamos nesses termos no século XVIII e, sob o reinado de D. João V, revigora-se a Inquisição, com implacável severidade e reiterados autos-de-fé.

Ao mesmo tempo, em torno dela lento processo corrosivo principia a formar-se, de equivalente modo que já vimos ter sucedido na Espanha. O mercantilismo vai-se espalhando pelo continente europeu; aumenta a compreensão da importância dos negócios; cresce a burguesia formada nesse espírito; e, na esteira do movimento, se fortalecem os judeus. De permeio, germinam orientações liberais, que insistem constituir um anacronismo castigar alguém por motivo de crença religiosa. Isso tudo só a longo prazo produziu reais frutos, mas sementes estavam sendo plantadas no espírito de muitos diplomatas e intelectuais portugueses que conviviam com a nova cultura em expansão na França, Inglaterra, Holanda, Áustria, etc.

Em 1750, morrendo D. João V, um dos atos iniciais do seu sucessor D. José I foi nomear ministro Sebastião José de Carvalho e Melo, Conde de Oleiras, que se tornou depois o famoso e controvertido Marquês de Pombal. A influência deste nos assuntos do Governo foi aumentando, até tornar-se dominante, e, preocupado com o progresso do país, teve como desiderato central firmar o absolutismo régio, com a figura do «déspota esclarecido», largamente difundida na Europa daquele século. Para alcançá-lo, Pombal levou de roldão tudo quanto pudesse fazer sombra à onipotência da Coroa; e, criado sob influência protestante, logo revelou-se firme adversário da Igreja católica e dos poderes mantidos pelo clero.

Ele não se mostrou todavia refratário à Inquisição. Ao inverso, manteve-a e lhe deu forças, mas como braço da Coroa, para a esta servir sem interferência do papa e de Roma. Colocou seu irmão, Paulo de Carvalho, como Inquisidor Geral e, por alvará de 30 de maio de 1769, declarou-a tribunal régio. Doravante, o Santo Ofício lusitano, convertido em dependência do Estado secular, continuará a reprimir crimes religiosos, tão só quando a este último convier.

Outro objetivo perseguido com denodo pelo ministro foi abolir gradualmente a distinção entre cristãos-novos e cristãos-velhos. Por sua ordem, destruíram-se as listas de tributos e donativos a que haviam sido outrora obrigados os descendentes dos conversos, porque as mesmas serviam para desvendar a origem hebraica destes; incentivaram-se os casamentos mistos; desapareceram os atestados de «limpeza de sangue»; e, por derradeiro, em 1773 foi promulgada uma lei que extinguia perpetuamente a separação entre as duas categorias de cristãos, declarando todos igualmente aptos a receber honrarias e a desempenhar quaisquer cargos e atividades.

Mantida porém a Inquisição, continuaram a realizar-se autos-de-fé e, em 1774, entrou em vigor seu novo (e último) Regimento, destinado a minorar-lhe o rigor. O progresso nesse sentido poderia contudo ter sido maior do que foi. Desapareceram por exemplo os autos-de-fé públicos, mas se manteve a «relaxação» dos réus à Justiça secular. Aboliram-se os tormentos e a pena de morte, com todavia largas exceções, em que os mesmos ficavam autorizados.

7. Triunfo do liberalismo e extinção do Santo Ofício

Falecendo D. José I em 1777, a rainha sucessora, Da. Maria, prontamente destituiu o até então ditatorial ministro, desterrando-o de Lisboa. Cessa com isso o regime despótico, centenas de presos políticos são libertados e Portugal prepara-se para encetar a inevitável caminhada em direção a outro estilo de vida.

A Inquisição ainda se mantém, realiza processos, mas se vai tornando um ente fantasmagórico, dotado de vida quase só vegetativa. A borrasca se adensa no horizonte, sob o império de múltiplas forças. Os ideais iluministas triunfam, carregados de anticlericalismo, e a Revolução Francesa lhes serve de poderosa caixa de ressonância, tornando impossível resistir às «ideias novas». Iniciado o século XIX, a tempestade se torna incontrolável e Portugal, em meio a muitos problemas sociais e econômicos, se vê tangido para a mudança de mentalidade. Incentivam-na não só seus intelectuais, mas também, de um lado, os ocupantes franceses trazidos pela invasão napoleônica e, de outro lado, os aliados ingleses. Como poderoso foco irradiante atua outrossim a franco-maçonaria, cujas lojas rapidamente se espalham pelo país, pregando o racionalismo, o indiferentismo religioso, quiçá o ateísmo. A imprensa acossa a Igreja, lembrando-lhe a reputação de barbárie e obscurantismo que a presença do Santo Ofício acarreta para Portugal. A Justiça comum se deixa absorver pela tendência humanizadora.

É dentro desse clima que se desencadeia e triunfa a revolução liberal de 1820. Dentro dela, não mais há espaço para os tribunais inquisitoriais, cuja extinção, portanto, é logo decretada pelas Cortes Gerais, Extraordinárias e Constituintes da Nação Portuguesa, em sessão de 31 de março de 1821.

Epílogo

Abolida em Portugal (1821) e pouco depois também na Espanha (1834), desaparece a Inquisição com as características que viera mantendo durante cerca de seis centúrias. O pilar mestre em que se assentara e do qual obtinha a sua força estava na «teoria das duas espadas». Ambas essas espadas, explicava São Bernardo no século XII, pertencem à Igreja; mas uma deve ser tirada por ela, pela mão do padre; a outra, para ela, pela mão do cavaleiro, a pedido do padre. Era o tempo do domínio do papa sobre os príncipes, subordinando o Poder temporal ao Poder espiritual.

Estamos agora porém no século XIX com suas radicais mudanças, quando a Igreja, por toda parte, deixa de ter predomínio jurídico sobre o Poder temporal, e, com isso, perde o braço secular para fazer cumprir suas decisões. Aos poucos, a generalidade dos países católicos passa a inscrever em suas legislações os princípios da liberdade religiosa, da separação entre Igreja e Estado; não mais existe crença oficial, desaparecem dos Códigos Penais os antigos crimes religiosos.

Em consequência, a Igreja se viu em campo aberto, confiante no amparo divino mas devendo impor-se aos não católicos pela sua capacidade de persuasão. Enquanto comunidade humana que reúne fiéis, no entanto, ela precisa conservar uma disciplina, com órgãos que sancionem atos de rebeldia dos seus membros. Prosseguiu assim existindo a Inquisição, centralizada em Roma, com jurisdição sobre o conjunto universal da cristandade e cujas decisões só produzem efeitos *interna corporis*.

Em 1908, a mesma foi reorganizada sob o nome de «Sagrada Congregação do Santo Ofício», com o encargo, entre outros, de examinar amplamente todas as manifestações que pudessem ameaçar a pureza da fé, tais como os casos de heresia, superstição, feitiçaria, etc. Cumpria-lhe outrossim manter uma lista de livros cuja leitura ficava vedada aos católicos, bem como zelar para que não se publicassem escritos sobre a fé e a moral sem prévio exame e permissão por parte das autoridades eclesiásticas competentes. Os clérigos e religiosos estavam também submetidos a essa censura mesmo quanto a publicações sobre temas profanos.

Por derradeiro, o assunto foi revisto pelo concílio Vaticano II (1962-65), que lhe deu tratamento mais brando. O órgão passou agora a chamar-se «Congregação para a Doutrina da Fé». Cabe-lhe explicitar a doutrina católica, desenvolvê-la e impedir as propostas de mudanças que lhe pareçam equivocadas. As faltas religiosas devem ser julgadas segundo o procedimento canônico normal, não com base em algum Direito de exceção, e o segredo é mitigado. Desapareceu o *Index* dos livros proibidos. Atualmente, quem dirige essa Congregação é o cardeal alemão Joseph Ratzinger[1].

---

(1) O Cardeal Ratzinger foi eleito Sumo Pontífice em 2005 e, evidentemente, deixou o cargo. Hoje (2018), o prefeito da Congregação para a Doutrina da Fé é o Cardeal Luis Ladaria. (N. do E.)

Obras consultadas

ABRAMSON, M. – *História da Idade Média, a Baixa Idade Média*, em colab. com A. Gurevitch e N. Kolesnitski, trad. port., Lisboa, 1978.

– *História da Idade Média, do Século XI ao Século XV*, em colab. com A. Gurevitch e N. Kolesnitski, trad. port., Lisboa, 1978.

ALEXANDER, Franz G. – *História da Psiquiatria*, em colab. com Sheldon T. Selesnick, trad. port., São Paulo, 1968.

ALMEIDA JR., João Mendes de – *O Processo Criminal Brasileiro*, vol. I, Rio de Janeiro, 1920.

AMEAL, João – *História de Portugal*, Porto, 1968.

ARIES, Philippe e Georges Duby – *História da Vida Privada*, vol. 2, *Da Europa Feudal à Renascença*, e vol. 3, *Da Renascença ao Século das Luzes*, trad. port., São Paulo, 1990-1991.

ASTON, Trevor – *Crisis en Europa, 1560-1660*, em colab. com vários autores, trad. esp., Madri, 1983.

AUBERT, Roger – *Nouvelle Histoire de l'Église*, em colab. com vários autores, Tours, 1º, 2º e 3º vols., 1963-1968.

AUBRY, Gérard – *La Jurisprudence Criminelle du Chatêlet de Paris sous le Règne de Louis XVI*, Paris, 1971.

AZEVEDO, J. Lúcio de – *História dos Cristãos-Novos Portugueses*, Lisboa, 3ª ed., 1989.

BECCARIA, Cesare – *Dei Delitti e delle Pene*, aos cuidados de Piero Calamandrei, 2ª ed., Florença, 1950.

BEINART, Haim – *Los Conversos ante el Tribunal de la Inquisición*, trad. esp., Barcelona, s/data.

BENNASSAR, Bartolomé – *L'Inquisition Espagnole*, em colab. com vários autores, ed. Hachette, 1979.

BERNARD, S. J., Pe. José – *A Inquisição*, Petrópolis, 1959.

BERTOLOTTI, Antonino – *Martiri del Libero Pensiero e Vittime della Santa Inquisizione nei Secoli XVI, XVII e XVIII*, Roma, 1891, reimpressão de 1976.

BOITARD, Joseph-Édouard – *Leçons de Droit Criminel*, Paris, 1872.

BONET, Bartolome Escandell – *Historia de la Inquisición en España y América*, em colab. com Joaquin Pérez Villanueva, vol. I, 2ª ed., Madri, 1984.

BRAS, Gabriel le – *Droit Romain et Droit Canon au XIIIe. Siècle*, Roma, 1967.

BRIFFAULT, E. – *Gli Orrori della Inquisizione*, em colab. com Di Féréal e Manuel de Cuendias, trad. Giuseppe Latty, Turim, 1849, reimpressão de 1979.

BURMAN, Edward – *Los Secretos de la Inquisición*, trad. esp., Barcelona, 1988.

CAETANO, Marcello – *História do Direito Português*, vol. I, Lisboa, 1981.

Cahiers de Fanjeaux – *Juifs et Judaisme de Languedoc*, vários autores, Privat Éditeur, Toulouse, 1977.

Cahiers de Fanjeaux – *Le Credo, la Morale et l'Inquisition*, vários autores, Privat Éditeur, Tolose, 1971.

CALAMANDREI, Piero – Prefácio à obra de Cesare Beccaria, *Dei Delitti e delle Pene*, 2ª ed., Florença, 1950.

CALISSE, C. – *Svolgimento Storico del Diritto Penale in Italia delle Invasione Barbariche alle Riforme del Secolo XVIII*, na *Enciclopedia del Diritto Penale Italiano* de Enrico Pessina, vol. II, Milão, 1906.

CANTU, Cesare – *Beccaria e il Diritto Penale*, Florença, 1862.

CARDAILLAC, Louis – *Les Morisques et l'Inquisition*, com a colab. de vários autores, Paris, 1990.

– *Moriscos y Cristianos, un Enfrentamiento Polémico (1492-1640)*, trad. esp., Madri, 1979.

CARMIGNANI, Giovanni – *Elementi di Diritto Criminale*, trad. ital., Milão, 1882.

CARNEIRO, Maria Luíza e Anita Novinsky – *Inquisição: Ensaios sobre Mentalidade, Heresias e Arte*, organizadoras, com a colab. de vários autores, Rio de Janeiro, 1992.

CARRARA, Francesco – *Programma del Corso di Diritto Criminale*, vol. VI, 5ª ed., Prato, 1891.

CHARLES, Raymond – *Histoire du Droit Pénal*, Paris, 1955.

CHAUNU, Pierre – *L'Espagne de Charles Quint*, II, Paris, 1973.

CHEVALIER, Yves – *L'Antisémitisme*, Les Éditions du Cerf, 1988.

CHIFFOLEAU, Jacques – *Les Justices du Pape*, Paris, 1984.

COELHO, António Borges – *Inquisição de Évora, dos Primórdios a 1668*, Lisboa, 1987.

CONTAMINE, Philippe – *La Guerre au Moyen Age*, Paris, 1986.

CUENDIAS, Manuel de – *Gli Orrori della Inquisizione*, em colab. com E. Briffault e Di Féréal, trad. Giuseppe Latty, Turim, 1849, reimpressão de 1979.

DEDIEU, Jean-Pierre – *L'Inquisition*, Les Éditions du Cerf, 1987.

– *Dictionnaire Apologétique de la Foi Catholique*, sob a dir. de A. D'Alès, tomo II, Paris, 1911.

DUBNOW, Simon – *Manual de la Historia Judía*, trad. esp., Buenos Aires, 1977.

DUBY, Georges e Philippe Ariès – *História da Vida Privada*, vol. 2, *Da Europa Feudal à Renascença*, e vol. 3, *Da Renascença ao Século das Luzes*, trad. port., S. Paulo, 1990-91.

DUFOUR, Gerard – *La Inquisición Española*, Barcelona, 1986.

DURAND, Ph. – *Jeanne D'Arc*, no *Dictionnaire Apologétique de la Foi Catholique*, sob a direção de A. D'Alès, II, Paris, 1911.

DURANT, Will – *A História da Civilização*, tomo VI, trad. port., Petrópolis, 1957.

ELLUL, Jacques – *Histoire des Institutions*, vols. 3 e 4, Paris, 1969.

– *Encyclopédie ou Dictionnaire Raisonné des Sciences, des Arts et des Métiers*, tomos I e VIII (1765).

ESMEIN, A. – *Histoire de la Procédure Criminelle en France*, Frankfurt am Main, 1969.

EYMERICH, Nicolau – *Le Manuel des Inquisiteurs*, trad. franc. de Louis Sala-Moulins, 1973.

FÉRÉAL, DI – *Gli Orrori della Inquisizione*, em colab. com E. Briffault e Manuel de Cuendias, trad. Giuseppe Latty, Turim, 1849, reimpressão de 1979.

FERRINI, Contardo – *Esposizione Storica e Dottrinale del Diritto Penale Romano*, na *Enciclopedia del Diritto Penale Italiano*, de Enrico Pessina, vol. I, Milão, 1905.

GARCIA, Basileu – *Instituições de Direito Penal*, 4ª ed., 40ª tiragem, S. Paulo, 1978.

GASSET, Ortega y – *Em Torno a Galileu, Esquema das Crises*, trad. port., Petrópolis, 1989.

GAUDEMET, Jean – *Le Droit Canonique*, Les Éditions du Cerf, 1989.

GILLES, Henri – *La Période Post-Classique (1378-1500)*, em colab. com Paul Ourliac, Éditions Cujas, 1971.

GIUDICE, Pasquale del – *Diritto Penale Germanico Rispetto all' Italia*, na *Enciclopedia del Diritto Penale Italiano* de Enrico Pessina, vol. I, Milão, 1905.

GOFF, Jacques le – *Hérésies et Sociétés dans l'Europe Pré-Industrielle, 11e.--18e. Siècles*, sob a direção de, com vários autores, Paris, 1968.

GUENÉE, Bernard – *O Ocidente nos Séculos XIV e XV, os Estados*, trad. port., S. Paulo, 1981.

GUICCIARDI, Jean-Pierre – Introdução à obra de André Morellet, *Abrégé du Manuel des Inquisiteurs*, Grenoble, 1990.

GUIRAUD, Jean – *Inquisition*, no *Dictionnaire Apologétique de la Foi Catholique*, sob a direção de A. D'Alès, tomo II, Paris, 1911.

GUREVITCH, M. – *História da Idade Média, a Baixa Idade Média*, em colab. com M. Abramson e N. Kolesnitski, trad. port., Lisboa 1978.

– *História da Idade Média, do Século XI ao Século XV*, em colab. com M. Abramson e N. Kolesnitski, trad. port., Lisboa, 1978.

GWINNER, Enrique – *Historia de la Criminalidad*, em colab. com Gustavo Radbruch, trad. esp., Barcelona, 1955.

HEERS, Jacques – *O Ocidente nos Séculos XIV e XV, Aspectos Econômicos e Sociais*, trad. port., S. Paulo, 1981.

HÉLIE, Faustin – Introdução e notas à obra *Des Délits et des Peines*, de Cesare Beccaria, Paris, 1870.

HENNINGSEN, Gustav – *El Abogado de las Brujas, Brujería Vasca e Inquisición Española*, trad. esp., 1983.

HENTIG, Hans von – *La Pena*, trad. ital., Milão, 1942.

HERCULANO, Alexandre – *História da Origem e Estabelecimento da Inquisição em Portugal*, Livraria Bertrand, 13a. ed.

HERTLING, S. J., Ludwig – *Historia de la Iglesia*, trad. esp., Barcelona, 1986.

HORTAL, S. J., Pe. Jesus – Notas e comentários ao *Código de Direito Canônico* de 1983, S. Paulo, Ed. Loyola, 1987.

IMBERT, Jean – *Quelques Procès Criminels des XVIIe. et XVIIIe. Siècles*, Paris, 1964.

JEDIN, Hubert – *Manual de Historia de la Iglesia*, com vários autores, trad. esp., Barcelona, tomo I, 1980, tomo II, 1990, tomo III, 1987, tomo IV, 1986, tomo V, 1986, tomo VI, 1978.

KAMEN, Henry – *La Inquisición Española*, Barcelona, 4ª ed., 1992.

KANNENGIESSER, Charles – *Les Chrétiens Devant le Fait Juif*, com vários autores, Paris, 1979.

KAYSERLING, Meyer – *História dos Judeus em Portugal*, trad. port., S. Paulo, 1971.

KELLER, Werner – *Historia del Pueblo Judío*, trad. esp., Barcelona, 1987.

KNOWLES, M. D. – *Nouvelle Histoire de l'Église*, com vários autores, Tours, 1º vol., 1963, 2º vol., 1968, 3º vol., 1968.

KOLESNITSKI, N. – *História da Idade Média, a Baixa Idade Média*, em colab. com M. Abramson e A. Gurevitch, trad. port., Lisboa, 1978.

– *História da Idade Média, do Século XI ao Século XV*, em colab. com M. Abramson e A. Gurevitch, trad. port., Lisboa, 1978.

KRAMER, Heinrich – *Malleus Maleficarum, o Martelo das Feiticeiras*, em colab. com James Sprenger, trad. port., S. Paulo, 1991.

KUNZE, Michael – *A Caminho da Fogueira*, trad. port., Petrópolis, 1989.

LAINGUI, André – *La Responsabilité Pénale dans l'Ancien Droit (XVe.--XVIIe. Siècles)*, Paris, 1970.

LEA, Henri-Charles – *Histoire de l'Inquisition au Moyen-Age*, trad. franc., Paris, vols. I e II, 1986-1988.

– *Historia de la Inquisición Española*, trad. esp., Madri, 1983.

LECHERBONNIER, Bernard – *Carrascos de Paris: a Dinastia dos Sanson*, trad. port., S. Paulo, 1991.

LEROY, Béatrice – *L'Espagne au Moyen Age*, Paris, 1988.

LÉRY, Jean de – *Viagem à Terra do Brasil*, trad. port., S. Paulo, 1960.

LEVEN, N. – Introdução à obra de Mittermaier, *De la Peine de Mort*, Paris, 1865.

LIPINER, Elias – *O Tempo dos Judeus Segundo as Ordenações do Reino*, S. Paulo, 1982.

– *Santa Inquisição: Terror e Linguagem*, Rio de Janeiro, 1977.

LORTZ, Joseph – *Historia de la Iglesia*, trad. esp., Madri, 1982.

MAISONNEUVE, Henri – *L'Inquisition*, Paris, 1989.

MAJADA, Arturo – Notas e adições à obra *Historia de la Criminalidad*, de G. Radbruch e E. Gwinner, trad. esp., Barcelona, 1955.

MANDROU, Robert – *Magistrats et Sorciers en France au XVIIe. Siècle*, Librairie Plon, 1968.

MANN, Edward – *La Inquisición, lo que Fué, lo que Hizo*, trad. esp., Barcelona, 1991.

MATTOSO, António G. – *História da Civilização, Idade Média, Moderna e Contemporânea*, Lisboa, 1943.

MAX, Frédéric – *Prisonniers de l'Inquisition*, Paris, 1989.

MELLOR, Alec – *La Torture*, Paris, 1949.

– *Les Grands Problèmes Contemporains de l'Instruction Criminelle*, Paris, 1952.

MICHELLET, J. – *Joana D'Arc*, trad. port., S. Paulo, 1964.

MISSIROLI, Maria Vismara – *Il Processo di Codificazione del Diritto Penale Canonico*, em colab. com Luciano Musselli, Pádua, 1983.

MITTERMAIER – *De la Peine de Mort*, trad. franc., Paris, 1865.

MOLINS, Louis Sala – *Le Dictionnaire des Inquisiteurs*, Paris, 1981.

– Introdução e notas a *Le Manuel des Inquisiteurs*, de N. Eymerich e F. Peña, Mouton, 1973.

MOLLAT, Michel – *Os Pobres da Idade Média*, trad. port., Rio de Janeiro, 1989.

MONTESQUIEU – *De l'Esprit des Lois*, Paris, 1871.

MORELLET, André – *Abrégé du Manuel des Inquisiteurs*, Grenoble, 1990.

MOUSNIER, Roland – *Os Séculos XVI e XVII*, na *História Geral das Civilizações*, de Maurice Crouzet, trad. port., tomo IV, 1º e 2º vols., S. Paulo, 1967.

MUMFORD, Lewis – *A Cidade na História, suas Origens, Transformações e Perspectivas*, trad. port., S. Paulo, 1982.

MUSSELLI, Luciano – *Il Processo di Codificazione del Diritto Penale Canonico*, em colab. com M. V. Missiroli, Pádua, 1983.

NOVINSKY, Anita – *A Inquisição*, S. Paulo, 1990.

– *Inquisição: Ensaios sobre Mentalidade, Heresias e Arte*, com vários autores, Rio de Janeiro, 1992.

OURLIAC, Paul – *La Période Post-Classique (1378-1500)*, em colab. com H. Gilles, Éditions Cujas, 1971.

PACHECO, Joaquin Francisco – *Estudios de Derecho Penal*, Madri, 1877.

PAUL, Jacques – *L'Église et la Culture en Occident, IXe. XIIe. Siècles*, Paris, 1986.

PEÑA, Francisco – *Le Manuel des Inquisiteurs*, com N. Eymerich, trad. Louis Sala-Molins, Mouton, 1973.

PERROY, Édouard – *A Idade Média*, na *História Geral das Civilizações*, sob a dir. de M. Crouzet, trad. port., S. Paulo, 1964-1965, tomo III, 1º, 2º e 3º vols.

POLIAKOV, Léon – *Histoire de l'Antisémitisme, L'Âge de la Foi*, Ed. Calmann-Lévy, 1991.

PUGA, Pedro Herrera – *Sociedad y Delincuencia en el Siglo de Oro*, Madri, 1974.

QUEIROZ, Tereza Aline Pereira de – *As Heresias Medievais*, S. Paulo, 1988.

RADBRUCH, Gustavo – *Historia de la Criminalidad*, em colab. com E. Gwinner, trad. esp., Barcelona, 1955.

ROGIER, L. J. – *Nouvelle Histoire de l'Église*, com vários autores, Tours, 1º vol., 1963, 2º vol., 1968, 3º vol., 1968.

ROPS, Daniel – *L'Église des Apôtres et des Martyrs*, Paris, 1962.

– *L'Église des Temps Barbares*, Paris, 1960.

– *L'Église de la Cathédrale et de la Croisade*, Paris, 1963.

OBRAS CONSULTADAS

- *L'Église de la Renaissance et de la Réforme*, Paris, 1961.
- *Une Ère de Renouveau, la Réforme Catholique*, Paris, 1960.

ROTH, Cecil – *La Inquisición Española*, trad. esp., Barcelona, 1989.

RUMBLE, Pe. Dr. L. – *Só os Católicos se Salvam?*, Ed. Vozes, 1959.

SANTOS, Maria Helena Carvalho dos – *Comunicações Apresentadas ao 1º Congresso Luso-Brasileiro sobre Inquisição Realizado em Lisboa, de 17 a 20 de fevereiro de 1987*, sob a coordenação de, Lisboa, 1989-90.

SARAIVA, António José – *Inquisição e Cristãos Novos*, 5ª ed., Lisboa, 1985.

SAVELLE, Max – *História da Civilização Mundial*, sob a coordenação de, vol. 2, trad. port., Belo Horizonte, 1968.

SCHIAPPOLI, Domenico – *Diritto Penale Canonico*, na *Enciclopedia del Diritto Penale Italiano*, de Enrico Pessina, vol I, Milão, 1905.

SEIGNOBOS, Charles – *História Comparada dos Povos da Europa*, trad. port., S. Paulo, 1945.

SELESNICK, Sheldon T. – *História da Psiquiatria*, em colab. com F. G. Alexander, trad. port., S. Paulo, 1968.

SGUERZO, Elsa Marantonio – *I Delitti contro la Fede nell'Ordinamento Canonico*, Giuffré Editore, 1979.

SPRENGER, James – *Malleus Maleficarum, o Martelo das Feiticeiras*, em colab. com H. Kramer, trad. port., S. Paulo, 1991.

TAMBURINI, Pietro – *Storia Generale della Inquisizione*, Milão, 1862, reimpressão de 1982.

TAVARES, Maria José Pimenta Ferro – *Judaísmo e Inquisição*, Lisboa, 1987.

- *Os Judeus em Portugal no Século XV*, Lisboa, 1982.

TESTAS, Guy e Jean – *L'Inquisition*, Paris, 1983.

THOMPSON, Augusto – *Escorço Histórico do Direito Criminal Luso-Brasileiro*, S. Paulo, 1976.

THONISSEN, J. J. – *Études sur l'Histoire du Droit Criminel des Peuples Anciens*, Bruxelas, 1869.

TISSOT, J. – *Le Droit Pénal Étudié dans ses Principes, dans ses Usages et les Lois des Divers Peuples du Monde*, Paris, 1879-1880.

TOURNEAU, Dominique le – *Le Droit Canonique*, Paris, 1988.

VALDRINI, Patrick – *Droit Canonique*, com vários autores, Paris, 1989.

VILLANUEVA, Joaquin Perez – *Historia de la Inquisición en España y América*, em colab. com B. E. Bonet, vol. I, 2ª ed., Madri, 1984.

VILLAR, Pierre – *Histoire de l'Espagne*, Paris, 1988.

WEHNER, W. – *Historia de la Criminología*, trad. esp., Barcelona, 1964.

WOLFF, Philippe – *Outono da Idade Média ou Primavera dos Tempos Modernos?*, trad. port., S. Paulo, 1988.

ESTE LIVRO ACABOU DE SE IMPRIMIR
A 21 DE JANEIRO DE 2025
EM PAPEL PÓLEN NATURAL 70g/m².